U0583906

权威·前沿·原创

皮书系列为
"十二五""十三五"国家重点图书出版规划项目

土地整治蓝皮书

BLUE BOOK OF LAND CONSOLIDATION
AND REHABILITATION

中国土地整治发展研究报告
No.3

RESEARCH REPORT ON LAND CONSOLIDATION
AND REHABILITATION OF CHINA No.3

国土资源部土地整治中心／编著

社会科学文献出版社
SOCIAL SCIENCES ACADEMIC PRESS (CHINA)

图书在版编目（CIP）数据

中国土地整治发展研究报告. No.3／国土资源部土
地整治中心编著. －－北京：社会科学文献出版社，
2016.7

（土地整治蓝皮书）

ISBN 978 - 7 - 5097 - 9412 - 8

Ⅰ.①中…　Ⅱ.①国…　Ⅲ.①土地整理 - 研究报告 -
中国　Ⅳ.①F321.1

中国版本图书馆 CIP 数据核字（2016）第 147314 号

土地整治蓝皮书

中国土地整治发展研究报告 No.3

编　　著／国土资源部土地整治中心

出 版 人／谢寿光
项目统筹／桂　芳
责任编辑／郑庆寰

出　　版／社会科学文献出版社·皮书出版分社 （010）59367127
　　　　　　地址：北京市北三环中路甲 29 号院华龙大厦　邮编：100029
　　　　　　网址：www.ssap.com.cn
发　　行／市场营销中心 （010）59367081　59367018
印　　装／北京季蜂印刷有限公司

规　　格／开　本：787mm×1092mm　1/16
　　　　　　印　张：18.75　字　数：285 千字
版　　次／2016 年 7 月第 1 版　2016 年 7 月第 1 次印刷
书　　号／ISBN 978 - 7 - 5097 - 9412 - 8
定　　价／89.00 元

皮书序列号／B - 2014 - 369

土地整治蓝皮书编委会

主要编撰者简介

国土资源部土地整治中心是国土资源部负责土地整治工作的直属单位。承担和参与的工作主要包括：土地整治战略研究和政策咨询；土地整治潜力调查评价；土地整治规划研究编制和规划实施评估；土地整治重大工程实施和示范建设督导指导与评估；土地整治和高标准农田建设监测评价；耕地质量监测评价与耕地质量管理；土地整治综合成效评估；土地整治技术标准制修订和宣贯；土地整治舆情监测与行业服务；耕地保护责任目标考核，耕地占补平衡考核监管，高标准农田建设考核，节约集约用地考核评价；土地复垦监测监管；建设用地整理、土地储备及土地市场相关工作；土地整治基础理论方法研究和技术装备研发；土地整治实证研究；土地整治科技成果推广应用；土地整治国际合作与交流。

摘　要

《中国土地整治发展研究报告（No.3）》是由国土资源部土地整治中心土地整治蓝皮书课题组组织编写，全面反映2015年中国土地整治发展实践、综合成效、探索创新的年度性研究报告。在此感谢提供宝贵素材的全国31个省（区、市）和新疆生产建设兵团土地整治机构，感谢为蓝皮书研创出谋划策的专家学者。

全书分为总报告、专题报告和附录三大部分。

总报告包括两部分内容，第一部分从十个方面对2015年中国土地整治发展实践进行了总结和评述，从八个方面概括了"十二五"期间中国土地整治事业发展取得的重要成就；第二部分对当前土地整治面临的新形势、新要求进行了分析和研判，对"十三五"时期土地整治发展走向进行了预测和展望。总体上看，2015年土地整治各项工作取得了新的进展和成效，土地整治在经济社会发展大局中的地位和作用更加凸显，呈现了持续向好的发展态势。展望"十三五"，土地整治工作应紧紧围绕"五位一体"总体布局和"四个全面"战略布局，以五大发展理念为指引，主动适应经济发展新常态和各项改革深入推进的新形势，认真践行国土资源工作新定位，积极服务稳增长调结构惠民生防风险，努力开创土地整治事业发展新局面。

专题报告分为综合成效篇、工作实践篇、战略研究篇、制度探索篇、科技发展篇和地方特色篇6个板块，共21篇文章。由土地整治蓝皮书课题组、相关领域学者和来自土地整治工作一线的地方专家共同完成，汇聚调查评价、学术研究、创新实践的最新成果，聚焦行业热点和社会话题，探析土地整治的未来发展路径。

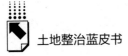
　　附录包括 2015 年土地整治大事记、2015 年土地整治相关著作和土地整治领域获得省部级以上奖励的科学技术项目列表。大事记列出 2015 年土地整治领域有影响力的重要事件，供读者参考。

Abstract

Research Report on Land Consolidation and Rehabilitation of China No. 3, complied by the Blue Book Research Group of Land Consolidation and Rehabilitation Center, Ministry of Land and Resources, represents an annual research report that comprehensively reflects the development practices, comprehensive achievements, explorations and innovations in China's land consolidation and rehabilitation in 2015. We hereby extend our gratitude to the land consolidation and rehabilitation agencies of 31 provinces (autonomous regions and municipalities) and of Xinjiang Production and Construction Corps for providing with valued materials, and the specialists and scholars concerned for offering their strategic insights.

This Research Report consists of General Report, Special Report and Annexes.

The General Report encompasses two parts. The first part summarizes and reviews the development practice of land consolidation and rehabilitation in 2015 from 10 dimensions, and generalizes the main achievements made in China's land consolidation and rehabilitation in the 12th Five – Year Plan period from 8 dimensions; the second part makes analysis, study and judge of new circumstances and requirements facing contemporary land consolidation and rehabilitation, predicts and envisages the trend of land consolidation and rehabilitation in the 13th Five – Year Plan period. As a whole, in 2015, land consolidation and rehabilitation achieved new progress and effects, played a more prominent role in economic and social development, and presented continuously improving trend. On the prospect of 13th Five – Year Plan, focused on the overall approach of promoting economic, political, cultural, social, and ecological progress and the Four – Comprehensive Strategic Blueprint, with the Five Development Concepts as guidance, land consolidation and rehabilitation work should take the initiative to

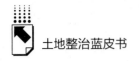
adapt to the New Normal of economic development and the new circumstance of deepening all – round reform, earnestly practice the new position set for land and resources management work, proactively facilitates the steady growth, structure adjustment, benefit for people's livelihood and risk prevention, strives to make new progress in land consolidation and rehabilitation cause.

Special Report has a total of 21 articles, unfolding in the Chapters of Comprehensive Achievements, Working Practice, Strategic Research, Institution Exploration, Scientific and Technological Development and Local Characteristics. Jointly written by the Blue Book Research Group of Land Consolidation and Rehabilitation Center, related scholars and local land consolidation and rehabilitation specialists working at the front line, the Special Report brings together latest achievements in investigation and assessment, academic research and innovative practices, and focuses on industrial hotspots and social issues, exploring and analyzing the development pathway for the future of land consolidation and rehabilitation.

Annexes include 2015 Big Events of Land Consolidation and Rehabilitation, 2015 List of Published Academic Monographs and List of Scientific and Technological Projects awarded at provincial and ministerial level or above in the field of land consolidation and rehabilitation. In 2015 Big Events of Land Consolidation and Rehabilitation, influential events in land consolidation and rehabilitation in 2015 are listed as a reference for readers.

目　录

Ⅰ　总报告

Ⅱ　综合成效篇

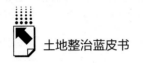
Ⅲ 工作实践篇

Ⅳ 战略研究篇

Ⅴ 制度探索篇

Ⅵ　科技发展篇

Ⅶ　地方特色篇

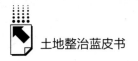
Ⅷ 附 录

皮书数据库阅读**使用指南**

CONTENTS

I General Reports

II Comprehensive Achievements

III   Working Practice

IV   Strategic Research

V   Institution Exploration

Ⅵ　Scientific and Technological Development

Ⅶ　Local Characteristics

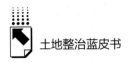土地整治蓝皮书

VIII   Appendix

总 报 告

General Reports

B.1

2015年土地整治发展评述

土地整治蓝皮书课题组 *

在土地整治发展史上，2015 年注定是不平常的一年。年初，习近平总书记和李克强总理就耕地保护和耕地占补平衡工作分别做出重要批示，提出一系列重要的论断、观点和工作要求。各级国土资源管理部门和土地整治机构紧紧围绕党中央、国务院的决策部署，深入践行"尽职尽责保护国土资源、节约集约利用国土资源、尽心尽力维护群众权益"的国土资源工作定位，深刻把握经济发展与耕地保护的辩证统一关系，大力推进土地整治各项工作，积极服务"稳增长、促改革、调结构、惠民生"这个大局，土地整治在经济社会发展大局中的地位和作用更加凸

---

* 课题组成员：贾文涛、高世昌、刘新卫、鞠正山、杨红、王敬、汤怀志、梁梦茵、杨磊、薛剑、任佳、任君杰、杜亚敏、张欣杰、陈正、张秋惠、李红举、张燕、桑玲玲、孙春蕾、周同、郭义强、杨晓艳、赵玉领。报告统稿：贾文涛，工学博士，国土资源部土地整治中心处长、研究员，主要研究方向为土地整治规划、实施监管和信息工程技术应用。

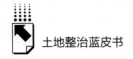

显，土地整治工作和机构队伍建设取得明显成效，并呈现持续向好的发展态势。

一 "十二五"土地整治规划统筹 引领作用进一步增强

2012年3月，国务院批准实施《全国土地整治规划（2011～2015年)》。31个省（区、市）和新疆生产建设兵团的省级土地整治规划、320个市级土地整治规划和2292个县级土地整治规划，都经同级人民政府批准发布实施，全国、省、市、县四级互相衔接的规划体系全面确立。为了解掌握各级规划实施情况，强化规划的权威性和约束力，加快规划执行，国土资源部土地整治中心在开展规划实施评估理论方法研究的基础上，于2013年、2014年组织开展了典型省份和市、县的规划实施跟踪调查。2015年，国土资源部土地整治中心委托南京农业大学等10所院校的专家团队，对规划及实施情况进行独立、客观、公正地评估，总结分析规划实施中的经验与问题。

根据规划实施跟踪调查和规划实施评估结果，总体来看，"十二五"全国土地整治规划提出的一系列目标任务顺利收官：建设4亿亩高标准基本农田目标如期实现；补充耕地2400万亩的任务超额完成；建设用地整理加快推进，促进节约集约用地、优化城乡用地结构和布局的成效逐步显现；历史遗留损毁土地复垦规模近300万亩/年，复垦率从25%提高到37.5%，新损毁土地复垦因复垦技术滞后而未能实现全面复垦；土地整治管理体制、机制和法治建设不断完善和创新；土地整治公众参与取得明显进展，丰富了土地整治模式。

回顾"十二五"，土地整治规划在统筹引领全国土地整治工作方面发挥了关键作用，取得突出成效。

从规划地位看。在全国土地整治规划编制过程中，规划议题曾列为国务院常务会议的重要内容，六上中央政府门户网站，其重要地位和受到的社会关注不言而喻。"十二五"全国土地整治规划成为国土资源领域首个进入国民经济和社会发展五年规划体系的专项规划，由国务院批准实施；各级地方土地整治规划由同级人民政府组织编制、审批、实施，国家确定的土地整治目标任务通过规划层层分解落实，土地整治新理念和国家意志通过规划层层传导普及，为规范有序推进全国土地整治工作提供了基本保障。相较于第一轮土地开发整理规划（2001～2010年），"十二五"全国土地整治规划摆脱了部门规划的局限，上升为政府主导的规划，规划的权威性和严肃性得到充分体现，规划龙头地位得以确立，统筹引领作用得以充分发挥。

从规划定位看。为谋划好"十二五"时期及未来较长一段时期的土地整治方向和布局，国土资源部土地整治中心组织开展了全国土地整治战略研究，在研判中国经济社会发展基本趋势的基础上，明确了土地整治服务"四化同步"和生态文明建设的全局性、支撑性的战略定位，并在规划编制过程中积极与国民经济和社会发展规划、全国主体功能区规划等上位规划相衔接，主动落实国家战略，成为"十二五"期间促进土地利用方式加快转变、落实最严格耕地保护制度和最严格节约用地制度、破解土地资源瓶颈制约的最重要途径。

从目标任务看。2011年7月20日，国务院常务会议提出制定并实施全国土地整治规划，加快建设高标准基本农田，力争"十二五"期间再建成4亿亩旱涝保收的高标准基本农田，高标准基本农田建设成为"十二五"期间土地整治工作的头等大事。在此基础上，全国土地整治规划确定了统筹推进农用地整理、农村建设用地整理、城镇工矿建设用地整理、土地复垦和区域综合整治的目标任务体系，具体包括2项约束性指标和5项预期性指标。李克强总理指出，要注意总结土地整治经验，使其依法依规有序推进，并符合相关规划。土地整治规划成为土地整治特别是高标准基本农田建设工作的重要依据。通过规划实施引导，土地整治的内涵外延不断拓展，由单纯的自然性工程转变为对经济社会发展具有深刻影响的综合性社会工程、民生工程，并上升为国家层面的重要战略部署。

从规划理念看。"十二五"土地整治规划立足于我国经济社会发展的阶段性特征和国土资源工作面临的新形势、新任务，顺应了土地整治由单

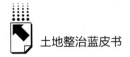

一目标向多功能、多元化目标转变发展的新趋势，融合了土地整治理论与实践不断丰富和发展的最新成果，提出以生态文明理念为引领，高举耕地保护和节约集约用地两面旗帜，着力推进土地资源数量质量生态"三位一体"综合管理，为当前以及未来一段时期的土地整治工作指明了方向，并创新性地提出"全域整治"理念，成为整体推进山水林田湖国土综合整治的先导。

从规划布局看。全国土地整治规划以落实国家区域发展战略和主体功能区战略为重要指引，结合不同区域的经济社会发展水平和自然资源特点，根据国家对不同区域的不同定位，制定了差别化土地整治方略，针对优化开发的城市地区、重点开发的城市化地区、农产品主产区和重点生态功能区等四大板块以及九大土地利用分区和革命老区、民族地区、边疆地区、贫困地区，分别明确了土地整治的方向和重点。在此基础上，以县为基本单元，在全国范围内划出10个农用地整治重点区域、10个土地复垦重点区域、9个土地开发重点区域，确定了8项国家级土地整治重大工程和500个高标准基本农田建设示范县，强有力地保障了规划目标和重点任务的有效落实。

从规划创新看。相较于第一轮土地开发整理规划突出强调补充耕地数量单一目标，"十二五"土地整治规划首次提出大力推进高标准基本农田建设，明确了耕地质量建设具体目标；首次提出"全域整治"理念，引导地方开创全域范围内整体推进土地整治的实施方式；首次提出推进生态型土地整治工作，引领土地整治的绿色化发展方向；着力建立健全激励机制，各地探索创新土地整治实施模式的热情空前高涨，探索形成了一批土地整治规划实施先进经验，有效调动了地方政府和社会公众的积极性。北京市海淀区制订出台《海淀区创新土地整治规划实施机制实施方案》，为海淀区推进经济发展转方式、调结构提供了有力支撑。上海市以建设用地减量化、现代都市农业发展、生态整治为导向，探索实施了郊野单元规划，开放了上海市首个郊野公园（金山区廊下镇郊野公园），为都市型土地整治规划实施提供了示范案例。

在"十二五"全国土地整治规划收官之际，"十三五"的规划编制工作稳步推进。2015年4月，国土资源部审定通过《〈全国土地整治规划（2016～

2020年）〉编制工作方案》，确定了"十三五"全国土地整治规划编制的总体思路、编制原则、主要任务、预期成果、进度安排和工作组织等内容。2015年5月，国土资源部印发《关于开展"十三五"土地整治规划编制工作的通知》，全面启动"十三五"各级土地整治规划编制工作。规划总体思路是：全面贯彻落实党的十八大以来党中央、国务院有关精神，紧密围绕全面建成小康社会新的目标要求，遵循新的发展理念，坚持守护耕地红线、促进城乡统筹、维护群众权益、坚持政府主导、坚持因地制宜等基本原则；大力推进农用地整理和高标准农田建设，落实藏粮于地战略；大力推进城乡散乱、闲置、低效建设用地整理，促进新农村建设和新型城镇化发展；大力推进废弃、退化、污染、损毁土地的治理、改良和修复工作，改善城乡生态环境，促进生态安全屏障建设。

二 土地整治助推稳增长战略部署落地

面对持续加大的经济下行压力，中央把稳增长作为经济工作的首要任务，围绕稳增长、促改革、调结构、惠民生做出一系列重要部署。各级国土资源部门深入贯彻落实中央要求，一方面多措并举坚守耕地红线，另一方面为保障发展积极创新土地整治政策，土地整治成为稳增长的有力助推器。

实施耕地占补平衡特殊政策为稳增长和重大建设项目及时落地提供了有力保障。2015年中央一号文件提出，节水供水重大水利工程建设与铁路等国家重大基础设施建设项目实行耕地占补平衡特殊政策，即允许地方政府对补充耕地采取"承诺"的方式，实行边补边占。为支持稳增长项目落地，规范"补地承诺"，国土资源部印发了《稳增长重点建设项目以承诺方式落实耕地占补平衡管理办法》，对国家铁路、水利等稳增长重大项目，在落实补充耕地资金、承诺期限完成补充的情况下，允许边建边补，在建设项目竣工验收前完成补充耕地任务，从而为稳增长做出实实在在的贡献。同时，基于耕地后备资源不断减少的实际情况，针对国家重大建设项目一次性占用耕地较多、地方落实占补平衡存在实际困难的问题，国土资源部积极探索推进补充耕地国家

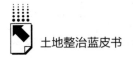

统筹工作，研究提出南水北调工程补充耕地国家统筹方案，并报国务院批准。

高标准农田建设成为拉动经济发展的重大动力。以土地整治为平台大规模建设高标准农田既是保障国家粮食安全、加快农业现代化的重要举措，又是拉动经济发展的重要动力，还是消化钢材、水泥等过剩产能的重要途径。2015年，国土资源部土地整治中心对高标准农田建设拉动投资情况进行了实证研究。高标准农田建设拉动投资实证研究分为工程建设直接拉动投资、带动经营主体配套投入间接拉动投资和促进农村扩大消费延伸拉动投资三种情况。实证研究的范围是直接拉动投资效应情况，采用的是国际上普遍采用的里昂惕夫逆系数影响力计算方法，并依据国家统计局发布的行业直接消耗系数进行计算（本次实证研究采用2007年国家统计局发布的135个行业的直接消耗系数）。研究成果表明，高标准农田建设工程直接拉动投资效应为3.28，即每投入1万元，将增加国民经济收入3.28万元，其中直接拉动投资2.28万元。依据《全国土地整治规划（2011~2015年）》，"十二五"期间全国高标准农田建设总投资按6000亿元测算，根据本实证研究结论，仅高标准农田建设就增加国民经济收入19680亿元，其中拉动相关行业投资13680亿元；消耗钢材181.2万吨、水泥1.72亿吨、石材7872万立方米、砂1.97亿立方米、石灰1473.74万吨、汽柴油31.30万吨、沥青160.33万吨，支付挖掘机、翻斗车、运输车等台班费用551.62亿元；同时增加了工程施工用工19.33亿个工日，促进农村大量剩余劳动力实现就近就业。

完善增减挂钩政策助力贫困地区经济发展和农民脱贫。城乡建设用地增减挂钩政策不仅是中央明确提出的支持扶贫开发及易地扶贫搬迁的重要措施，也是解决农村发展资金不足的有效手段。各地实践证明，实施增减挂钩支持易地搬迁扶贫，不仅能为搬迁农民安置提供用地保障，还能为搬迁农民建新居、完善农村基础设施和发展扶贫产业提供有力的资金支持，推动贫困地区经济社会发展，确保易地扶贫搬迁农民搬得出、稳得住、能致富。据测算，"十二五"期间，全国增减挂钩收益共返还农村资金约2788亿元，其中用于农民补偿安置1228亿元，农村基础设施建设1070亿元，土地复垦和农田建设195亿元，非农产业发展295亿元。各地积极运用增减挂钩政策支持扶贫开发，一方面，增减挂钩周转指标向贫困地区倾斜，全国"十二五"期间共安排贫困地区增减挂钩指标 67.88 万亩，占全国同期增减挂钩指标总量的 19%；另一方面，将增减挂钩收益返还贫困地区农村，全国共返还 387亿元，河南、四川、陕西、安徽等省份返还贫困农村资金收益较高，特别是2013 年以来，对 11 个集中连片特困地区和其他国家扶贫开发工作重点县，允许其将增减挂钩节余指标在省域范围内流转使用，进一步增加了返还贫困地区农村资金收益，有效解决了扶贫开发所需资金，推动精准扶贫、精准脱贫。同时，通过实施增减挂钩，节约腾出建设用地 19.86 万亩，用于支持当地城镇化、工业化建设，促进了贫困地区经济社会发展。

三 土地整治助力耕地数量质量生态管护水平提升

"安国之道，道任地始，地得其任则功成，地不得其任则劳而无功。"①党中央一直高度重视耕地保护工作，习近平总书记多次对耕地保护工作做出重要指示，强调耕地红线一定要守住，红线包括数量，也包括质量。2014 年 4月《全国土壤污染状况调查公报》发布后，土壤污染特别是耕地污染问题迅速引起全社会的广泛关注，加快推进污染土地治理与修复，加强耕地数量质量生态并重管护，成为耕地保护工作的应有之义和内在要求。2015 年中央一号文件要求，统筹实施全国高标准农田建设总体规划，实施耕地质量保护与提升行动，全面推进建设占用耕地剥离耕作层土壤再利用；中共中央、国务院《关于加快推进生态文明建设的意见》强调，强化农田生态保护，加大退化、污染、损毁农田改良和修复力度，加强耕地质量调查监测与评价，开展土壤污染治理与修复试点。中央文件要求为全面实施耕地数量质量生态并重管护指明了方向。

一年来，各级国土资源部门积极落实中央的决策部署，以土地整治为平台，大力推进耕地数量质量生态"三位一体"管护。一是依据全国高标准农田建设总体规划和各级土地整治规划，按照《高标准农田建设 通

① 《墨子·号令〈1〉第七十》。

则》标准要求,顺利完成1亿亩高标准农田建设年度任务,建成一大批旱涝保收、高产稳产、生态友好、集中连片布局的高标准农田。二是根据中央一号文件要求及全国国土资源工作会议部署,全面推进建设占用耕地剥离耕作层土壤再利用。开展了全国函调工作,对各地开展耕作层土壤剥离利用的动因、剥离利用价值测算和实施管理机制等进行了深入研究,对广西柳州至南宁高速公路建设占用耕地耕作层土壤剥离利用典型案例进行跟踪分析,完善耕作层土壤剥离利用技术标准和剥离利用方案编制方法,进一步夯实了全面推进耕作层土壤剥离利用工作的基础。三是2014年以来,国土资源部土地整治中心全面启动了耕地质量等别年度监测与更新评价工作,耕地质量等别监测评价由试点转为常态。耕地质量等别调查数据成果在耕地保护责任目标考核和占补平衡考核监管、自然资源资产负债表编制、耕地占用税立法、永久基本农田划定等工作中得到广泛应用,为加强耕地质量建设和管理奠定了基础。四是积极推进东北黑土资源保护与利用,在基本掌握黑土地的分布、数量、质量和化学元素含量等情况的基础上,将东北平原区纳入土地整治重点区域,促进东北地区天然林、牧草地和湿地的保护,支持黑土地水土流失治理和东北西部荒漠化综合治理。

在中央政策文件和中央领导重要批示精神引领下,地方各级政府严守耕地红线、推进耕地数量质量生态并重管护的意识明显增强。甘肃省政府印发《甘肃省加快转变农业发展方式的实施方案》,提出实施耕地质量保护与提升行动,围绕高标准农田建设规划,大力开展高标准农田和梯田建设,分区域开展退化耕地综合治理工作,大规模改造中低产田,提升耕地质量,将粮食产能落实到田头地块,实现"藏粮于地",筑牢粮食安全保障体系。黑龙江省委、省政府立足增强农业综合生产能力、提高土地集约效益,改善保障农田生态环境、发展绿色食品产业,推进"两大平原"配套改革、实现农业现代化发展等多个目标,出台亿亩生态高产标准农田建设规划,并发布实施亿亩生态高产标准农田建设地方标准,要求坚持生态标准、田间标准、产量标准等"三个标准",抓好生态保护、农田水利、田间配套、农业科技和信息技术等"五大工程",通过加强农田基础设施建设、优化农业生产布局、推行绿色生产标准，着力构建粮食稳定增产的农田生态系统，促进现代农业持续健康发展。贵州省为确保耕地保护与质量提升行动取得实效，省国土资源厅、省财政厅联合下发通知，在全省以县为单位整合新增建设用地土地有偿使用费和农业综合开发土地治理项目资金，实施"山、水、林、田、路、村、人"综合整治工作，改善农业生产条件，推进高标准基本农田建设，确保建设的耕地质量平均提高1个等级。

各地在土地整治实践中，积极探索生态化土地整治模式，着力推进"绿色整治"。上海市以农村土地综合整治为平台，统筹整合涉农资金，以集建区外低效建设用地减量化、优化城乡土地利用空间为目标，在融合城市规划、土地利用规划的基础上，在市郊关键生态节点建设一批具有一定规模，拥有良好田园风光、郊野植被及自然景观，以保护生态环境资源、展现自然人文风貌、提供都市休闲游憩空间为主要特征的"郊野公园"。在公园规划设计上，坚持因地制宜、保护优先的原则，以游憩性、生态化为重点，充分发挥区域自然资源优势，突出基本农田、生态片林、水系湿地、自然村落、历史风貌等保护。湖南省将耕地保护与生态整治相结合，实施耕地生态保护型土地整治项目，在保证项目区安全、功能有效的前提下，围绕农田生态系统中的沟、渠、路等廊道，以及水系和农田等景观，构建服务于"保护生物多样性，减少农田面源污染"的生态型整治工程技术和方法，设计多样式边坡防护生态砖、生态化路面、生物栖息地、生物岛、农田渍水净化等生态基础设施，并将生态化理念贯穿于工程建设全过程。湖南省安仁县以土地整治为平台，整合土地整理、现代农业建设、园林绿化、移民搬迁、道路建设、危房改造等涉农资金，充分利用当地农田、水系、道路、村庄等自然景观，以集约化、休闲化为目标，以生态化为手段，将项目区每一条沟、路、渠都打造成一道独特的风景线和观光带，同时在不改变农田生产功能和工程使用功能的前提下，尽量提升各项设施的观赏性和美学价值，集中打造集现代农业、生态农业、休闲农业为一体的土地整治示范区，建成我国首个"稻田公园"。"稻田公园"不仅改变了传统的土地整治理念，提升了农田生态价值，而且将稻田变成观光休闲的场所，让当地农民在游憩休闲中获得其他收益。

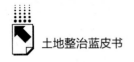

四　土地整治为城市可持续发展开辟新路径

2015 年中央城市工作会议提出，城市发展是农村人口向城市集聚、农业用地按相应规模转化为城市建设用地的过程，人口和用地要匹配，城市规模要同资源环境承载能力相适应。要坚持集约发展，"框定总量、限定容量、盘活存量、做优增量、提高质量"，立足国情，尊重自然、顺应自然、保护自然，改善城市生态环境，着力提高城市发展持续性、宜居性。近年来，各地把土地整治作为统筹城乡发展的重要平台，积极探索适应经济社会发展特征的土地整治新模式、新机制，在优化结构、盘活存量、释放空间、提高效率方面取得显著成效，为城市发展开辟了新路径，提供了建设用地新空间。

规范推进增减挂钩试点，优化城乡土地利用结构和布局。"十二五"期间国家共下达增减挂钩指标 450 万亩，涉及全国 29 个省份（除西藏和新疆以外），各地实际批准使用增减挂钩指标约 315 万亩。通过实施增减挂钩，根据农业人口转移变化和农村建设用地利用状况，对闲置、低效、散乱的农村建设用地进行整理复垦和布局调整，提高土地利用效率，优化城乡用地结构和布局，为新型城镇化发展提供了用地空间。创新了城镇化健康发展土地利用机制，变用地扩张占空间为优化结构换空间，为城镇健康发展找到了新的发展模式。

积极推进城镇低效用地再开发试点，控制总量，盘活存量，节地增效。上海市在开展试点过程中，以土地整治助力"可持续""集约高效""综合统筹""公平共享"的新型城镇化建设，土地整治对象由农村土地，向全域用地的"增减挂钩、流量管控、结构优化"转变，根据节约集约用地和建设紧凑型城市的标准，在保障集中建设区外现状低效建设用地实施"减量"前提下，对既有城乡规划的用地规模、布局、结构等进行优化和完善，使存量用地的减少转化为新增用地流量的增加，提高用地综合效益，实现"总量控制、增量递减、存量盘活、流量放大、质量提高"的"五量"调控目标。从各地实施情况看，通过开展城镇低效用地再开发试点，盘活城镇低效用地，增加城镇建设用地有效供给，促进节约集约用地和保护耕地，提高了土地对经济社会发展的持续保障能力；优化土地利用结构，促进产业转型升级，带动投资和消费增长，增强了经济发展动力；改善城镇人居环境，推动民生和公共事业发展，进一步强化了土地对城镇化健康发展的支撑作用。

积极开展低丘缓坡荒滩等未利用地开发试点，为城市建设拓展后备资源空间。从宁夏、山东、甘肃等试点地区情况看，成效显著。一是优化布局，保障科学发展用地。充分发挥土地利用总体规划的调控作用，积极引导工业项目"上坡进山"，有效利用未利用地。通过试点探索，进一步优化土地利用结构和布局，拓展建设用地新空间，增加土地有效供给，缓解用地供需矛盾，保障工业园区建设，促进了经济社会跨越发展。二是保护耕地，保障粮食安全。通过试点探索，合理开发利用低丘缓坡荒滩等未利用地，鼓励招商项目、工业项目优先利用低丘缓坡荒滩等未利用地，有效减少对耕地尤其是优质耕地的占用，切实保护了耕地特别是基本农田，保障了粮食安全。三是优化配置，促进合理利用。通过试点探索，集中连片开发利用低丘缓坡荒滩等未利用地，优化土地资源配置，集约节约利用土地，促进工业项目上山，向工业园区集中，推进了试点地区产业园区化、城乡一体化、区域协调化发展。四是因地制宜，改善生态环境。通过试点探索，在保障工业发展、加快城镇化进程的同时注重生态环境建设，积极发展生态工业园。对于荒山、荒坡、荒沟，因地制宜开发利用；对于可保留的地貌景观，增加植被覆盖，保护和改善了生态环境。

积极探索实施城市更新，完善城市功能，提高城市土地利用效率，推进城市持续健康发展。2015年2月，广州市城市更新局挂牌成立，成为全国首个隶属政府的城市更新机构。负责全市低效存量建设用地的盘活利用和城市破旧房的更新盘活，统筹协调全市城市更新工作；负责拟定城市更新政策，拟定城市更新规划，组织编制城市更新项目计划和资金安排使用计划；指导和组织编制城市更新片区策划方案，审核城市更新项目实施方案；多渠道筹集资金，组织城市更新范围内的低效存量建设用地进行整治、改善、重建和提升，推进成片连片更新改造。为促进城市土地有计划开发利用，完善城市功能，改善人居环境，传承历史文化，优化产业结构，统筹城乡发展，提高土地利用效率，保障社会公共利益，2015 年 11 月，广州市城市更新局制定出台了"1 + 3"系列政策文件，即《广州市城市更新办法》和《广州市旧村庄更新实施办法》、《广州市旧厂房更新实施办法》及《广州市旧城镇更新实施办法》。文件明确规定广州城市更新按照"政府主导、市场运作，统筹规划、节约集约，利益共享、公平公开"的原则，由政府部门、土地权属人或者其他符合规定的主体，按照"三旧"改造政策、棚户区改造政策、危破旧房改造政策等，在城市更新规划范围内，对低效存量建设用地进行盘活利用以及对破旧房进行整治、改善、重建、活化和提升。广州城市更新局的成立及相关制度体系的建设，为推进全国开展城市更新提供了实践经验和借鉴。

五 土地整治信息化监测监管扎实推进

近年来，中央对土地整治监管工作提出明确要求。2014 年 3 月，党中央、国务院正式公布《国家新型城镇化规划（2014～2020 年）》，要求强化耕地占补平衡和土地整理复垦监管。2015 年 7 月，国务院办公厅印发《关于加快转变农业发展方式的意见》，提出到 2020 年建成 8 亿亩高标准农田，统一上图入库。2015 年 11 月，中共中央办公厅、国务院办公厅联合印发《深化农村改革综合性实施方案》，强调采取更有力的措施，加强对耕地占补平衡的监管。2015 年初，习近平总书记和李克强总理做出重要批示，要求采取更有力的措施，加强对耕地占补平衡的监管和依法规范管理。

强化监管必须创新监管理念，改进监管方式方法和技术手段。国土资源部高度重视信息化监管能力建设。2015 年第 9 次部长办公会议提出，要更加平衡地推进简政放权和放管结合工作，切实加强和创新事中事后监管，切实加强对地方的指导和监督，防止管理脱节和出现管理盲区，确保该管的管住管好管到位；要高度重视监管能力建设，进一步完善和用好国土资源综合信息监管平台，确保能够及时监测、发现和解决实际问题；要坚持具体问题具体分析，及时研究解决审批权下放后出现的新情况新问题，有针对性地采取有效措施加强监管。按照部党组的决策部署，国土资源部土地整治中心加快构建土地整治信息化监测监管体系，监测监管能力和水平稳步提升，监测监管各项业务稳步推进。

国家层面"天、地、网"一体化的土地整治监测监管技术体系逐渐成熟。在充分利用国土资源综合信息监管平台和"一张图"开展土地整治常规性上图核查的基础上，为进一步满足日常动态监测监管和全程可追溯管理的需要，国土资源部土地整治中心研发了土地整治监测监管应用平台并于2015年正式投入运行，为土地整治报备信息监测分析、耕地占补平衡日常监管、高标准农田建设监测评价、新增耕地核查标注、综合成效评估等工作提供了有力支撑；通过推广应用卫星遥感和无人机遥感监测技术，实现重大工程省份遥感监测全覆盖，提升了重大工程动态监测能力，同时充分借助遥感影像工程化解译研究成果，通过建立定制化的遥感影像专家解译知识库，提高了土地整治项目空间信息提取效率；借助辅助现场调查评价装备和小型旋翼无人机，深入土地整治项目区开展实地调查，大大提升了现场调查评价工作质量和效率。

地方层面土地整治信息化监测监管工作取得显著成效。各省份积极开展信息技术应用与研究工作，充分利用信息化技术手段开展土地整治日常监测监管，促进了土地整治项目实施的规范化、科学化管理。在项目信息化管理方面，重庆市的农田土地整治项目管理系统、四川省的县域及省域永久基本农田精细化管理系统分别在本行政区内推广应用，提高了基本农田动态化、精细化监管整体水平；在基础数据库建设方面，湖北省的土地整治空间数据库及管理系统、广东省的高标准农田建设进展报备管理系统、江苏省的高标准农田项目管理信息系统等，提高了土地整治项目信息备案和数据综合分析应用水平；在项目日常监测监管方面，湖北省土地整治项目实施管理及监测监管系统、福建省农村土地整治监测监管系统、山东省城乡建设用地增减挂

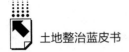
钩项目在线申报审批系统、甘肃省农村土地整治监测监管系统和耕地占补平衡动态监管系统、青海省土地整治监管信息系统、宁夏土地整治动态监测与管理信息系统、辽宁省耕地占补平衡动态监管系统以及浙江省土地整治项目移动监管系统，逐步开始实现与部信息系统进行对接，提升了数据整合利用效率和项目监管能力；在行业监管方面，河北省建立了土地整治项目从业单位诚信管理系统，贵州省建立了土地整治从业单位备案登记管理信息系统，新疆维吾尔自治区建立了土地整治行业从业单位信用管理系统，实现了对土地整治从业单位的动态监测分析和规范化管理。

江西省在高标准农田建设上图入库方面积累了重要经验。省政府办公厅专门向各市、县（区）政府和省政府有关部门下发《关于开展全省高标准农田上图入库工作的通知》，提出依托国土资源二调成果"一张图"监管平台，建设高标准农田信息管理系统，将全省到2020年的高标准农田建设规划和历年立项、验收建成的高标准农田上图入库；明确了政府和各个部门的工作职责，其中县（市、区）人民政府是高标准农田上图入库工作的责任主体，对高标准农田上图入库数据的真实性和准确性负总责，省国土资源厅负责高标准农田上图入库技术标准制订、技术审查、上图入库、统计分析、系统研发和上图入库具体工作；要求各地、各部门在编制高标准农田建设经费预算时统筹安排，将上图入库工作经费列入各级财政年度预算。省国土资源厅牵头，会同省发改委、农业厅、水利厅、农开办制订并印发《高标准农田上图入库技术规范（试行）》，对高标准农田基础数据采集、汇交和审查等工作提出具体要求。在此基础上，省委农改办、省高标办、财政厅、国土资源厅联合下发《关于进一步明确全省高标准农田上图入库有关事项的通知》，就贯彻落实省政府明电文件和上图入库技术规范做出更明确具体的规定。

全面完成清库是土地整治信息报备年度工作的最大亮点。为确保信息报备工作质量，2014年6月24日，国土资源部办公厅下发《关于开展土地整治备案信息复核确认进一步加强监管工作的通知》，部署开展对农村土地整治监测监管系统备案项目信息的全面清理工作。从2014年6月至2015年7

月，国土资源部历时一年多时间，按照"全面清理、分步推进、兼顾用地审批"的原则，组织各省份对纳入清理范围的253893个项目进行了复核确认。此次清库工作，对进一步加强土地整治监测监管、强化耕地占补平衡规范管理、摸清全国土地整治底数具有重要意义。一是提升了备案信息的真实性和准确性。二是强化了省级国土资源部门对信息报备工作"负总责"的意识。各省级国土资源部门高度重视复核确认工作，按照通知要求，成立工作小组，对市县进行培训，组织市县逐个项目进行复核确认，认真落实省级国土资源部门对备案项目信息的审核把关职责。三是提高了地方各级信息报备人员的业务能力。清库期间，全国共有数千名技术人员参与了具体复核确认工作，国土资源部土地整治中心和信息中心安排专人负责，全程进行业务和技术指导，有效解决了长期以来市县级信息报备人员不熟悉业务、不会用系统等问题。四是推进了信息报备工作的有序开展。此次清库工作，通过锁定耕地占补平衡指标等方法，进一步规范了土地整治项目信息备案程序，促使地方各级国土资源部门充分认识信息报备工作的重要意义，增强了各级报备人员的责任意识。

2014年度土地变更调查新增耕地核查任务顺利完成。按照《国土资源部关于开展2014年度全国土地变更调查与遥感监测工作的通知》和《关于做好2014年度土地变更调查新增耕地管理信息核查标注有关工作的函》要求，2015年3月至7月上旬，国土资源部土地整治中心具体组织开展了2014年度新增耕地核查工作，对全国31个省份（新疆生产建设兵团纳入新疆维吾尔自治区统筹开展）1624个县的406025个新增耕地图斑共421万亩新增耕地进行核查标注。同时，对全国2014年度验收在农村土地整治监测监管系统备案的1.24万个项目295万亩新增耕地开展了上图核查。经核查，在2014年度的421万亩新增耕地中，新增耕地地类图斑共361824个，面积419.13万亩；新增耕地线状地物图斑31198个，面积1.80万亩；新增耕地零星地物图斑1392个，面积0.07万亩。按照新增耕地来源对新增耕地地类图斑进行分类：一般土地整理复垦开发项目新增耕地图斑共248345个，面积295.31万亩；增减挂钩项目新增耕地图斑74541个，面积35.22万亩；

工矿废弃地复垦项目增加耕地图斑 2612 个，面积 4.99 万亩。以上三类均属于土地综合整治范畴，共涉及新增耕地面积 335.5 万亩，约占全国年度新增耕地总面积的 80%。属于农民自主开发、其他部门资金开发等以其他方式增加耕地的图斑 34886 个，面积 31.54 万亩；属于农业结构调整增加耕地的图斑 33332 个，面积 53.94 万亩。经过对 421 万亩新增耕地二级地类进行分析，水田面积 81.88 万亩，占 19.45%；水浇地面积 131.82 万亩，占 31.31%；旱地面积 207.30 万亩，占 49.24%。2014 年度验收土地整治项目新增的 295 万亩耕地中，于本年变更（ZZB）图斑共 80552 个，面积 152.10 万亩；于往年变更（ZZW）图斑共 60365 个，面积 90.85 万亩；本年未变更，留待以后年度变更（ZZY）图斑共 31238 个，面积 34.77 万亩；土地整理田坎新增耕地（ZZL）32.91 万亩。①

六　土地整治综合成效评估实现良好开局

近年来，全国每年投入土地整治的资金达上千亿元，取得了巨大成就，综合效益显著，对促进经济社会发展发挥了重要作用。但多年来土地整治成效和经验宣传缺乏足够的数据和案例支撑，不能全面深刻反映土地整治资金绩效和社会影响，成为制约土地整治事业进一步发展的重要因素。因此，全面开展土地整治综合成效评估是保障土地整治事业健康发展的客观需要。

对开展土地整治综合成效评估中央有明确要求。2013 年 10 月，由国务院批准实施的《全国高标准农田建设总体规划》提出，建立健全高标准农田建设考核制度，中央有关部门要定期对地方高标准农田建设情况进行评价和考核，以亩均粮食产能为重点，全面掌握项目建设绩效。2013 年 12 月，国土资源部第 18 次部长办公会议要求强化土地整治总体效果评估，把投入产出的大账算清楚，把核心支撑和综合带动作用说透彻。2015 年 5 月，中央农办、

---

① 新增耕地上图时，未切割耕地图斑，造成上图面积略大于项目实际新增耕地面积。

农业部、国土资源部联合召开的加强耕地保护改进耕地占补平衡规范农村土地流转工作视频会再次强调，要充分显化土地整治的综合效用。财政部、国土资源部先后下发了一系列政策性文件，建立了土地整治绩效评价制度。在国家政策引领下，地方纷纷开展绩效评价试点，积累了重要经验。国土资源部土地整治中心围绕土地整治综合成效分析和绩效评价开展了系列研究工作，为推进综合成效评估工作制度化、规范化奠定了理论、方法和技术基础。

2015年是土地整治综合成效评估取得突破的关键一年，评估工作实现良好开局。国土资源部土地整治中心联合10个农村土地整治示范省土地整治机构，对示范省建设综合成效进行了全面评估。农村土地整治示范省建设是在国家层面规范引领全国土地整治工作、宣贯土地整治国家意志的重要举措，由财政部、国土资源部与河北、内蒙古等10个省级人民政府签订整体推进农村土地整治示范协议，共同投资建设。此次评估工作全面总结评价了示范省建设取得的经济、社会、生态效益以及示范省建设中涌现出的好经验、好做法、好典型，在国家层面第一次用翔实的数据和科学的结论向社会展示了规模化土地整治的重大成就。评估成果于2015年5月通过土地整治蓝皮书《中国土地整治发展研究报告No.2》公开发布后，新闻媒体纷纷予以转载报道，引起社会广泛关注，产生了深刻的社会影响。2014～2015年，国土资源部土地整治中心还联合中国农业大学，开展了土地整治社会影响评价课题研究，为科学评估土地整治给社会带来的综合影响奠定了理论和方法基础。

"十二五"高标准农田建设综合成效评估取得重要成果。国务院批准实施的《全国土地整治规划（2011～2015年）》，确定了到2015年建成4亿亩旱涝保收高标准农田、补充耕地2400万亩等一系列目标任务，高标准农田建设成为"十二五"期间土地整治工作的重中之重。在"十二五"收官之际，全面总结评价和宣传展示高标准农田建设综合成效和典型经验做法，积极营造良好的高标准农田建设社会舆论氛围，对顺利完成"十三五"土地整治特别是高标准农田建设任务，在土地整治领域贯彻落实五大发展理念具有重要意义。在深入总结10个示范省建设综合成效评估经验的基础上，国土资源部土地整治中心充分发挥各级土地整治机构系统优势，于2015年9月组织启动了"十二五"高标准农田建设综合成效评估工作。在各级土地整治机构的协同配合下，2016年3月，"十二五"高标准农田建设综合成效评估工作全面完成。国土资源部土地整治中心依托4万多个高标准农田建设项目综合成效评估成果，第一次用大数据分析的方式，总结出高标准农田建设和新增耕地投入成本分布规律，分省、分区域统计测算了农用地整理新增耕地潜力和趋势，为改革完善耕地保护和土地整治政策提供了科学依据。

在简政放权、放管结合新形势下，综合成效评估工作和监测监管、评价考核工作同等重要，都是保障土地整治事业规范健康发展、为宏观决策提供基础支撑、贯彻土地整治国家意志、实现土地整治国家目标的重要手段，也是各级土地整治机构履职尽责的内在要求。

七　土地整治标准化建设取得新突破

技术标准是规范土地整治工作的技术法规，建立健全技术标准体系是国家层面引领和保障土地整治事业规范健康发展的重要抓手。2015年，各级国土资源部门继续把土地整治技术标准制定修订作为一项重要任务，标准体系研究和国家、行业、地方标准建设取得明显进展。

《高标准农田建设评价规范》国家标准通过全国国土资源标准化委员会审查，为推进高标准农田建设评价工作奠定了基础。按照《全国高标准农田建设总体规划》（以下简称《规划》）有关要求和2014年国家标准制订计划，国土资源部会同农业部、国家发展和改革委员会、财政部、水利部、国家林业局、国家统计局、国家标准委等部门，共同编制了《高标准农田建设评价规范》（以下简称《规范》），于2015年12月21日顺利通过了全国国土资源标准化委员会的评审。《规范》规定，高标准农田建设评价对象为各级行政区内高标准农田建设总体情况，评价内容包括建设任务完成情况、建设质量、建设成效、建设管理情况和社会影响等方面。按照《规划》和国务院文件要求，开展高标准农田建设评价是为了强化过程管理和监控，是落实《规划》目标任务的日常监管手段。从评价主体看，高标准农田建设评价主要是指上一层级对下一层级落实高标准农田建设任务情况的评价和各级政府对相关部门推进高标准农田建设情况的评价。因此，在纵向和横向上都有开展高标准农田建设评价的需求，评价目的和内容各有侧重，但重点评价的是政府绩效，评价结果是考核的重要依据。

《耕作层土壤剥离利用技术规范》等6项行业标准形成报批稿，丰富了土地整治技术标准体系。在顺利通过全国国土资源标准化委员会土地整治、保护分技术委员会组织评审的基础上，2015年7月，国土资源部土地整治中心向国土资源部报批了6项行业标准，标准名称为：《耕作层土壤剥离利用技术规范》《土地整治权属调整规范》《土地整治重大项目实施方案编制规程》《土地整治工程建设标准编写规程》《土地整治项目规划设计规范》《矿山土地复垦基础信息调查规程》。其中，《土地整治项目规划设计规范》是对2000年颁布的《土地开发整理项目规划设计规范》（TD/T1012－2000）的修订，调整后的规范内容主要包括项目建设条件调查与分析、规划设计、施工组织设计、土地权属调整、效益分析等。《耕作层土壤剥离利用技术规范》主要规定了耕作层土壤剥离利用活动中有关调查、评价、剥离、储存、运输、回复等环节的技术内容和要求，以及耕作层土壤剥离利用方案。《土地整治权属调整规范》主要规定了土地整治项目实施中土地权属调整的目标、原则、程序、方法、内容和成果要求。《土地整治工程建设标准编写规程》主要规定了土地整治工程建设标准编写基本原则、编写步骤、编写方法、编写内容与成果要求等。《矿山土地复垦基础信息调查规程》主要规定了非放射性矿产资源矿山土地复垦基础信息调查的范围、内容、方法与成果等。此外，由国土资源部土地整治中心负责编制的《土地整治项目基础调查规范》于2015年12月23日通过了全国国土资源标准化委员会土地整治保护分技术委员会的评审，正在按照行业标准程序组织报批。

地方标准化建设取得积极进展，逐步实现由制度文件管理向技术标准管理的转变。自2013年以来，国土资源部土地整治中心两次向全国土地整治机构开展标准化建设情况的问卷调查。据2013年10月统计，各地已制定土

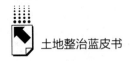

地整治技术标准138项，其中，已出台地方标准（有 DB、DG 编号，下同）5项，其他为技术文件；据2015年12月统计，各地已出台地方标准16个，技术文件超过180个。地方标准主要围绕土地整治项目实施管理内容而制定，如广西壮族自治区颁布了《高标准基本农田土地整治建设规范》（DB45/T 951 – 2013）、《土地整治工程第 1 部分：建设规范》（DB45/T 1055 – 2014）、《土地整治工程第 2 部分：质量检验与评定规程》（DB45/T 1056 – 2014）、《土地整治工程第 3 部分：验收技术规程》（DB45/T 1057 – 2014），湖北省颁布了《土地整治项目规划设计规范》（DB42/T 681 – 2011）、《土地整治项目工程建设规范》（DB42/T 682 – 2011）、《土地整治项目工程监理规范》（DB42/T 824 – 2012）、《土地整治工程质量检测技术管理规范》（DB42/T 1071 – 2015）、《土地整治工程量清单计价规范》（DB42/T 1081 – 2015），湖南省颁布了《高标准农田建设第一部分总则》（DB43/T 876.1 – 2014），陕西省颁布了《土地整治高标准农田建设标准综合体》（DB61/T 991.1 – 7 – 2015），新疆维吾尔自治区颁布了《新疆土地整治工程建设标准》（DB65/T 3722 – 2015）等，黑龙江省颁布了《亿亩生态高产标准农田建设标准》（DB23/T 1671.1 – 2015）；此外，广西壮族自治区出台了《土地复垦技术要求与验收规范》（DB45/T 892 – 2012），吉林省出台了《建设占用耕地表土剥离技术规范》（DB22/T 2278 – 2015）等。上述技术标准规定了地方土地整治项目管理方面的技术内容，规范了项目管理工作，提升了项目管理成效。

积极创新土地整治业务，主动开展土地整治技术标准研究，丰富了土地整治专业内容。2015年，为贯彻落实《中共中央关于全面深化改革若干重大问题的决定》和《国务院机构改革和职能转变方案》有关要求，国务院印发了《深化标准化工作改革方案》和《〈深化标准化工作改革方案〉行动计划（2015～2016年)》，提出通过标准化工作改革，把政府单一供给的现行标准体系，转变为由政府主导制定的标准和市场自主制定的标准共同构成的新型标准体系，同时建立完善与新型标准体系配套的标准化管理体制。经过十多年发展，国家层面初步建立了以"项目"为中心、以"工作"为内容的土地整治技术标准体系，在项目规划设计、土地权属管理、工程质量评定验收和农用地质量监测评价等方面形成了深厚的技术积累，出台了一系列技术标准，指导了土地整治业务发展。截至 2015 年底，已发布 4 项国家标准（包括农用地质量分等、农用地定级、农用地估价三个规程和高标准农田建设通则）、17 项行业标准和预算定额标准。近年来，各地围绕土地业务，结合国土资源科学技术研究，开展了技术标准研究，深化了土地整治专业内涵。比如上海市立足于小尺度（镇村级）土地整治规划编制需要，开展了上海市郊野单元土地整治规划编制规程的研究；江西、浙江、福建等省结合东南部地区土地利用特点，开展了水田垦造、耕作层土壤剥离利用等标准的研制工作；湖南省基于生态农田建设的需要，开展了生态化土地整治标准的研究。实践证明，标准化既来源于实践，也指导具体实践；标准化工作既规范了土地整治工作，也推动了土地整治专业发展。

八 土地整治科技创新取得重要成果

从 2015 年公开发表的科技文献看，土地整治专业研究持续深入，但科技含量仍有待提高。根据 CNKI 网站，以篇名或关键词为土地整治、土地整理或土地复垦进行检索，检索结果显示 2015 年度发表文献分别为 855 篇、3036 篇，其中期刊分别为 522 篇、1408 篇，其他为会议论文和报刊。2015 年度发表文章总体上以土地整治管理类文章居多，土地整治工程和技术类的文章相对较少；从研究领域看，以土地整治耕地质量和潜力评价的技术方法研究较多，土地整治的生态服务领域和基于无人机平台的土地整治遥感监测技术呈现越来越多的研究趋势。硕士、博士论文研究领域相对分散，仍侧重于耕地质量提升、潜力和效益评价领域的研究，也出现了土地整治社会风险、生态安全、融资与公众参与等研究内容。总体上看，土地整治专业学术论文的整体质量水平仍有待进一步提高。

土地整治各个分领域科技研究取得明显进展。在工矿废弃地复垦方面，主要开展了工矿废弃地复垦及未利用地开发利用技术研究，采煤塌陷地治理

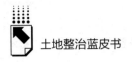

重大问题研究，西南地区典型工矿废弃地复垦耕地质量监测与跟踪评价技术体系研究。在耕地质量监测与评价方面，主要开展了基于自主高分遥感或近地传感器技术的耕地质量监测技术研究，耕地质量变化快速监测评价及信息系统建设，耕地及新增耕地质量等别调查、评价、更新与监测应用研究，基于耕地等级提升的土地整理规划设计及提升对策研究。在盐碱地治理方面，主要开展了暗管治理盐碱地技术、环渤海盐碱土地景观整治与植物修复技术、滨海区暗管改碱及湿地建设与生态工程关键技术的开发与示范，以及暗管排水排盐治理盐碱地关键技术研究、北方滨海盐碱化地区村庄土地整理中的土壤改良与生态恢复关键技术研究。在区域土地整治技术方面，主要开展了移土培肥相关技术标准与规范的制定，内蒙古宜耕沙地保护性开发及乌蒙山区扶贫国土开发关键技术研究及示范应用，天津市土地整治中土壤盐渍化改造研究，低丘缓坡山地开发土地规划与监管技术和示范研究，基于生态可持续的农村土地整治规划设计研究，基本农田优质精细型土地整理技术研究，建设占用耕地耕作层土壤剥离、储存培肥、复垦再利用技术研究。在高标准基本农田建设方面，主要开展了基于小流域为单元的高标准基本农田建设土地整治项目工程体系、标准及效益评价研究，海南省高标准基本农田建设工程技术规范的制定，天津市高标准农田建设绩效评价研究及后期管护研究。在土地整治生态建设方面，主要开展了不同土地整治技术对生态环境影响的对比分析研究，土地整治生态景观建设研究，海岸带滩涂生态化开发关键技术研究与示范，土地整治工程布局生态适应性研究与示范，典型露天煤矿复垦生物多样性恢复研究。在土地整治监测监管方面，主要开展了土地整治监测监管信息系统研发，基于"3S"技术的土地整治监测监管体系研究等。

重点创新领域研究取得新突破。2015年度，土地整治领域在国家和行业层面，新设立国家科技支撑计划相关科研项目2项，国土资源公益性行业科研专项3项，国家自然科学基金项目十余项。国家科技支撑计划"重金属超标农田安全利用技术研究与示范"主要研究重金属超标农田原位钝化/固定与农艺调控技术、中南工矿区镉砷镍超标农田、北方典型污灌区镉铅超标农田、长三角铅铜锌超标农田、珠三角镉铅超标农田安全利用技术集成与示范。国家科技支撑计划"三大经济区与睦边扶贫区基本农田建设技术研究与示范"项目主要研究环渤海经济区、长三角经济区基本农田建设技术研究与示范，珠三角经济区、西南睦边扶贫区基本农田质量与生态监测及建设技术研究与示范等。国土资源公益性行业专项主要有重金属超标农用地安全利用技术集成与示范、乌蒙山区扶贫国土开发关键技术研究及示范应用和滨海盐碱地快速改良技术及标准研究3个项目。国家自然科学基金项目主要开展土地整治对村镇社区发展的影响、土地整治土壤水盐运动、农地整治项目治理绩效、农地生态转型的发生机制与调控、土地利用格局变化的时空分异及其优化模式、农户土地利用行为响应及其对耕地质量的影响、农村居民点适宜布局研究、耕地撂荒机理和决策模拟等基础和机理性研究。综合看，2015年度土地整治主要科技创新侧重于基本农田建设技术提升和重金属超标农用地治理等领域。

土地整治领域2015年度获得国土资源科学技术奖8项，其他奖励37项。其中，由中国矿业大学（北京）、国土资源部土地整治中心、中国地质大学（北京）等单位完成的"采煤区损毁土地复垦与监管关键技术及应用"获得国土资源科学技术一等奖，由国土资源部土地整治中心牵头完成的"高标准基本农田建设技术体系研究与应用""全国统一的按等级折算关键技术及系统研发""土地整理质量与生态监测技术"等获得国土资源科学技术二等奖。

——采煤区损毁土地复垦与监管关键技术研究。该技术成果首创了井工煤矿区土地损毁隐伏信息诊断技术，首创了采煤沉陷土地损毁边界识别技术和沉陷水田土壤裂缝探测技术；创立了酸性煤矸石山生态复垦技术，提出"覆盖阻隔层－生长介质层"双层植被恢复型土壤剖面结构和灌草防燃型的植被群落配置模式，形成了多时序和空间衔接耦合的一体化工艺；创建了采煤沉陷损毁土地保土复垦技术。

——全国统一的按等级折算关键技术及系统研发。该技术首次构建了耕地占补平衡系统动力学概念模型，研究了未来耕地占补平衡发展情景；首次研制了全国统一可比的耕地占补平衡等级折算系数表；编制了《补充耕地

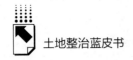
数量质量按等级折算技术规程》（建议稿）。研发了"耕地占补数量质量平衡决策支持系统"，实现耕地占补平衡智能化决策的专题地理信息系统。该系统可实现实时快速、准确的耕地等级折算和决策，为制定全国及区域年度用地计划、耕地占补平衡考核监管体系提供技术支持。

——高标准基本农田建设技术体系研究与应用。该技术成果本着高标准建设、高标准利用和高标准管理的原则，同时兼顾高标准基本农田建设的数量、质量与生态需求，创造性地构建了高标准基本农田建设工程体系及关键技术指标体系与技术要求；分区明确了建设重点内容；提出了建后管护利用与监测评价、土壤培肥、科技应用的要求；为全国高标准基本农田建设工作提供了重要的技术支撑。依托该项目成果，国土资源部土地整治中心颁布了《高标准农田建设　通则》7项标准，并被国务院批复的《全国高标准农田建设总体规划》和有关部委文件应用。

——土地整理质量与生态监测技术研究。该技术成果针对土地整理质量和生态监测迫切需要建设标准化、规范化监测体系，解决从传统技术向现代技术转变过程中的技术瓶颈，研发了土地整理工程信息遥感影像自动/半自动智能识别系统、基于无线传感器网络土地整理质量与生态监测软硬件系统。创建了一套土地整理质量可视化评价指标、方法与评价模型，研究提出了"土地整理质量与生态评价技术规范"，提高了评价的透明度、客观性、可追溯性和评价效率。

九　土地整治国际合作与交流不断深入

2015 年，结合国内土地整治转型发展的需要，国土资源部土地整治中心继续围绕土地整治与土地资源可持续利用、土地整治与农村发展、土地整治与生态文明建设等主题，持续深入开展土地整治国际合作与交流，进一步拓展了国际合作渠道，更加积极地引进借鉴国际先进理念与做法，为土地整治事业发展增添了新动力。

由国土资源部土地整治中心组织实施的亚洲开发银行"中小城市和小

城镇土地节约集约利用模式研究"项目正式启动。项目选取昆明市寻甸回族彝族自治县、广东省东莞市虎门镇和广州市花都区作为案例研究点。项目国际咨询专家在赴案例研究点深入调研的基础上，针对国内情况完成了《国际案例研究报告》。2015 年 10 月，项目组成员赴日本和韩国就城市改造、新城建设等情况开展了调查研究，研究成果为我国新型城镇化建设中涉及的控制城市蔓延、减少土地浪费等方面问题提供了一定的参考借鉴。项目组访日期间，国土资源部土地整治中心与日本东京大学工学部都市工学系签署了关于土地整治与土地利用领域合作的谅解备忘录，为"十三五"时期双方在土地资源可持续利用方面的合作奠定了基础。

中德双方在土地整治与农村发展领域的合作交流进一步深化。2015 年 8 月，国土资源部在北京召开"土地整治法治建设交流研讨会"，邀请德国汉斯·赛德尔基金会专家以及上海、重庆、山西、山东、浙江、湖北、湖南、广东、贵州等省（市）土地整治机构专家围绕《土地整治条例》的研究起草工作展开了深入讨论。2015 年 9 月，国土资源部土地整治中心和德国汉斯·赛德尔基金会在山东省青州市共同举办了土地整治与农村发展研讨会。国土资源部副部长王世元出席会议并致辞。德国汉斯·赛德尔基金会主席乌苏拉·曼勒，柬埔寨国土、城市规划与建设部国务秘书韶索万，德国巴伐利亚州农林食品部前部长约瑟夫·米勒等外方嘉宾参加了会议。会上，来自中国、德国、荷兰、日本和波兰等国家的专家学者分别围绕本国土地整治的政策法规、发展现状、面临的问题等介绍了各国土地整治项目、发展规划和农村发展等情况，并积极开展交流和讨论，取得了良好的效果。此次研讨会为国内外专家学者提供了一个土地整治与农村发展的交流平台，使中外土地整治同行之间增进相互了解，为各国之间进一步加强合作奠定了坚实基础。经国土资源部和国家外国专家局批准，2015 年 10～11 月，国土资源部土地整治中心与德国汉斯·赛德尔基金会共同组织了"赴德国土地整治与城乡统筹发展培训团"，18 名学员大部分是工作在土地整治一线的中青年业务骨干。来自中共中央党校的 3 名教师随团一起参加了在德国的培训和考察。

中国和比利时在土地整治领域的合作取得了新进展。国土资源部与比利

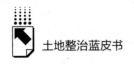

时王国弗拉芒大区政府在北京签署了《中华人民共和国国土资源部与比利时王国弗拉芒大区政府2015～2016年行动计划》。该行动计划进一步细化了双方于2014年签订的合作谅解备忘录的内容，明确将农用地保护、土地整治、农村发展、损毁土地修复与土地资源可持续利用列为双方的重点合作领域，并制定了详细的活动安排。

低碳土地整治研究成果得到中外专家的高度评价。国土资源部土地整治中心实施的由德国环境部支持的中德国际气候动议（ICI）合作项目"中德低碳土地利用"子项目"低碳土地整治"，于2015年完成了湖南省长沙县首个耕地生态型土地整治示范项目的建设。通过采用生态沟渠、农田渍水净化系统、生态护堤、生态通道等土地整治技术，在最大程度保护生态平衡的同时，改善了农村沟渠路等设施，实现土地整治和生态保护相结合，为我国土地整治朝着低碳型、可持续方向发展提供了借鉴。2015年11月，低碳土地整治项目评审会在京召开，中外专家对项目研究成果给予了高度评价。低碳土地整治研究在国内尚属首例，在国际上也属于前沿性研究，土地整治对于促进绿色低碳发展将发挥积极作用。

重金属污染农用地治理研究项目正式启动。2015年，国土资源部土地整治中心顺利执行由国家外国专家局资助的"重金属超标农用地安全利用技术集成与示范"项目。项目邀请来自美国、英国和澳大利亚的专家，就土壤重金属污染源头控制、植物及理化修复技术、相关土壤安全标准等内容进行了研讨交流。项目针对国内污染农用地治理的技术需求，了解国外相关领域的先进适用技术，为将重金属超标农用地的治理纳入土地整治目标提供了可资借鉴的技术支持。

在过去的几年，国土资源部土地整治中心共组织因公临时出访团组30个，累计派出300余人分别赴美国、德国、俄罗斯、澳大利亚、英国、日本等国家，大力推进培训与交流，为土地整治人才培养开拓了国际渠道。在"走出去"的同时，该中心积极开展"引进来"的工作，通过组织多种形式的研讨活动，为土地整治系统人员提供了更多与外方专家探讨、交流的机会，将公众参与、可持续发展、生态环境保护等先进理念和实用技术引入土地整治工作。各地也积极探索推进土地整治国际合作与交流，如江西省国土资源厅与德国汉斯·赛德尔基金会签署了合作谅解备忘录，并在赣州市安远县共同实施土地整治与农村发展示范项目；四川省国土资源厅与丹麦在土地与矿山地质环境恢复治理技术研究领域签署了合作谅解备忘录，与德国汉斯·赛德尔基金会在空间规划、土地整治与农村发展等领域签署了合作谅解备忘录；安徽省政府与德国下萨克森州在土地整治生态景观等领域签署了合作谅解备忘录。

十　土地整治工程技术人员列入国家职业大典

1999年，我国颁布了第一部《中华人民共和国职业分类大典》（以下简称《大典》），成为我国人力资源科学化、规范化管理的重要依据，引领人力资源市场建设、职业教育培训、就业创业、国民经济信息统计和人口普查等工作。虽然土地作为一个独立的行业，已经具有不同专业分工的庞大从业群体，但是长久以来，《大典》缺乏土地类职业，制约了土地行业在国民经济、学科建设、职业教育等各方面发展。

修订《大典》为土地行业的快速发展提供了重要契机。2010年底，人力资源和社会保障部会同国家质量监督检验检疫总局、国家统计局牵头成立了国家职业分类大典修订工作委员会，启动修订工作。国土资源部人事司副司长张绍杰作为工作委员会委员，牵头组织国土资源类职业修订具体工作，国土资源部土地整治中心配合开展相关职业的调查统计、起草职业建议及职业信息表、职业咨询论证等工作。经过5年数轮的调查论证工作，2015年8月，国家职业分类大典修订工作委员会审议通过并颁布了2015版《中华人民共和国职业分类大典》，土地整治工程技术人员作为首个土地类职业正式列入国家职业，反映了国土资源管理事业在社会职业结构中的新变化，也将促进整个土地行业发展，对于加强行业人才队伍建设和人力资源开发管理、指导相关学科教育教学改革方面具有重要作用。

土地整治工程技术人员"入典"是土地整治事业发展史上的重要里程

碑。土地类职业具有不可替代性,土地工程既不同于农业水土工程,也不同于农业资源利用、公共管理、城乡规划、风景园林、测绘信息等领域。一直以来,尽管土地行业蓬勃发展,在经济社会中越来越重要,但依然处于一个尴尬境地:既不是纳入国家职业分类大典的职业,又不是纳入国民经济统计分类目录的行业,也不是纳入高等国民教育分类目录的完整专业。经济社会发展已经遭遇土地工程技术人才整体短缺和结构不良的严重制约。人才资源是推动土地科学发展、科技创新和工程实践的核心要素。《国土资源中长期人才发展规划(2010~2020年)》提出组织实施"土地科技紧缺人才培养工程"和"卓越工程师"教育培养计划,加快培养土地专业技术人才。土地整治工程技术人员"入典"将进一步发挥对土地工程技术人才培养的引导作用。

这次大典首次尝试标示"绿色职业",旨在注重人类生产生活与生态环境可持续发展,推动绿色职业发展与绿色就业。绿色职业主要是那些环保、低碳、循环特征显著且社会认知度较高的职业活动。"土地整治工程技术人员"这一职业因符合"监测、保护与治理、美化生态环境"和"回收与利用废弃物等领域的生产活动"等特征而成为127个绿色职业之一,符合土地整治的本质内涵,将进一步提高土地整治的社会认知度和美誉度,对促进土地整治转型发展、引领土地整治事业绿色化发展具有重要意义。

站在"十二五""十三五"交汇点上,回顾过去的五年,土地整治国家层面的战略布局和导向更加清晰,各级国土资源部门积极探索创新土地整治工作机制和实施模式,取得新的进展和新的成效,土地整治社会影响进一步扩大,持续发展的基础进一步巩固。

"十二五"期间,通过土地整治建成了一大批高标准基本农田,新增耕地2500多万亩,进一步夯实了国家粮食安全的资源基础。其中,10个农村土地整治示范省建设共建成高标准基本农田2322万亩,新增耕地面积184万亩,整治后耕地质量提高0.84~1.7个等,提高粮食产能66.89亿斤。经过整治后,大量零碎、分散的土地得到适当归并,耕地有效利用率平均提高7%左右,耕地利用障碍因素得到消除,田间道路、灌溉与排水沟渠、机井、蓄水池和输配电等农业基础设施配套建设得到加强，改善了农业生产条件，提高了机械化耕作水平和排灌抗灾能力，为实现农业现代化创造了条件，对国家粮食生产连续增产发挥了不可替代的作用，为保障国家粮食安全奠定了坚实的物质基础。

"十二五"期间，国土资源部组织实施的城乡建设用地增减挂钩、工矿废弃地复垦利用、城镇低效用地再开发等试点逐步向面上拓展，有效促进了土地资源节约集约利用，并逐步纳入中央层面的重点工作布局。各地通过实施城乡建设用地增减挂钩、工矿废弃地复垦利用、城镇低效用地再开发等试点，城乡建设用地结构和布局进一步优化，促进了土地资源利用方式向着更加节约集约的方式转变，整治后土地利用率平均提高9.83个百分点，为新型城镇化和县域经济发展拓展了建设用地空间。广东"三旧改造"通过"腾笼换鸟""退二进三"等模式，以产业结构调整引领供地结构、经济结构优化升级，2014年产业调整项目改造后当年期实现产值比改造前增长了9倍，有力推进了经济方式的转变。山东省通过农村建设用地整理，将农村社区进行统一规划和综合整治，采取"多村一社区"模式建设农村新型社区，半径2公里左右区域内5～6个村、1000～2000户组成一个社区，共建共享生产生活服务设施，实现了新社区建设和节约集约用地的共赢。

"十二五"期间，土地整治有效促进了农民增收，拓宽了惠民利民渠道，拉动了农村投资和消费需求，成为支撑全面小康社会建设的重要民生工程。据统计，仅高标准农田建设就惠及约2亿农民群众，其中国土资源部门实施的项目农民人均年收入新增约1100元；增减挂钩项目实施后，项目区农民人均年收入提高28%，有效改善了农村人居环境，促进了美丽乡村建设，推动农村综合发展。同时，支持国家扶贫开发重点县开展土地整治，100个国家级贫困县被纳入全国500个高标准基本农田建设示范县，有效引导土地整治项目和资金向贫困地区倾斜，促进了老、少、边、穷地区农村脱贫致富。云南省红河州坚持"注重山区、完善坝区"和坚持向贫困地区、边境地区倾斜的原则，实施的各类土地整治项目中有90个项目被安排在8个扶贫开发重点县及边境县，投入资金15.09亿元，占同期全州土地整治项

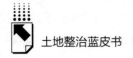

目资金的 79%。湖北省嘉鱼县将土地整治项目建设与蔬菜产业相结合，引入蔬菜专业合作社，采取"一企联一村"方式，打造蔬菜基地，充分调动农村闲散劳动力，促进农村发展、农民致富。

"十二五"期间，以土地整治为平台推进高标准农田建设取得重要经验，为"十三五"大规模推进高标准农田建设奠定了坚实基础。各地在土地整治实践中逐步探索形成了"政府主导、农村集体经济组织和农民为主体、国土搭台、部门参与、统筹规划、整合资金"的工作机制。以土地整治为平台推进的高标准农田建设重点抓住了"划得准、调得开、建得好、保得住"等几个重要环节。所谓"划得准"，就是根据土地利用总体规划、土地整治规划等，划定土地整治重点区域，合理选择土地整治项目，核心是落实土地用途管制制度；所谓"调得开"，就是突出农民主体地位，土地整治涉及的地块归并、权属调整等，充分尊重农民意愿，凡权属有争议的，不得强行开展土地整治，切实维护农民合法权益；所谓"建得好"，就是加强政府主导下的多部门协同配合，有效整合资金，严格按照标准规范建设高标准基本农田；所谓"保得住"，就是建立建后管护利用制度，完善动态监测体系，实现实时动态跟踪监测监管，确保整治后的耕地特别是高标准基本农田得到永续利用。这些经验和做法是鲜活生动的，具有重要的示范引领和借鉴意义。

"十二五"期间，中央分成新增费分配使用和国家层面土地整治管理方式发生重大变化，重大工程和示范建设成为规范引领全国土地整治工作的重要抓手。要保障土地整治事业的健康发展、实现土地整治国家意志，设计好抓手至关重要。实施土地整治重大工程是落实高标准农田建设、集中大规模补充耕地、促进扶贫开发、统筹城乡发展、改善区域生态环境等国家重点任务的客观需要，也是新形势下从中央层面落实稳增长促改革调结构惠民生战略部署的重要调控手段。"十二五"期间，土地整治重大工程实施取得显著成效，特别是宁夏中北部重大工程建设顺利完工，积累了一整套重要经验。开展示范建设也是推进全国土地整治工作的重要抓手，近年来国家先后安排了 116 个基本农田保护示范区、10 个农村土地整治示范省和 500 个高标准基本农田示范县建设。从 10 个示范省建设综合成效评估结果看，总体上超额完成了协议规定的示范建设任务，在提升粮食综合生产能力、促进现代农业发展、增加农民收入、推进新农村建设和城乡一体化、改善区域生态环境等方面取得显著成效，成为"十二五"期间土地整治工作的突出亮点。实践证明，土地整治重大工程和示范建设是发挥土地整治规模效益、规范引领土地整治发展、统筹推进全国土地整治工作的有效抓手，是传播土地整治先进理念和经验的重要载体，应坚定不移推进重大工程实施和示范建设，在"十三五"时期进一步谋划好、布局好、设计好、实施好、监管好、总结好、宣传好。

"十二五"期间，土地整治行业建设和管理日趋规范，土地整治机构队伍不断发展壮大，系统优势初步显现，对土地整治事业发展的支撑保障作用不断增强。截至 2015 年底，全国共成立国家 – 省 – 市 – 县四级土地整治机构 2486 个，拥有专业人员 2 万余人。其中，31 个省（区、市）及新疆生产建设兵团设立省级土地整治机构 32 个，土地整治机构在省级层面实现全覆盖；全国 333 个地级行政区①中，有 321 个成立了地级土地整治机构，机构覆盖比例达到 96%；全国 2854 个县级行政区②中，有 2132 个成立了县级土地整治机构，机构覆盖比例为 75%。近年来，土地整治工作越来越受到各级党委、政府的重视，部分土地整治机构实现了更名或规格提升。其中，湖北、新疆、重庆、山东 4 个省级机构升格为副厅级，1 个市级机构山东省青岛市土地储备中心升格为副厅级；新疆、宁夏、广东、湖北、湖南 5 个省（区）的省级机构更名为国土整治局（建管局）。从全国土地整治机构规格看，共有厅局级 6 个（占 0.2%），县处级 128 个（占 5%），科级 898 个（占 36%），股级 1020 个（占 41%），其他 434 个（占 17%）。各级土地整治机构紧紧围绕耕地保护、节约集约用地等重大任务，逐步成长为一支进行土地建设和提供资源保障的技术管理型团队，担当了土地整治主力军的角

---

① 《2015 年中国统计年鉴》，截至 2014 年底，全国地级区划数为 333 个。
② 《2015 年中国统计年鉴》，截至 2014 年底，全国县级区划数为 2854 个。

色，在政策研究、制度创新、技术支撑、监测监管等方面发挥了重要作用，为土地整治事业的起步、开创和发展做出积极贡献。国土资源部土地整治中心发挥了土地整治机构领头羊的作用，通过持续深化技术指导与培训、协同开展重大问题研究、联合推进长线业务体系建设等方式，引领全国土地整治机构规范健康发展。"十二五"期间，国土资源部土地整治中心共举办 34期土地整治规划培训班、18 期土地整治专业技术人员培训班和 1 期土地整治高级研修班，共培训土地整治从业人员 15000 多人次。

"十二五"期间，多个省份陆续出台土地整治条例，土地整治法治建设相关研究取得新进展，为国家层面土地整治立法奠定了扎实基础。为有效保障本地区土地整治事业的发展，一些地方先后以地方性法规、政府规章的形式对土地整治工作进行规范。湖南、贵州、山西、浙江、山东等省先后颁布了《湖南省土地开发整理条例》《贵州省土地整治条例》《山西省土地整治条例》《浙江省土地整治条例》《山东省土地整治条例》等地方性法规，湖北省政府颁布了政府规章《湖北省土地整治管理办法》。这些地方的探索与实践，为国家层面制定土地整治专项法规积累了有益的经验。2015 年，《土地整治条例》被纳入国土资源部调研类立法计划。国土资源部耕地保护司和土地整治中心成立条例研究起草小组，全面梳理总结土地整治法治建设相关研究成果和国内外土地整治法治建设经验，汇编出版《中国土地整治相关法律法规文件汇编》和《典型国家和地区土地整治法治建设比较》等著作。2015 年 8 月，在北京召开"中德土地整治法治建设交流研讨会"。为深入了解地方实际，条例起草小组赴广东、四川、湖北、湖南、浙江、广西等十余个省份开展了立法调研，并对 21 个省份的土地整治典型做法进行函调，汇编形成《土地整治典型案例》。研究起草《土地整治条例》被列入 2016年国土资源工作要点，土地整治法治建设走上快车道。

"十二五"期间，围绕土地整治开展的系列重量级宣传活动产生深刻的影响，土地整治社会舆论氛围持续向好，成为名副其实的德政工程、民心工程。国土资源部主导开展了两次覆盖全国的大型土地整治宣传活动，跨越十多个省份的"农村土地整治万里行"，紧紧围绕"农村土地整治——利民利乡利城"这一主题,加强新闻策划、创新宣传方式,结出了累累硕果;专业性与普及性兼具的"首届农村土地整治摄影大展"先后在北京、湖南、宁夏等地进行了巡展,观展人数逾十万人次,拉近了土地整治工作与普通民众的距离,活动引起社会强烈反响,取得显著的新闻宣传成果,为农村土地整治工作营造了良好的舆论氛围。中央有关耕地保护和土地整治的方针政策、地方的实践探索与改革创新成为媒体关注的热点,《人民日报》、新华社、《经济日报》、中央电视台、中央人民广播电台等中央主流媒体对土地整治工作进行了一系列多形式、多渠道、多角度的宣传报道,土地整治的社会知名度和影响力显著提升。土地整治蓝皮书成为土地整治行业的一张名片,是全面展示我国土地整治发展成就、预测土地整治发展方向的重要载体,对传播土地整治先进理念和经验做法、引领土地整治事业规范健康发展发挥了重要作用。

B.2
准确把握土地整治新形势新要求

土地整治蓝皮书课题组 *

2015 年末，党的十八届五中全会和中央经济工作会议、扶贫开发工作会议、城市工作会议和农村工作会议等一系列重要会议，对新时期国土资源工作提出新任务、新要求，土地整治事业发展面临新机遇、新挑战。"十三五"时期是我国全面建成小康社会、实现第一个百年奋斗目标的决战决胜阶段，2016 年是"十三五"开局之年，土地整治工作应紧紧围绕"五位一体"总体布局和"四个全面"战略布局，以五大发展理念为指引，主动适应经济发展新常态和各项政策加快推进的新形势，深入践行国土资源工作新定位，积极服务稳增长、调结构、惠民生、防风险的大局，努力开创土地整治事业发展新局面。

一　经济下行压力持续加大，要求土地整治
工作更多承担稳增长调结构的使命

党的十八大以来，党中央坚持稳中求进总基调，推动经济建设取得重大进展，经济运行总体平稳，稳中有进，稳中有好，经济保持中高速增长，经济结构进一步优化。土地整治特别是耕地占补平衡特殊政策在稳增长方面发挥了重要作用，即允许节水供水重大水利工程与铁路等国家重大基础设施项目实行耕地占补平衡边补边占，由各省（区、市）政府采取书面形式做出

＊　课题组成员：贾文涛、杨红、陈正、汤怀志、薛剑、桑玲玲、孙春蕾、杜亚敏、杨晓艳。报告统稿：贾文涛，工学博士，国土资源部土地整治中心处长、研究员，主要研究方向为土地整治规划、实施监管和信息工程技术应用。

补充耕地"承诺",有效保障了重大基础设施建设及时落地。2016 年是推进结构性改革的攻坚之年,也是全面建成小康社会决胜阶段的开局之年,中央要求必须牢固树立和贯彻落实创新、协调、绿色、开放、共享的发展理念,坚持稳增长、调结构、惠民生、防风险。

当前,我国基本资源国情没有变,资源环境约束总体趋紧的态势没有变,土地整治在经济社会发展大局中的作用和地位更加凸显,客观上要求土地整治工作承担更多稳增长、调结构的使命。一是继续实行耕地占补平衡特殊政策。2016 年政府工作报告提出,全年要完成铁路投资 8000 亿元以上、公路投资 1.65 万亿元,再开工 20 项重大水利工程和一批重大项目,建设占用耕地压力巨大。对国务院确定的铁路、水利等符合条件的重大工程项目建设,将继续允许实行耕地占补平衡承诺制、先行用地等政策,切实做好用地保障和服务。二是创新土地整治政策,激发地方积极性和经济发展活力。2016 年中央一号文件提出,探索将通过土地整治增加的耕地作为占补平衡补充耕地的指标,研究国家重大工程建设补充耕地由国家统筹的具体办法。2016 年国土资源工作要点进一步明确,统筹安排新增建设用地土地有偿使用费、耕地开垦费等各类资金实施土地整治和高标准农田建设,鼓励社会资本参与土地整治,探索土地整治增加的耕地在省域范围内有偿调剂用于占补平衡;结合耕作层剥离再利用推进耕地提质改造,部署开展"补改结合"试点。上述改革措施旨在进一步完善耕地占补平衡制度,科学统筹经济发展与耕地保护,有效破解耕地后备资源日益匮乏情况下占补平衡难题。三是倒逼节约集约用地,着力盘活存量用地。中央近期下发的多个重要文件都强调,坚持最严格的节约集约用地制度,调整建设用地结构,完善和拓展城乡建设用地增减挂钩试点,推进城镇低效用地再开发和工矿废弃地复垦,鼓励企业利用荒废地、存量土地开展技术改造,盘活用地,严格控制农村集体建设用地规模,统筹施策促进区域协调发展。

基于稳增长目标对耕地占补平衡制度做出的改革创新举措,并非弱化占补平衡政策的刚性约束,而是对监测监管工作提出更高要求。习近平总书记、李克强总理围绕强化耕地占补平衡监管做出一系列重要批示指示,要求补充耕地数量到位、质量到位。2015 年 5 月，中央农办、农业部、国土资源部联合召开的加强耕地保护改进耕地占补平衡规范农村土地流转工作视频会提出，承诺补充耕地要先行足额落实补充耕地资金，规范承诺程序，健全监管制度，依法强化过程监管，严格台账管理和核销制度，对承诺不兑现的，"秋后算账"时要严肃问责，并给予相应处罚，严格落实补充耕地数量、质量双到位要求。

二 落实藏粮于地战略，要求必须长期坚持以土地整治为平台推进高标准农田建设这条主线

有土斯有粮，手中有粮，心中不慌。习近平总书记指出，耕地是我国最为宝贵的资源，我国人多地少的基本国情，决定了我们必须把关系十几亿人吃饭大事的耕地保护好，绝不能有闪失。党的十八大以来，逐步形成了新时期新的粮食安全观。党的十八届五中全会强调，实施藏粮于地、藏粮于技战略，坚持最严格的耕地保护制度，坚守耕地红线，提高粮食产能，确保谷物基本自给、口粮绝对安全。

藏粮于地、藏粮于技，是确保我国粮食安全的战略支柱，其中藏粮于地是根本。藏粮于地，就要像保护大熊猫一样保护耕地，就要善待耕地，不断加大投入治理和建设耕地的力度。当前，高标准农田建设已上升为党中央层面的重要战略部署，中央出台了一系列激励性政策措施。2016 年中央一号文件提出到 2020 年确保建成 8 亿亩、力争建成 10 亿亩集中连片、旱涝保收、稳产高产、生态友好的高标准农田，把大规模建设高标准农田列为首要任务。为确保高标准农田建设任务落到实处，中央提出将高标准农田建设情况纳入地方各级政府耕地保护责任目标考核和粮食安全省长责任制考核内容。为保障建设资金需求，提出整合建设资金，探索建立有效机制，鼓励金融机构支持高标准农田建设和中低产田改造，引导各类新型农业经营主体积极参与。为调动地方政府和社会资本参与高标准农田建设的积极性，提出将通过土地整治增加的耕地作为耕地占补平衡指标，按照谁投入、谁受益的原

则返还指标交易收益；对社会资本投资建设连片面积达到一定规模的高标准农田，在符合相关法律政策和规划、坚持节约集约用地、依法办理用地审批手续的前提下，允许利用一定比例的土地开展加工流通、观光和休闲度假旅游等经营活动。为加强对建设过程的管控，提出"三统一"监管措施，即统一建设标准、统一监管考核、统一上图入库。国务院办公厅印发的《粮食安全省长责任制考核办法》规定，国土资源部负责牵头开展高标准农田建设考核。为适应新型农业经营主体和服务主体发展需要，允许将集中连片土地整治增加的耕地，部分可按规定用于完善农田配套设施。为确保建成的高标准农田得到有效管护，永续发挥效益，提出将高标准农田划为永久基本农田，实行特殊保护，并要求建立健全管护监督机制，按照"谁受益、谁管护"的原则，明确管护责任主体，建立奖惩机制，落实管护措施。为提升耕地资源利用效率，提出有条件的地方在坚持农地农用和坚决防止"非农化"的前提下，可以根据农民意愿统一连片整理耕地，尽量减少田埂，提高机械化作业水平。

藏粮于地战略的实施，将使我国粮食之基更牢靠、发展之基更深厚、社会之基更稳定。实施藏粮于地战略，无论政策怎么创新，必须始终坚持以土地整治为平台推进高标准农田建设这条主线不能变，在实践探索中形成的"划得准、调得开、建得好、保得住"12字宝贵经验不能丢。

三　对山水林田湖进行系统保护和修复，要求土地整治加快向以土地整治为平台的国土综合整治转型发展

当前我国资源约束趋紧、环境污染严重、生态系统退化的形势十分严峻，已对经济社会持续健康发展形成了极大制约，成为全面建成小康社会、实现中华民族伟大复兴的重要障碍，对山水林田湖进行系统保护和修复、加快推进美丽中国建设是一项重大历史任务。习近平总书记提出的山水林田湖是一个生命共同体，与"既要绿水青山，也要金山银山。宁要绿水青山，

不要金山银山"的"两座山论"一脉相承，已经成为新一届党中央治国理政思想的重要组成部分，是中国绿色新政的核心理念。《关于加快推进生态文明建设的意见》提出，坚持节约资源和保护环境的基本国策，把生态文明建设放在更加突出的位置，协同推进新型工业化、信息化、城镇化、农业现代化和绿色化。从"四化同步"到"五化协同"，充分体现了新一届党中央对生态文明建设的高度重视。

山水林田湖是一个生命共同体，这一战略思想深刻揭示了构成国土的不同要素之间共生共存的关系，体现了对大自然的尊重，吹响了开展国土统一保护和修复的号角。2015 年中央一号文件首次明确了国土统一保护和修复这一重大的时代主题，同年启动了以流域为单元的国土江河综合整治试点。中共中央、国务院印发的《生态文明体制改革总体方案》强调，要按照生态系统的整体性、系统性及其内在规律，对生态系统进行整体保护、系统修复、综合治理，增强生态系统循环能力，维护生态平衡，将山水林田湖是一个生命共同体的理念落到实处。党的十八届五中全会提出实施山水林田湖生态保护和修复工程，着力构建生态廊道和生物多样性保护网络；2016 年中央一号文件对实施山水林田湖生态保护和修复工程做了专门部署；《中华人民共和国国民经济和社会发展第十三个五年规划纲要》单独设置了"山水林田湖生态工程"专栏。对山水林田湖的系统保护和修复工作在国家层面已进入实质性操作阶段。

国土综合整治是落实山水林田湖生态保护和修复工程的重要抓手。《关于加快推进生态文明建设的意见》明确提出，加快推进国土综合整治。国家"十三五"规划纲要把"国土综合整治"作为"山水林田湖生态工程"的重要内容，提出加强矿产资源开发集中地区地质环境治理和生态修复；开展重点流域、海岸带和海岛综合整治；推进工矿废弃地和损毁土地复垦，修复受大型建设项目、自然灾害破坏的矿山废弃地和山体；加大黄河明清故道和京杭大运河沿线综合治理；推进边疆地区国土综合开发、防护和整治。同时提出"十三五"要完成 750 万亩历史遗留矿山地质环境恢复治理任务，加快解决历史遗留的重点矿山地质环境治理问题；"十三五"要完成 450 万亩采煤沉陷区综合治理任务，推进土地复垦、环境整治和生态修复，支持重点采煤沉陷区的综合治理。

开展国土综合整治工作，应贯彻落实国家区域发展战略、主体功能区战略和精准扶贫战略，以国家"十三五"规划纲要为引领，根据不同区域经济社会条件和自然资源条件的不同，以提升土地资源和生态环境承载力、优化国土空间开发格局、助力精准扶贫、助推经济社会持续健康发展为主要目标，以山、水、林、田、湖、路、村、矿综合治理与生态修复为主要内容，在一定区域内统筹开展土地整理、损毁土地复垦、矿山地质环境综合治理、污染土地生态修复等工程，综合施策、统筹解决土地利用和生态环境存在的突出问题，促进生产空间集约高效、生活空间宜居适度、生态空间山清水秀。在农产品主产区特别是土地荒漠化、石漠化、盐碱化和水土流失等土地退化严重区域，积极开展生态良田建设和生态型土地整治，推进耕地数量质量生态"三位一体"保护；在自然灾害损毁和生产建设损毁、废弃土地集中分布的区域，按照宜耕则耕、宜林则林、宜水则水、宜牧则牧的原则，大力推进废弃土地复垦利用和矿山地质环境综合治理，达到合理利用损毁土地、改善生态环境、优化国土空间结构和布局的目的；在受污染严重耕地集中分布的地区，以建设生态良田、提升耕地生态服务功能、保护生物多样性、改善区域生态环境为主要目标，积极推进污染耕地综合治理和生态修复，提高土地生态系统的自我修复能力；在农村建设用地散乱、废弃、闲置和低效利用以及环境问题突出的农村地区，按照加快美丽乡村建设的要求，大力推进农村建设用地整理，强化山水林田路综合治理，加强农村基础设施建设和农村环境集中连片整治，加快空心村整治改造；在城市化重点地区，在严格保护历史文化遗产、保持特色风貌的前提下，着力推进城镇低效用地再开发；在农林、农牧复合区，加强土地生态治理修复，完善配套基础建设，提高园地林地草地产出效益和生态效益。

从土地整治向国土综合整治转型发展，是整治理念质的飞跃，核心在于以土地整治为平台，统筹运用土地整治、高标准农田建设、地质灾害治理、绿色矿山、城乡建设用地增减挂钩、城镇低效用地再开发、工矿废弃地复垦

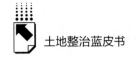

利用、低丘缓坡未利用地开发等相关政策和手段，全域规划、综合治理、整体推进，对山水林田湖进行统一整治修复，是建设生态国土的必然要求。

四　加快美丽乡村建设，要求进一步发挥好土地整治政策的引擎驱动作用

《关于加快推进生态文明建设的意见》把加快美丽乡村建设作为推进生态文明建设的一项重要任务，美丽乡村建设成为美丽中国建设的重要内容。美丽乡村建设上升为国家层面的战略部署，源自浙江省十多年的成功实践。2003 年，时任浙江省委书记的习近平同志，紧密结合浙江发展实际，做出实施"千村示范万村整治"工程的重大决策，以此作为统筹城乡发展的龙头工程和全面推进社会主义新农村建设的有力抓手，开启了浙江美丽乡村建设的宏伟篇章。十多年来，浙江省委坚定地把这项工作作为一面旗帜，持之以恒地抓好村庄整治和美丽乡村建设，浙江农村正在发生脱胎换骨的变化。2013 年 5 月，习近平总书记做出重要批示，要求认真总结推广浙江省开展"千村示范万村整治"工程的经验。2013 年 10 月，中央召开全国改善农村人居环境工作会议，李克强总理在对会议做出的重要批示中指出，改善农村综合人居环境承载了亿万农民的新期待，各地区和有关部门要从实际出发，有序推进农村人居环境综合整治，加快美丽乡村建设。2014 年 5 月，国务院办公厅印发《关于改善农村人居环境的指导意见》。2015 年正式在国家层面部署推进美丽乡村建设。美丽乡村建设还是贫困地区脱贫攻坚的重要内容。《中共中央国务院关于打赢脱贫攻坚战的决定》强调，支持贫困地区农村山水田林路建设和小流域综合治理，以整村推进为平台，加快改善贫困村生产生活生态条件，扎实推进美丽宜居乡村建设。

浙江省的成功经验表明，土地整治是推进美丽乡村建设的基本驱动力和重要平台，用好农村土地综合整治、工矿废弃地复垦和城乡建设用地增减挂钩政策，可以统筹解决耕地保护"缺动力"、农民增收"缺渠道"、新农村建设"缺资金"、城镇化建设"缺土地"、城乡统筹"缺抓手"等一系列难

题，在推动美丽乡村建设、促进城乡统筹发展方面发挥了重要作用，得到了广大农民群众的拥护和支持，利民利国、利农利工、利乡利城。浙江土地整治主要取得以下几个方面的成效：一是有效促进了耕地资源保护，在破解城镇和乡村建设用地"两头扩张"难题上走出了一条新路子。二是有效解决了农民建房指标难题，保障了一大批新农居的落地。三是为美丽乡村建设提供了有效的资金保障，极大地调动了农民群众和基层政府推动新农村建设的积极性。四是促进了农村土地利用结构和布局的优化，农村建设用地节约集约利用水平明显提高。

《关于加快推进生态文明建设的意见》把加强农村基础设施建设、强化山水林田路综合治理作为美丽乡村建设的重要内容。2016 年中央一号文件进一步提出，完善和拓展城乡建设用地增减挂钩试点，将节余指标交易所得收益用于改善农民生产生活条件，从而在国家政策层面解决了美丽乡村建设的驱动力和资金保障问题。2015 年 5 月，国家质检总局、国家标准委共同发布《美丽乡村建设指南》国家标准，规定了 21 项量化指标，就美丽乡村建设给予目标性指导，使得我国的美丽乡村建设走上了制度化、规范化道路。从中央总结浙江省"千村示范万村整治"工程经验得到的启示：一是应把增减挂钩政策放到农村发展大局中统筹考虑和安排，才能做到站位更高，围绕中心。二是要充分认识增减挂钩政策在促进城乡统筹发展和加快美丽乡村建设中的作用。三是要继续总结完善各地增减挂钩试点经验模式，从全国层面加以谋划推广，全面实行城镇建设用地增加与农村建设用地减少相挂钩的政策。

五　打赢脱贫攻坚战，要求"十三五"土地整治工作把促进精准扶贫精准脱贫作为重要目标

到 2020 年实现全面建成小康社会的宏伟目标，是我们党提出的一项重大历史性任务。全面建成小康社会的薄弱环节在农业，突出短板在农村。2015 年 6 月 18 日，习近平在贵州调研期间专门主持召开涉及武陵山、乌蒙山、滇桂黔集中连片特困地区扶贫攻坚座谈会，强调"十三五"期末是我

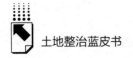

们党确定的全面建成小康社会的时间节点，全面建成小康社会最繁重、最艰巨的任务在农村，特别是在贫困地区。党的十八届五中全会把实现全面脱贫作为"十三五"的重要目标。2015 年 11 月，中共中央、国务院印发《关于打赢脱贫攻坚战的决定》（以下简称《决定》）；2016 年 2 月，中共中央办公厅、国务院办公厅为落实《决定》精神，又印发了《关于加大脱贫攻坚力度支持革命老区开发建设的指导意见》（以下简称《指导意见》），在各个层面、各个角落全面打响脱贫攻坚决胜战。

《决定》和《指导意见》把推进土地整治特别是城乡建设用地增减挂钩、城镇低效用地再开发、工矿废弃地复垦利用、低丘缓坡荒滩等未利用地开发利用试点作为脱贫攻坚的重要措施，这充分说明党中央高度重视土地整治及相关政策在扶贫开发中的重要作用，并做出明确部署。一是要求中央和省级相关部门在安排土地整治项目、分配下达高标准农田建设补助资金时，要向贫困地区倾斜，特别要大力支持老区推进土地整治和高标准农田建设。二是利用城乡建设用地增减挂钩政策支持易地扶贫搬迁，要求积极整合土地整治、地质灾害防治、交通建设、农田水利、林业生态等支农资金和社会资金，支持安置区配套公共设施建设和迁出区生态修复。在分解下达增减挂钩指标时，重点向位于革命老区的国家扶贫开发重点县倾斜，鼓励和指导老区运用增减挂钩政策解决易地扶贫搬迁安置所需建设用地问题，对不适宜开展增减挂钩的地方，要优先安排扶贫搬迁安置所需新增建设用地计划指标。在集中连片特殊困难地区、革命老区和国家扶贫开发重点县，允许将增减挂钩指标在省域范围内流转使用，用于筹集更多扶贫开发所需资金。三是支持有条件的革命老区和贫困地区开展城镇低效用地再开发、工矿废弃地复垦利用和低丘缓坡荒滩等未利用地开发利用试点，优先安排国土资源管理制度改革试点。四是在老区继续实施石漠化治理、防沙治沙、坡耕地综合整治、水土流失综合治理等重点生态工程，支持老区开展各类生态文明试点示范。

2015 年底，国土资源部召开第 40 次部党组会议，研究贯彻落实中央扶贫开发工作会议精神，会议将脱贫攻坚列为国土资源部"十三五"重点工作，把土地整治及相关政策作为重要抓手，要求采取有力措施，为全面建成小康社会做出实实在在的贡献。2016 年初，国土资源部印发《关于用好用活增减挂钩政策积极支持扶贫开发及易地扶贫搬迁工作的通知》，就拓展贫困地区增减挂钩节余指标使用范围、规范扶贫开发增减挂钩节余指标使用管理、切实保障农民土地合法权益、规范增减挂钩资金收益管理等做出一系列具体规定，力求在精准施策上出实招、在精准推进上下实功、在精准落地上见实效，充分发挥增减挂钩政策对精准扶贫精准脱贫的支持促进作用。

六 行政体制改革和预算管理制度改革加快推进，要求不断完善创新土地整治运行管理体制机制

随着中国改革步入深水区和攻坚期，新一届中央政府把简政放权、放管结合、优化服务作为行政体制改革的"先手棋"，把转变政府职能作为深化行政体制改革的核心，要求做到简政放权和加强监管齐推进、相协调，以更有效的"管"促进更积极的"放"。2014 年国务院印发《关于促进市场公平竞争维护市场正常秩序的若干意见》，要求加强事中事后监管，规范市场秩序，推进市场监管制度化、规范化、程序化。2015 年中央一号文件针对涉农项目提出，改革完善项目管理办法，加快项目实施和预算执行，切实提高监管水平；改革项目审批制度，逐步下放中央和省级涉农资金项目审批权限。2015 年 5 月 12 日，国务院召开全国推进简政放权放管结合职能转变工作电视电话会议，提出当前和今后一个时期深化行政体制改革、转变政府职能总的要求是"放、管、服"三管齐下，协同推进简政放权、放管结合、优化服务。这成为各个领域推进管理制度改革的基本准则，为新时期进一步完善创新土地整治运行管理机制指明了方向。

在行政体制改革加快推进的同时，预算管理制度改革不断深入。2015 年 6 月，国务院印发推进财政资金统筹使用方案，改革目标是将所有预算资金统一分配，做到预算一个"盘子"、收入一个"笼子"、支出一个"口子"，促进财政资金优化配置。方案提出进一步深入推进各个层面的涉农资金整合统筹，逐步将涉农资金整合为农业综合发展、农业生产发展、农村社

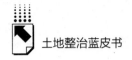

会发展、水利发展、林业改革发展、扶贫开发等六大类，突出创新涉农资金管理使用机制。在此基础上推进跨部门资金的统筹使用和部门职责调整与整合，理顺部门间职责划分，加强政府监管，创造公平竞争的市场环境。方案提出推进结转结余资金的统筹使用，对结余资金和连续两年未用完的结转资金，一律收回统筹用于经济社会发展急需资金支持的领域。2015年12月，财政部、国家发展和改革委员会、国土资源部、水利部、农业部联合印发《关于以高标准农田建设为平台开展涉农资金整合试点的意见》，决定在湖南省开展涉农资金整合试点，探索建立高标准农田建设资金整合有效机制，对新时期土地整治资金使用管理和项目管理提出了新的更高要求。

在行政体制改革和预算管理制度改革不断深入的大背景下，完善制度、强化监管成为新时期推进土地整治事业发展的必然选择，必须处理好土地整治工作"放"和"管"的关系，更加平衡地推进简政放权和放管结合工作。国家层面应把工作重点转到加强顶层设计、监测监管和对地方基层的服务指导上来，把项目和资金决策权更多赋予地方，建立健全土地整治管理制度体系，进一步巩固和优化"部级监管、省负总责、市县组织实施"土地整治管理格局，同时指导地方把下放的事项接住、管好，避免管理脱节和出现管理"盲区"，确保该管的管住管好管到位，坚决走出"一放就乱、一乱就收、一收就死"的怪圈，保障土地整治国家目标的实现。要高度重视监管能力建设，进一步完善和用好国土资源综合信息监管平台，加快构建科学合理、切实有效的综合监管机制，确保能够及时监测、发现和解决实际问题。要按照中央关于政社分开、充分发挥社会组织作用的要求，推进成立土地整治行业协会，促进诚信体系建设和行业自律，完善行业标准体系，加强土地整治市场监管，规范土地整治市场秩序。

七　面对新形势新任务新挑战，要求不断夯实土地整治事业持续发展的基础

经济发展进入新常态，土地整治事业发展面临新的机遇和挑战，客观上

要求加强新情况、新问题的调查研究，进一步完善土地整治政策制度体系；加强规划编制与规划实施跟踪评估，进一步完善土地整治规划管理体系；加强技术标准制修订与宣贯，进一步完善土地整治技术规范体系；加强信息科技手段应用研究，进一步完善土地整治信息化监测监管体系；加强基础理论方法和工程技术研究，进一步完善土地整治科技支撑体系；加强管理体制机制改革创新，进一步完善土地整治运行保障体系。着重抓好以下三个方面的基础工作。

着眼长远发展需求，加快推动土地整治学科建设。在过去的十几年，我国已形成总量达数十万人的土地整治从业队伍；与此同时，各级土地整治项目和资金数量也逐年增长，管理难度和压力不断增大。总的来看，目前地方各级土地整治机构人员素质高低不一，土地整治专业技术人员严重匮乏，还不能满足支撑土地整治事业可持续发展的需要。主要原因在于土地整治专业培训力度不够大、覆盖面不够宽，高等院校土地整治专业教育还是一片空白，尚未建立土地整治学科体系。土地整治学科建设和人才队伍培养远远滞后于土地整治事业的发展。土地整治学科发展应以"土地整治工程技术人员"被列入《中华人民共和国职业分类大典》（2015 年版）为契机，以国家重大战略需求和中长期科技发展规划为导向，以学科理论和技术发展为核心，以重点实验室和基地建设与人才建设为支撑，统筹规划、全面部署、分步实施，积极开展土地科学研究，加强土地学、工程学、信息学、农学等多学科交叉融合，构建富有特色的工程学科体系，采取多种方式培养土地整治专业技术人才，为土地整治事业的持续健康发展提供专业支撑与人才保障。同时加强政产学研结合，促进创新链、资金链与产业链有机结合。

落实创新驱动发展战略，推进土地整治实现提档升级。一是进一步丰富和拓展土地整治目标内涵。要从注重数量向数量、质量、生态三位一体、协同兼顾转变，按照一体化的理念、系统化的路径、工程化的模式，科学谋划，精心设计；既要强化目标导向，重视质量提升，建设生态国土，又要坚持问题导向，重视污染治理与生态修复等问题。二是进一步强化技术创新。抓好创新平台建设，加强与高校的联合，努力在国家级创新平台建设上取得

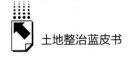

新突破；抓好关键技术创新，积极谋划一批重大科技项目，研发一批土地整治工程先进适用技术，形成立得住、叫得响、可移植、可推广的成果和经验；抓好应用模式创新，构建标准化工程技术规范，加强产品技术装备研发，促进技术成果更好地转移转化和推广应用。未来土地整治科技创新应聚焦山水林田湖国土综合整治技术、耕地数量质量生态"三位一体"集成技术、退化土地综合整治技术、资源约束条件下的高标准农田建设技术、城镇低效用地综合整治技术、土地整治工程装备关键技术等重点领域。

　　以提升决策支撑能力为目标，扎实开展土地整治评价评估和综合数据分析。在总结 10 个农村土地整治示范省建设和"十二五"高标准农田建设综合成效评估实践经验的基础上，进一步完善评估理论与方法体系，充分调动和发挥各级土地整治机构的技术力量，对各类土地整治项目建设成效进行年度评估，推进成效评估工作制度化、规范化、常态化。要以土地整治蓝皮书作为主要宣传阵地，全面宣传展示土地整治综合成效，积极引导社会舆论，提升公众对土地整治工作的认知度和认同感，着力营造有利于土地整治事业可持续发展的良好社会舆论氛围。要深入开展耕地后备资源和土地整治新增耕地潜力分析评价，在全国耕地后备资源调查评价和年度土地变更调查成果基础上，尽快摸清全国耕地后备资源的数量、质量及分布情况，将耕地后备资源上图入库、动态更新，为调整完善耕地保护和耕地占补平衡政策提供基础数据支撑。要进一步加强土地整治相关数据监测统计，在确保各级各类土地整治项目信息及时、全面、真实、准确报备基础上，通过开展土地整治专题数据综合分析，形成制度化数据成果，为国土资源形势分析和宏观经济形势分析提供基本数据支撑。

综合成效篇

Comprehensive Achievements

B.3
"十二五"高标准农田建设总体进展

周同　桑玲玲　陈正　张喜英*

摘　要： "十二五"期间，各地深入贯彻落实《全国土地整治规划（2011～2015年）》和《全国高标准农田建设总体规划》，按照《高标准农田建设　通则》等技术标准要求，大力推进高标准农田建设。在"十二五"收官之际，国土资源部土地整治中心依托地方各级土地整治机构，发挥技术和队伍优势，对"十二五"全国高标准农田建设任务完成情况和综合成效进行了全面评估。本文客观介绍了本次评估工作开展情况和

* 周同，工学硕士，国土资源部土地整治中心工程师，主要研究方向为土地整治公众参与、绩效评价、权属调整等；桑玲玲，工学博士、博士后，国土资源部土地整治中心高级工程师，主要研究方向为土地整治监测监管技术与方法实践；陈正，农业推广硕士，国土资源部土地整治中心工程师，主要研究方向为土地整治监测监管技术方法、耕地占补平衡政策等；张喜英，硕士，中国地质大学（北京）土地科学与技术学院，主要研究方向为土地资源评价与利用规划。

"十二五"时期全国高标准农田建设总体进展。

关键词： 土地整治 高标准农田建设 综合成效评估 总体进展

大规模开展高标准农田建设是落实"藏粮于地"战略的重要举措。党中央、国务院提出到 2020 年确保建成 8 亿亩、力争建成 10 亿亩集中连片、旱涝保收、稳产高产、生态友好的高标准农田，其中"十二五"期间建成 4 亿亩。为全面总结评估"十二五"全国高标准农田建设综合成效，国土资源部土地整治中心依托地方各级土地整治机构，组织开展了"十二五"高标准农田建设综合成效评估工作。本次评估对象为截至 2015 年底全部竣工的高标准农田建设项目（包含已完工未验收项目）。

一 综合成效评估工作开展情况

（一）评估工作依据

国务院先后批准实施《全国土地整治规划（2011～2015 年）》和《全国高标准农田建设总体规划》，发布《高标准农田建设 通则》（GB/T 30600 - 2014），国土资源部、财政部联合印发《关于加快编制和实施土地整治规划大力推进高标准基本农田建设的通知》（国土资发〔2012〕63 号）等一系列文件。上述规范性文件除了对高标准农田建设提出了政策和技术要求外，同时对开展高标准农田建设绩效评价提出了明确要求。在规划层面，全国土地整治规划将国家确定的"十二五"期间 4 亿亩高标准农田建设任务分解落实到省一级，提出加强高标准农田建设年度计划执行情况的评估和考核；全国高标准农田建设总体规划提出建立健全高标准农田建设考核制度，开展项目实施后评价，对高标准农田的利用、产出效益、防灾减灾效果进行跟踪分析，全面掌握项目建设绩效。在标准层面，国家标准《高标准农田建设 通则》要求开展高标准农田建设绩效评价，对建设情况进行全面调查、分析和评价。在政策层面，国土资发〔2012〕63号文件提出要做好高标准农田质量监测和绩效评价，加大对高标准农田建设的宣传力度，总结宣传典型经验和先进事迹。

（二）评估技术方法

国土资源部土地整治中心在系统总结多年来土地整治绩效评价研究和土地整治社会影响评价研究成果基础上，组织多所院校、科研单位和部分省级土地整治机构，共同开展土地整治综合成效评估技术方法研究，确定了本次评估技术方法。一是数据采集方法。在各级国土资源部门层层上报汇总数据的基础上，还采用了问卷调查法、文献调查法、访谈法和抽样调查法。问卷调查法是指通过合理设计问卷，采用开放式、封闭式或混合式问卷收集信息，本次评估运用问卷调查法主要收集高标准农田建设效果、农民收入变化情况、土地流转情况和农民满意度情况等基础数据。文献调查法是指通过书面材料、统计数据等文献对研究对象进行间接调查，本次评估主要是由市县评估人员结合报备系统中项目信息，查阅项目立项、可研批复、规划设计、工程施工、验收决算等方面的资料，填写评估表中有关项目建设基础信息的数据。访谈法是指通过与相关人交谈获得信息，主要是在评估过程中发现资料数据与实地调查情况不一致或现有资料无法满足评估需求时，由评估人员对相关人员进行问询，以补充完善相关建设成效信息。抽样调查法是指通过设定合理的比例从总体中随机选取部分样本进行调查分析，并用抽样部分的数量特征去推断总体的数量特征。二是数据分析方法。在综合成效评估过程中，主要运用了目标比较法、专家评议法和横向比较法。目标比较法主要用于对高标准农田建设前预期的建设目标、取得成效与建设完成后实际建设情况和取得成效进行比较，从而分析预期目标实现情况。专家评议法主要用于在评估过程中邀请专家参与，对难以直接量化计算的指标，如新增粮食产能、耕地质量等别提升等通过实地抽样调查等方式进行测算，并对有关数据进行审核，确保数据的科学性和合理性。横向比较法是指在进行评估数据分析的时候，对同一区域、同类型的项目建设工程量、建设成效进行横向比较，类比分析，互相验证。

（三）评估指标体系

本次评估在农村土地整治示范省建设综合成效评估指标体系基础上，充分征询业内专家学者和地方土地整治机构业务骨干的意见，形成了高标准农田建设综合成效评估指标体系。评估指标的确定主要依据相关性、重要性、可比性、经济性和系统性五大原则。相关性原则是指评估指标与预期目标有直接的联系，能够恰当、准确反映目标的实现程度和评估对象的实施效果。重要性原则是指优先选用最具代表性、最能反映成效的核心指标。可比性原则是指设定共性的评估指标，尽可能量化，以便于评估结果和可进行相互比较。经济性原则是指在设置评估指标时，尽量使评估指标通俗易懂、简便易行，数据的获得要充分考虑现实条件和可操作性。系统性原则是指评估指标需注重定量与定性相结合，适当平衡项目实施过程和实施效果指标权重的关系。本次评估指标体系包括建设任务完成情况、综合成效 2 个一级指标，14 个二级指标，32 个三级必填指标和 23 个三级省级特色选填指标。其中建设任务完成情况包括总体目标、资金投入以及《高标准农田建设　通则》中确定的土地平整、田间道路、灌溉与排水、农田输配电以及农田防护与生态环境保持等各单项工程完成情况等 7 个方面；综合成效指标主要包括高标准农田建设在提高粮食生产能力、改善农业生产条件、促进节约集约用地、改善农田生态环境、提高农民生活水平、提升农民满意度、促进农村可持续发展等 7 个方面所取得成效的相关指标。在评估工作开展过程中，四川、广东、新疆等省区和新疆生产建设兵团还在现有评估指标体系基础上，分别补充添加了部分省级特色指标。如四川在建设任务完成情况方面新增了坡改梯面积、设施农业用地面积等指标，新疆生产建设兵团在成效方面增加了吸纳少数民族务工人数、少数民族务工人均年收入、新增棉花产量等指标。

（四）评估控制措施

一是做好技术准备。成立国家层面的评估工作组和专家团队，研究制定评估工作指南，明确了评估工作各环节目标任务、工作分工和保障措施。专家团队负责在评估过程中及时提供技术支撑，协助解决各省份在推进评估工作中遇到的技术问题，开展数据审核分析等工作。二是统一技术要求。组织召开省级评估人员技术培训会，并赴山西、广东等部分省份对市县评估工作人员进行培训，统一了评估工作方法、程序和对指标内涵的理解。分别与31个省级土地整治机构（不含北京）签订合同书，明确了工作内容、成果要求和责任义务。三是强化示范引领。为更有针对性地为地方提供技术指导和服务，评估工作组和专家团队承担了北京市高标准农田建设综合成效评估工作，对评估指标数据获取、评估技术方法等进行了实证研究，对延庆区建成的高标准农田进行上图分析，并探索开展了田块细碎化整治成效分析。四是坚持全程指导。先后赴四川、山西、海南、广东等省份进行实地调研指导，协调解决评估工作中遇到的技术问题。建立完善综合成效评估在线交流平台，服务对象覆盖全国31个省份及新疆生产建设兵团，加强日常在线交流，及时答疑纠偏。五是完善技术手段。研发了成效评估数据综合分析软件，建立了全国高标准农田建设成效基础数据库，提升了大数据处理和统计分析能力。为便于地方报送数据，专门研发了数据填报软件，设置了数据自动比对校核功能，保证了评估数据的规范性、准确性。在评估过程中，有的省份运用遥感技术实现了高标准农田上图分析，丰富了成效评估数据分析与表达的手段。六是严格审核把关。在评估过程中加强不同专业工作团队之间的对接，围绕耕地质量等级提升、新增粮食产能测算、高标准农田建设进展、成效指标体系构建等内容进行深入沟通。同时邀请业内资深专家对地方提交的评估成果进行反复审核论证，确保评估结果科学可靠。

（五）主要数据来源①

根据数据的来源不同，将本次评估数据分为基础数据与测算数据两类。

---

① 为便于说明，本文根据高标准农田建设项目资金来源渠道和管理机制的不同，分为国土资源部门以土地整治项目形式安排的高标准农田建设项目和其他部门安排的高标准农田建设项目。其他部门组织实施的高标准农田建设基本情况和基础数据由地方相关部门向评估人员提供。

其中基础数据包括县级填报数据与调查问卷数据。县级填报数据是指由县级国土资源部门将通过农村土地整治监测监管系统报备的高标准农田建设数据与项目立项批复、实施管理和竣工验收等档案资料进行相互校核后填报，主要涉及项目建设任务完成情况、资金投入情况以及各单项工程量指标数据。通过评估数据与报备数据之间的相互校核，既保障了本次评估数据的科学性、合理性，又促进了高标准农田建设信息报备工作。调查问卷数据是由评估人员深入项目区现场，通过向群众发放调查问卷，回收后进行统计分析，获得相关数据，主要涉及土地流转、农民收入及农民满意度等相关指标。评估工作指南要求各省份至少选取 15% ~ 20% 的县市开展问卷调查，需覆盖各村 5% ~ 10% 的农户。据统计，本次评估共回收有效问卷 84 万张，问卷调查覆盖了 17170 个典型土地整治项目，涉及全国 1788 个县 38256 个村。测算数据是根据基础数据，按照相应的计算公式和方法进行测算，主要包括新增耕地率、基础设施占地率等。

二 "十二五"时期高标准农田建设总体情况

（一）高标准农田建设任务完成情况

据统计，"十二五"时期全国共实施高标准农田建设项目 45778 个，总建设规模 4.51 亿亩，建成高标准农田 4.03 亿亩，除少数省份外，总体上按时完成了国家分解下达的建设任务。其中，国土资源部门通过土地整治安排高标准农田建设项目 32332 个，占总项目个数的 71%；建成高标准农田面积 2.64 亿亩，占建成高标准农田的 66%。

从建成高标准农田的分布情况看，全国粮食主产省区在推进高标准农田建设方面发挥了重要作用。据统计，内蒙古、黑龙江等 13 个粮食主产省区"十二五"期间共建成高标准农田 2.9 亿亩，占全国建成总量的 72%。在区域分布上，东北区、湘鄂皖赣区、西南区共建成高标准农田 2 亿亩，占全国建成总量的 50%（见图 1）。

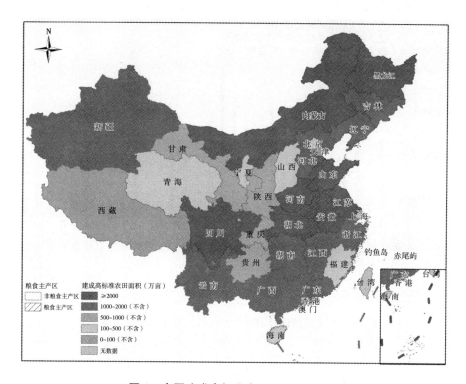

图 1　全国建成高标准农田区域分布情况

从高标准农田建设重点区域情况看，多数省份在安排高标准农田建设项目时有侧重地向 116 个基本农田保护示范区和 500 个高标准农田建设示范县倾斜。据统计，全国 116 个示范区和 500 个示范县共安排高标准农田建设项目 15238 个，占全国高标准农田建设项目总数的 33%；建成高标准农田 1.7 亿亩，占建成高标准农田总量的 42%（见图 2）。

（二）高标准农田建设新增耕地情况

"十二五"期间，全国通过高标准农田建设新增耕地 1615 万亩，新增耕地率为 3.7%。其中，国土资源部门通过土地整治开展高标准农田建设新增耕地 1438 万亩，新增耕地率为 4.8%；其他部门通过高标准农田建设新增耕地 177 万亩，新增耕地率为 1.3%。

据调查，"十二五"时期，在国家政策层面对高标准农田建设的基本导

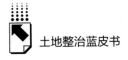

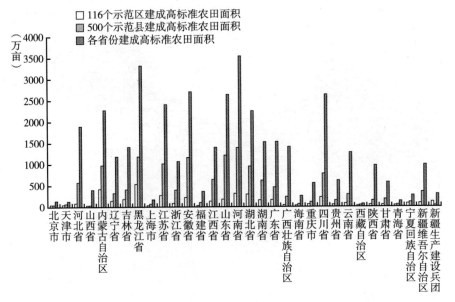

图2　116个示范区和500个示范县建成高标准农田情况

向是提质增效，对新增耕地率没有明确要求，因此很多地方没有把增加耕地作为高标准农田建设项目的主要目标，部分项目按照"缺什么、补什么"的原则重点进行田间工程设施建设，导致新增耕地为0的项目数量较多。在国土资源部门安排的高标准农田建设项目中，有13196个项目新增耕地为0，占全部项目的41％，其中浙江、广东、安徽、海南、山东、吉林等省份新增耕地为0项目比例占到70％以上，说明在这些省份并未反映出高标准农田建设新增耕地的实际潜力。

从"十二五"时期高标准农田建设项目新增耕地情况看，新增耕地率≥10％的项目数量占比较大，部分项目涉及集中连片开发情况。在国土资源部门安排的高标准农田建设项目中，新增耕地率≥10％的项目共7998个，新增耕地面积962万亩，占全部新增耕地的67％；其中新增耕地率≥50％的集中连片开发项目主要分布在实施土地整治重大工程的省份，共3523个项目，新增耕地面积404万亩，占全部新增耕地的28％。

在国土资源部门安排的高标准农田建设项目中，扣除新增耕地率≥10％

的开发比重较大项目和新增耕地率为 0 的项目后，剩余的 11138 个农用地整理项目新增耕地 476 万亩，占全部新增耕地的 33%，农用地整理项目平均新增耕地率为 3.8%。从全国情况看，新增耕地率 <1% 的省份有 1 个，1%~3%（不含）的省份有 11 个，3%~5%（不含）的省份有 17 个，福建、重庆、四川等 3 个省份新增耕地率在 5%~10%（见图 3）。根据近年来新增耕地核查情况，四川、重庆、福建土地整理新增耕地率较高，主要是由于丘陵山区田坎系数较大，新增耕地主要来源于通过整理减少田坎的面积。

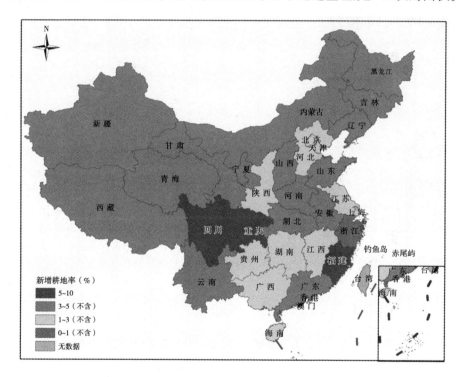

图 3 农用地整理新增耕地率情况

注：扣除新增耕地率为 0 和 >10% 的项目。

（三）高标准农田建设亩均投入成本

据调查统计，"十二五"期间实施的高标准农田建设项目，按总的建设规模测算，亩均投资 1122 元；按建成高标准农田面积测算，亩均投资 1272

元。其中国土资源部门以土地整治形式实施的高标准农田建设项目，建设规模亩均投资 1214 元，建成高标准农田亩均投资 1385 元；其他部门实施的高标准农田建设项目，建设规模亩均投资 934 元，建成高标准农田亩均投资 1052 元。从各省份投资强度看，上海市高标准农田建设亩均投资标准远高于其他省份，建设规模亩均投资 5105 元，建成高标准农田亩均投资达到 6182 元。13 个省份高标准农田建设亩均投资低于全国平均水平，其中天津、河北、吉林、黑龙江、安徽、山东等 6 个省份和新疆生产建设兵团亩均投资低于 1000 元（见图 4）。

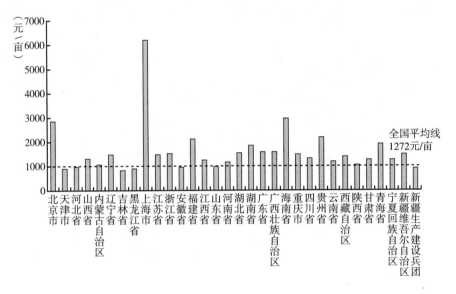

图4 全国"十二五"时期高标准农田建设亩均投资情况分布

从亩均投资空间分布情况看，各省份高标准农田建设亩均投资标准基本与各区域经济发展水平相一致。其中，闽粤琼区、湘鄂皖赣区、苏浙沪区位居前列，明显高于全国平均水平。广东省在安排高标准农田建设项目资金时对示范区、示范县予以一定政策倾斜，一般高标准农田建设项目按投资标准 1500 元/亩，示范区、示范县高标准农田建设项目按 1800 元/亩的标准予以补助，市县在此基础上视当地财政情况予以资金配套（见图5）。

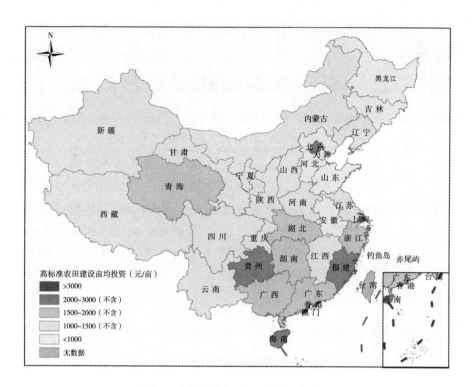

图 5　高标准农田建设亩均投资情况

B.4
"十二五"高标准农田建设综合成效

李红举　周同　孙春蕾　桑玲玲　丁锐*

摘　要：　"十二五"期间，各省份大力推进高标准农田建设，建成了一大批集中连片、旱涝保收、稳产高产、生态友好的高标准农田，在促进耕地数量质量生态"三位一体"保护方面取得显著成效，进一步夯实了国家粮食安全和现代农业发展的资源基础，对促进农村地区经济社会发展、加快美丽乡村建设发挥了重要的支撑和保障作用。

关键词：　土地整治　高标准农田建设　综合成效

根据国土资源部土地整治中心组织开展的高标准农田建设综合成效评估成果，"十二五"期间，我国高标准农田建设主要取得了以下几个方面的成效。

一　有力促进耕地数量增加质量提升，夯实了国家粮食安全的资源基础

一是增加了耕地面积。"十二五"期间，我国通过高标准农田建设新增

* 李红举，地理学硕士，国土资源部土地整治中心研究员，主要研究方向为水资源利用、土地整治技术标准等；周同，工学硕士，国土资源部土地整治中心工程师，主要研究方向为土地整治公众参与、绩效评价、权属调整等；孙春蕾，农学硕士，国土资源部土地整治中心工程师，主要研究方向为土地整治行业监管；桑玲玲，工学博士，博士后，国土资源部土地整治中心高级工程师，主要研究方向为土地整治监测监管技术与方法实践；丁锐，工学博士，北京建筑大学经济与管理工程学院讲师，主要研究方向为土地整治与政策、土地整理与农村发展等。

耕地 1615 万亩，此外，各地在开展高标准农田建设过程中，通过废弃居民点复垦、工矿废弃地整治、新建和改建中心村居民点等方式复垦土地 128 万亩，促进了高标准农田集中连片布局。黑龙江省基于卫星遥感监测和典型项目调查数据，农区水田整理减少田坎增加耕地面积比例为 1% ~ 2%，垦区水田整理减少田坎增加耕地面积比例为 0.5% ~ 2%；农区旱地整理减少田坎增加耕地面积比例为 0.5% ~ 3%，垦区旱地整理减少田坎增加耕地面积比例为 0.5% ~ 2%。吉林、新疆、青海、宁夏等省份把实施土地整治重大工程作为高标准农田建设的重要抓手，项目区包含成片未利用地开发，增加耕地面积较大。如宁夏通过高标准农田建设增加耕地约 56 万亩，实现项目区人均增加耕地 1.12 亩，共增加可供养人口约 19 万人。

二是提高了耕地质量。通过开展高标准农田建设，耕地质量普遍都有提高，粮食产能明显增加。据各级国土资源部门逐项目调查统计，由国土资源部门组织实施的 32332 个高标准农田建设项目新增粮食产能约 500 亿斤。总体上看，我国西北、西南、东北地区耕地质量等级提升较大，而京津冀、长三角和珠三角城市群聚集区提升较小，总体上呈现地区经济发展水平与耕地质量等级提高幅度呈负相关的发展趋势。主要是因为耕地质量等级提升较大的区域，往往是在历史上农业开发投入较少的地区，耕地质量总体水平较低，提升空间较大；而经济较发达地区耕地质量基础条件较好，提升空间相对较小，提升难度大。

三是提高了耕地利用率。在高标准农田建设中，通过小田并大田，减少农田中的坎埂占地，不但增加了耕地面积，而且大大提高了现有耕地利用率。据调查，海南省海口市东山镇土地整治项目，马坡村田块数量由整治前的 371 块变为整治后的 96 块，单个田块平均耕地面积由 1.46 公顷变为 5.67 公顷；湖南省长沙县金井镇涧山村生态保护型土地整治项目，整治前田块数为 1500 余块，平均每个田块 0.5 亩，户均拥有田块 12 块；整治后，田块数降至 421 块，平均每个田块 1.9 亩，户均田块数下降至 3 块，田块细碎率降低 75%。青海通过高标准农田建设，项目区耕地利用率提高了 3% ~ 10%，耕地生产成本平均降低了 5% ~ 15%。

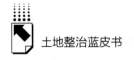

二　改善农业生产条件，促进了现代农业的发展

一是配套完善了农田基础设施。按照《高标准农田建设　通则》要求，通过高标准农田建设，新建和改建农田灌排、田间道路、农田防护与生态环境保持等工程，不但大大提高农田基础设施保障能力，而且规范了农田基础设施占地，提高了节约集约用地水平。据统计，全国高标准农田建成后基础设施占地率平均为4.2%，低于标准规定的8%。农田基础设施占地率较高的省份有：天津、重庆、山东、湖南等。其中天津市高标准农田建设主要在盐碱地区进行，农田基础设施占地面积计入了承担区域农田排渍任务的骨干排水工程（见图1）。

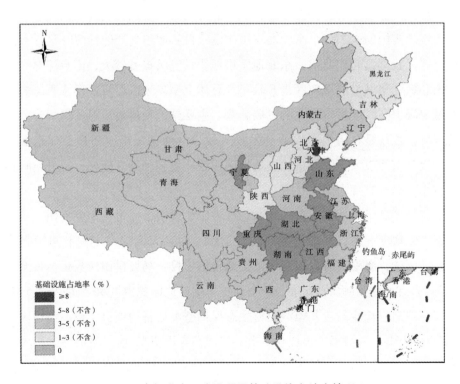

图1　高标准农田建设项目基础设施占地率情况

二是改善了农业交通条件。据统计，"十二五"期间，全国高标准农田建设共新建改建田间道路 135 万公里、生产路 78 万公里，路网密度①达到 7.08 公里/平方公里，田间道通达度②达到 94.7%，极大地改善了农业交通条件；新增和改善机耕面积 2.54 亿亩，占全部建成高标准农田的 63.0%。农业交通条件的改善推动了土地流转，促进了农业适度规模经营。湖南省共建成高标准农田 1510 万亩，建成后流转土地 139 万亩，占建成数量的 9.2%。湖北省共建成高标准农田 2237 万亩，建成后流转土地 504 万亩，占建成数量的 22.5%，发展农业企业、农民专业合作社、家庭农场及种粮大户 7678 家，建设农业产业基地 149 个。

三是改善了农田灌排条件。据统计，"十二五"期间，全国通过高标准农田建设共新增和改善农田防涝面积 1.03 亿亩，占建成总量的 25.6%；新增和改善节水灌溉面积 1.4 亿亩，占建成总量的 34.7%；新建机井、塘堰等水源工程 80.4 万座，新建、改建灌排渠（管）道 304 万公里，修建各类渠系建筑物约有 485 万座，其中农桥 39 万座、涵渡（含渡槽、倒虹吸）319 万座、水闸 118 万座、泵站 8.6 万座。从分省情况看，安徽、山东、广东、黑龙江、河南等省新增农田防涝排涝面积较大，分别为 1967 万亩、1311 万亩、1109 万亩、947 万亩、617 万亩；安徽、四川、山东、新疆（含兵团）、黑龙江等省份新增农田节水灌溉面积较大，分别为 1863 万亩、1358 万亩、1327 万亩、1233 万亩、1154 万亩（见图 2）。

四是推动了现代农业发展。在以土地整治为平台推进高标准农田建设中，一些地方主动引导土地整治工程建设内容与现代农业发展相结合，通过配建农田基础设施，推动了机械化耕作和适度规模经营，努力打造现代农业发展平台，吸引农业企业进入，推动农业产业化发展。如贵州省毕节市七星关区，依托土地整治项目实施，开展土地平整，修建水、电、路等基础设施，带动社会资金建设蔬菜大棚、养殖场等，将项目区建设成集循环农业、

---

① 路网密度 =（田间道长度 + 生产路长度）/建设规模。
② 田间道路通达度 = 田间道路能够到达的田块数量/项目区田块总量。

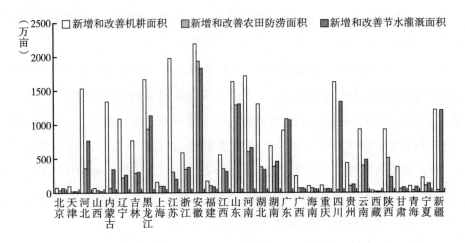

图 2　各省份新增和改善机耕、农田防涝和节水灌溉面积情况

休闲农业、科技农业和创意农业于一体的现代高效农业示范园，提升了传统农业生产效益。

三　增加农民收入，促进了农村地区经济社会发展

　　一是增加了农民收入。通过高标准农田建设，一方面改善了农业生产条件，降低了农业生产成本，直接增加农民收入；另一方面通过改善农业生产条件，促进了农村土地流转和规模化经营，推动当地农业产业结构优化调整，扩大了农民增收的途径。根据对全国 17170 个典型土地整治项目的问卷调查①，"十二五"期间，农民人均年农业收入在开展高标准农田建设前为 7322 元，建设后为 8667 元，人均年收入增加 1345 元。调查项目区内土地流转收入，从建设前的 12.61 亿元增加至 19.09 亿元，增幅高达 51.39%，

---

　　①　在评估过程中，课题组对全国 17170 个典型土地整治项目开展了问卷调查。共回收有效问卷 84 万张，涉及全国 1788 个县，38256 个村，项目总规模 1.87 亿亩，建成高标准农田 1.66 亿亩，总投资 2305 亿元。

在土地流转中农民可增加收入 275 元/亩。其中,东部地区土地流转租金收入增幅最高,亩均增加 442 元;中西部地区土地流转租金收入增幅在 170 元/亩至 280 元/亩之间。青海省海西州高标准农田建设完成后,约 9 万亩土地进行了流转,建成了 4 处万亩枸杞基地,土地流转后农民就近务工,日均工资 60 元/人,岗位工资收入 1500 元/月,年人均增加收入 1.8 万元。

另外,在高标准农田建设中,项目区农民积极参与工程施工,不仅增加了农民对项目的理解与认知,而且通过参与工程施工获得了劳务性收入。调查结果显示,被调查项目区中农民参与工程施工,人均获得的劳务性收入为 3467 元。从分省情况看,由于西藏地理位置、气候条件较为特殊,日均人工费标准高出内地约一倍,人均施工收入最高,达到 13800 元/人;上海、广东位居第二、三位,分别为 6692 元/人、6508 元/人。在高标准农田建设完成后,当地农民将土地流转给农业企业、农村合作社等新型农业经营主体,通过就近或进城务工,人均获得务工收入 7756 元。

二是促进了精准扶贫。各地把开展土地整治和高标准农田建设作为精准扶贫、精准脱贫的重要途径。"十二五"期间,全国通过高标准农田建设直接减少贫困人口 167 万人,结合项目建设共实施移民搬迁 7.76 万户,培育和扶持农业产业项目 15109 个,以高标准农田建设促进精准扶贫效果显著。贵州、云南、四川等省份将土地整治规划与精准扶贫相衔接,将国土资源部联系的乌蒙山片区 38 个县(市、区)全部纳入农用地重点整治区,给予重点支持;甘肃、福建等省份在分配土地整治资金时向贫困地区倾斜,加大对贫困地区的支持力度;福建省自 2012 年以来,每年从中央下达的新增费中拿出 2000 万元直接定向安排到革命老区长汀县,同时在安排本省留成新增费时向长汀县重点倾斜,支持当地开展山坡地整治工作,取得了较好的效果,受到了群众的欢迎。

据调查统计,在全国 592 个国家级贫困县,"十二五"期间共安排高标准农田建设资金 952 亿元,实施高标准农田建设项目 10046 个,占项目总量的 22%;建成高标准农田 7428 万亩,占全国建成总量的 18%;农民人均年新增农业纯收入 667 元,通过高标准农田建设直接促进减少贫困人口 106 万人（见图3）。如地处乌蒙山区的贵州省毕节市七星关区朱昌镇，土地整治项目建设完成后，通过土地流转开展现代高效农业种植养殖，耕地亩产从1000元提升到50000元。农民在获得土地租金收入的基础上转型成为产业工人，农业年纯收入最高可达到26000元/人，是整治前种植收入的20倍，使629户贫困户、2500贫困人口脱贫，取得了较好的扶贫效果。

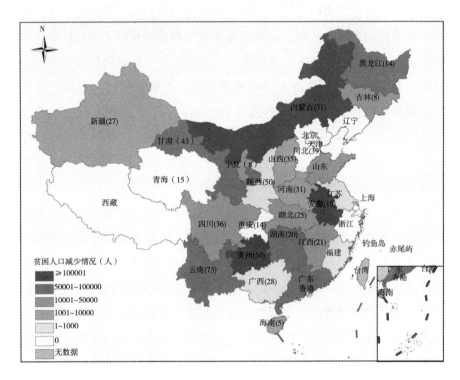

图3   各省份通过高标准农田建设减少贫困人口情况

注：括号中数据为国家级贫困县个数。

四 改善农田生态环境，促进了农田 生态系统的稳定

一是提升了农田防护能力。"十二五"期间，全国通过高标准农田建

设，增加农田防护面积①3亿亩，种植农田防护林5.4亿株。按照1棵树所覆盖的绿化面积②计算，共增加绿化面积483万亩。另外，全国新增农田防洪面积9005万亩，治理水土流失面积9147万亩。其中，黑龙江、四川、江苏等省份新增农田防护面积较多，分别为3049万亩、2851万亩、2736万亩；安徽、山东、广东等省份新增农田防洪面积较多，分别为2367万亩、1515万亩、1038万亩；四川、湖北、山东等省份治理水土流失面积较多，分别为1696万亩、1290万亩、1137万亩（见图4）。

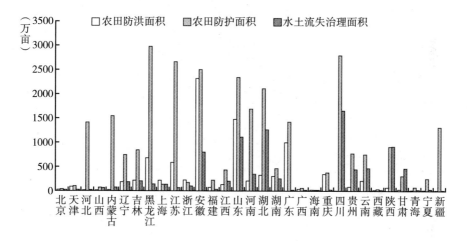

图4 高标准农田建设改善农田防洪、防护及水土流失治理面积情况

二是成片治理了盐碱地。"十二五"期间，全国高标准农田建设连片治理盐碱地213万亩，其中四川、吉林、新疆（含兵团）、宁夏等省份治理盐碱地面积较大，分别为97.3万亩、38.6万亩、15.3万亩、11.9万亩，占治理盐碱地面积总量的77%。从全国情况看，盐碱地治理的重点区域主要分布在我国长江以北地区，基本与我国土地盐碱化问题突出地区的空间分布相符（见图5）。

---

① 此处指农田防护林保护的耕地面积。
② 一棵树的绿化面积 = 林木株距×树冠直径。林木株距平均按2米计，树冠直径平均按3米计。

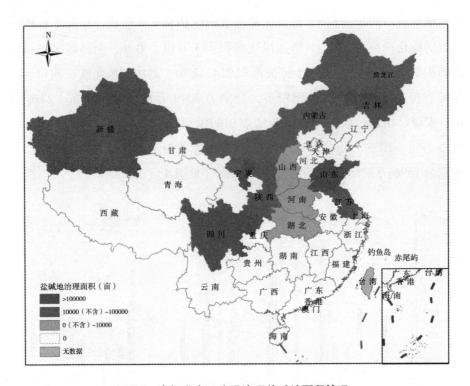

图5　高标准农田建设治理盐碱地面积情况

三是治理了沙化土地。"十二五"期间，全国高标准农田建设治理沙化土地18.6万亩，其中陕西、黑龙江、青海、宁夏治理沙地成效显著，分别为5.6万亩、4.5万亩、2.2万亩、1.7万亩，4省份治理沙地面积占全国总量的75%（见图6）。

四是有效促进了血吸虫病防治。通过挖沟排水、硬化沟渠、平整土地、修建灭螺池等措施，有效地阻断了血吸虫传播途径，防治了血吸虫病发生。"十二五"期间，全国通过高标准农田建设治理钉螺237万亩，主要集中在西南地区和长江中下游地区。其中，四川省治理钉螺128万亩，占全国总量的54%；湖北治理钉螺35万亩，占全国总量的15%；江西治理钉螺33万亩，占全国总量的14%（见图7）。

五是开展了污染土地修复治理试点。"十二五"期间，全国通过高标准农田建设，试点开展污染土地修复与治理9.9万亩。其中，四川省治理污染

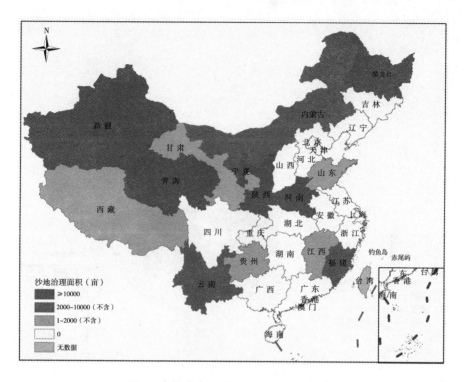

图6 高标准农田建设治理沙地面积情况

土地 6.8 万亩，云南省治理污染土地 1.7 万亩，河南省治理污染土地约 1.0 万亩，上海市治理污染土地 0.4 万亩，湖南省治理污染土地约 0.1 万亩，为其他省份开展污染土地修复积累了宝贵经验（见图 8）。

五　引导农民广泛参与，提升了乡村社会治理能力

一是增强了农民获得感，提高了项目实施管理水平。"十二五"期间，各地积极探索建立农民广泛参与的土地整治实施机制，引导农民全程参与项目选址、规划设计方案论证、工程质量监督、项目验收、权属调整和建后管护利用等工作，把农民意愿真正落到实处。如湖南省创造了土地整治"四自"模式，以行政村为单位，由农民协商自主确定建设范围、工程建设内

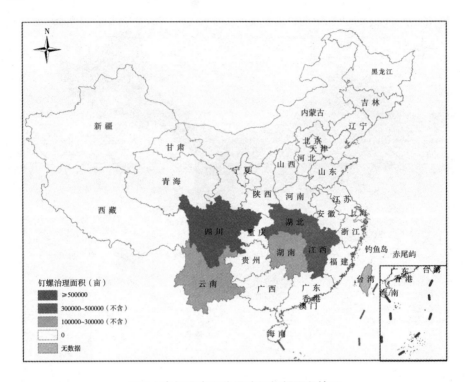

图7 高标准农田建设治理钉螺面积情况

容和布局，群众推选组建董事会和监事会，由董事会通过村民集资、信贷等方式自主筹集建设资金，自主组织村民或有资质专业队伍开展项目实施，开工前预先签订协议对建成的工程设施自主进行后续管护，监事会和村民代表共同监督董事会的工作和土地整治工程建设质量，为项目建设进度和质量提供了有力保障，提高了农民群众的满意度。

二是增强了基层党组织的威信和凝聚力。在推进土地整治和高标准农田建设过程中，各省份注重发挥基层党组织的主体作用，秉持公众参与的理念，通过构建理事会、议事会、农民协会等方式，引导村民参与项目实施。在实施项目过程中，党员干部工作在第一线，直接倾听农民群众的诉求，与群众共同商议土地整治方案，加深了农民群众对党和国家政策的理解，丰富了广大农民的议事经验，提高了农民参与乡村基层管理的意识和自我发展能力，密切了党员干部与群众的交流和联系。项目区农民普遍反映，通过实施土地

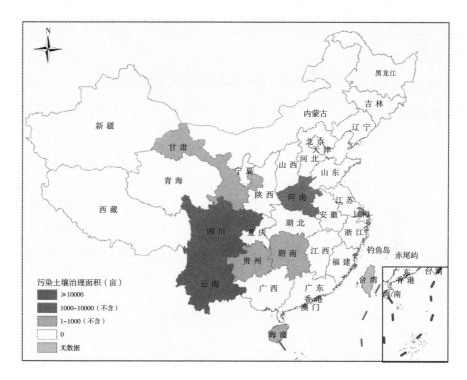

图8 高标准农田建设治理污染土地面积情况

整治和高标准农田建设项目，村民之间更加团结，村干部的威信更高了，推动了基层民主建设和乡村治理，促进了乡村社会和谐、稳定、文明发展。

各地在组织开展高标准农田建设综合成效评估过程中，对项目区农户进行了实地问卷调查，从农民对高标准农田建设项目施工满意度、村集体满意度、日常生活便利程度三个方面综合评价农民对于高标准农田建设的总体满意程度。从 84 万张有效问卷统计结果看，农民对工程施工满意度达到 95.46%，对村集体满意度达到 95.39%，对通过高标准农田建设改善日常生活便利程度满意度达到 90.78%，总体满意度①达到 93.88%。

---

① 总体满意度为农民对施工满意度、对村集体满意度以及对通过高标准农田建设对日常生活便利程度改善情况满意度三者平均值。

B.5
"十二五"高标准农田建设典型做法

孙春蕾　李红举　周　同　姜广辉*

摘　要：　"十二五"期间，各省份在大力推进土地整治和高标准农田
　　　　　建设过程中，在规划统筹、资金整合、管理程序优化、廉政
　　　　　风险防控、产业融合、科技创新、监测监管以及公众参与、
　　　　　实施模式创新等方面进行了积极探索，涌现了一大批典型经
　　　　　验做法，取得了明显成效，积累了宝贵经验，为"十三五"
　　　　　更大规模开展高标准农田建设提供了实践支撑。

关键词：　土地整治　高标准农田建设　经验做法

　　"十二五"期间，各地以土地整治规划和高标准农田建设规划为引领，结合经济社会发展需求和国家重要战略部署，科学布局、大力推进高标准农田建设，积极探索创新高标准农田建设模式，涌现了一大批典型经验做法，为"十三五"更大规模开展高标准农田建设奠定了扎实的基础。

一　注重依据规划引领高标准农田建设科学布局

　　一是将高标准农田建设与相关产业发展规划相衔接，统筹推进。黑龙江

　*　孙春蕾，农学硕士，国土资源部土地整治中心工程师，主要研究方向为土地整治行业监管；李红举，地理学硕士，国土资源部土地整治中心研究员，主要研究方向为水资源利用、土地整治技术标准等；周同，工学硕士，国土资源部土地整治中心工程师，主要研究方向为土地整治公众参与、绩效评价、权属调整等；姜广辉，北京师范大学资源学院副教授，博士生导师，主要研究方向为土地评价、规划与可持续利用。

省在编制土地整治规划、高标准农田建设规划的基础上，先后印发《黑龙江省以农田水利工程为重点土地整治规划实施方案（2014－2015年）》、《黑龙江省亿亩生态高标准农田建设规划（2013－2020年）》，将高标准农田建设与土地整治、生态良田建设、农田水利建设等任务紧密结合，保证了工程建设的高效性与协调性。

二是严格按照相关规划科学布局。在做好调查摸底的基础上，优先选择集中连片、建设条件较好、补充耕地潜力较大的区域推进高标准农田建设。宁夏将高标准农田建设项目全部安排在基本农田保护区范围内。吉林、青海等省份将高标准农田建设与重大工程建设相结合，集中资金和力量在吉林西部、青海东部等重点区域推进高标准农田建设，青海建成了30个万亩连片的高标准农田集中区。

二 注重政府主导、多部门统筹推进 高标准农田建设

为规范有序推进高标准农田建设，各省份纷纷成立领导小组，制定了高标准农田建设统筹协调政策文件，构建了各部门联动的工作体系，统一部署高标准农田建设工作。湖南省人民政府印发了《关于推进土地整治建设高标准农田的意见》，建立了涉及发改、财政等多部门的高标准农田建设联席会议制度，在投资计划、项目管理、竣工验收等方面统一步调，共同推进。黑龙江省在高标准农田建设过程中以进一步促进"两转两提"（转变政府职能、转变工作作风，提高行政效能、提高公务员素质）、强化部门协调联动、合力推动任务落实为总要求，通过建立部门间信息沟通、规划统筹、联审会商、协调服务、跟踪问效的制度，形成牵头部门负责、省直相关部门配合、规范有序、相互协调、运行高效的部门协调联动推进机制。湖北省委、省政府印发《关于加强农村土地整治工作的意见》，对农村土地整治工作的指导思想和原则，农村土地整治工作目标任务和重点工程、推进农村土地整治的政策措施和保障机制做出详细安排部署。此外，江苏、广西、湖南、湖

北等省份将高标准农田建设情况纳入政府目标责任制考核，进一步明确责任主体，建立"一把手"负责制，保障建设工作切实有效落实。

三 注重强化高标准农田建设标准与制度保障

一是建立健全高标准农田建设标准体系。为规范有序推进高标准农田建设，在《高标准农田建设 通则》基础上，各地从建设条件、建设目标、建设内容、技术标准、保障措施等方面，结合本省实际情况，颁布了系列地方标准。如湖南省先后颁布了《湖南省土地开发整理工程监理导则》《湖南省农村土地综合整治（土地开发整理）项目实施管理规范》《高标准农田建设标准》等9个地方标准，构建了从项目立项到验收全过程的标准体系。湖北省颁布了《湖北省土地整治项目选址办法》《湖北省土地整治工程质量检测技术管理规范》等7个地方标准，形成较为完备的具有湖北特色的土地整治标准体系，为全面推进高标准农田建设提供了坚实的制度保障。

二是不断探索创新项目实施管理模式。从项目实施主体看，各地在推进高标准农田建设过程中充分调动现代农业企业、种植大户和农村集体经济组织、农民参与土地整治的积极性，通过实施先建后补、以补促建等方式激励各方积极参与土地整治与高标准农田建设。广西、湖南、西藏、云南等省份探索引导农（牧）民全程参与高标准农田建设，在项目建设过程中充分发挥农（牧）民主体地位，对于农（牧）民不满意的项目不得通过项目验收。重庆、湖北等省份在项目建设中充分发挥项目所在乡镇作用，明确乡镇政府为实施主体，充分发挥乡镇政府的组织协调作用。从项目管理程序看，广西为加快建设进度，实行规划设计"三级联审"制度，国土资源部门提前介入项目规划设计审查，加紧开展项目踏勘和规划设计内外业核查，将规划设计和预算审查时间由原来的6个月以上减少到2个月以内，有效缩短了审批时间，提高了项目实施和预算执行效率。宁夏建立了由业主、监理、中介、村民代表、社会舆论、动态监测系统组成的"六位一体"的质量保证体系，通过项目法人负责、施工单位自检、监理和质检机构控制、人大和政协及社会舆论监督、村民实地巡查和动态监测系统监控相结合的方式，保证了工程建设质量。江苏实行工程质量重大事故"一票否决制"和"项目经理问责制"，由项目经理对工程安全生产负责，保证零重大伤亡事故发生。从项目后期管护看，在项目竣工后，各地将项目管护责任落实到户，分别签订管护责任书，确保项目后续管理落到实处。福建设立了高标准农田管护专项资金，对于全省 23 个省级扶贫开发重点县由省里按照每年 60 元/亩的管护补助标准予以补贴，其他市县按照不低于省级补助的标准，自行安排补助用于本辖区内的高标准农田管护。

三是加强廉政风险管控。湖南、宁夏、甘肃、广东等省份将预防腐败工作与土地整治及高标准农田建设相结合，力图从源头上堵塞漏洞，把土地整治及高标准农田建设项目建成民心工程、德政工程、廉政工程。湖南省纪委、省检察院、省监察厅、省国土资源厅、省预防腐败局五厅局联合印发《关于加强农村土地综合整治预防腐败工作的意见》，从项目建设风险防控重点、防控管理制度、风险防控共同责任机制和保障措施等多方面提出了明确要求，在全国率先推出预防腐败工作与土地整治工作的有机结合。广东省检察院、监察厅、审计厅、财政厅、国土资源厅、农业厅六部门联合出台《关于在高标准基本农田建设过程中加强职务犯罪预防工作的通知》，提出在高标准农田建设过程中要抓重点环节，加强资金管理，建立联席会议制度和预防建议制度，加强在高标准农田建设过程中职务犯罪案件、违反党纪政纪案件的查处工作。

四　注重高标准农田建设与经济社会发展目标相结合

一是将高标准农田建设与生态环境保护相结合。湖南省长沙县金井镇涧山村土地整治项目在项目建设过程中秉持"科学合理、因地制宜、生态环保、经济实用"的原则，采用生态环保的工程技术措施对村域土地进行综合整治。与常规项目建设相比，共减少水泥用量 417 吨，节省水用量

2611 立方米，减少二氧化碳排放 314 吨/年，节省项目建设资金投入 44 万元，节省农药、化肥、用工等生产成本 50 余万元，农民净增收入 60 余万元。江苏南京六合区实行生态环境污染"零容忍制"，对有污染的项目不予立项。

二是将高标准农田建设与休闲旅游农业相结合。贵州省遵义市绥阳县凤华镇通过土地整治及高标准农田建设，流转土地 3200 亩，总投资 1.2 亿元，形成了观赏性田园、奇异瓜果园、观赏苗木花卉展示区、水际风光区、黔北民居区等。项目建成后，每年吸引观光游客 30 余万人，经营收入 1000 万元/年以上，雇用当地农民 50 人，临时雇用零散小工 10000 余日工，日薪 70 元/人，每年为当地农民创收 190 余万元。湖北省广水市桃源村通过土地整治，依托养殖业、乡村旅游业和农产品加工等方式促进农民增收，农民通过现金、山场、房屋不动产等多种方式入股，组建互惠合作的产业联合经营共同体组织，力争实现乡村"532"模式（即农民收入中 50%来源于旅游度假产业、30%来源于有机原种稻种植等传统产业、20%来源于旅游产品加工和酒店后勤服务业等与新兴产业相关的多形式兼业）。该项目建成后，吸引画家、摄影家前来写生，开展艺术交流活动，同时带动了周边的武汉、孝感、随州等地市民前来休闲观光旅游。湖南省安仁县以土地整治项目为基础，将项目区打造成我国首个集基本农田保护、农业生产、科普教育、生态旅游、休闲娱乐于一体的"稻田公园"，该项目将公园元素融入稻田，围绕"田"字框架开展了土地平整、灌溉排水工程建设等，将园中的每一条沟、路、渠都打造成一道独特的风景。目前，该公园已被评为国家 4A 级景区，年接待游客超过 500 万人次。

三是将高标准农田建设与传统农村风貌文化保护相结合。上海市通过整合项目区周边人文、自然资源，建设城市生态走廊，减少了 4913 亩建设用地，占现状建设用地的 78%，迁移了高投入、高耗能、高污染企业 126 家，1673 户农民实现了集中居住，每年减少污水排放 99 万吨，形成了具有田园风光、郊野植被丰富、自然景观良好的 21 个生态郊野公园，增加了郊野公园的观光、休闲、文化等功能。

四是与农业产业发展相结合。云南省富宁县木央镇睦伦村结合全州"三农"发展规划,强化产业示范带动,睦伦农业科技示范园区建设坚持走"园区+合作社+基地+农户"的发展模式,建成标准化喷灌大棚蔬菜基地 500 亩、发展石斛 200 亩、食用玫瑰花 300 亩,注册农民专业合作社 3 个。项目建设完成后,蔬菜亩产值为 1.05 万元,石斛亩产值为 9 万元,食用玫瑰花亩产值为 5000 元。项目成本由合作社全额投资,扣除成本后所得纯收益由村民与合作社三七分成。广西在高标准农田建设过程中以制糖企业、种植合作社等为龙头,加快推进糖料蔗经营规模化、种植良种化、生产机械化、水利现代化,降低糖料蔗生产成本,促进农业产业战略升级。浙江结合现代农业园区建设,全省共培育和建设了 777 个蔬菜大棚、葡萄、水稻等农业产业基地,提升了农业产业化水平,促进农村可持续发展。

五 注重创新拓展高标准农田建设资金渠道

一是积极开展涉农资金整合。黑龙江、湖南先后启动涉农资金整合试点。黑龙江按照"条件具备、农民自愿、地方政府规划、农业综合开发参与、组合各种资金"的原则,将农业综合开发资金与小型农田水利建设补助专项资金、现代农业生产发展资金等财政性资金有效整合和统筹安排,建立了"集中规划、集中建设、各负其账、各记其功"的统分结合模式。

二是吸引社会资本参与土地整治。广西印发了《"小块并大块"耕地整治以奖代补专项资金管理暂行办法》,下放了管理权限,简化了自发整治耕地以奖代补资金申报程序,扩大了奖补政策的适用范围,将种植专业大户、家庭农场、农民合作社和农业生产企业参与土地整治的建设主体列为奖补对象,建立奖补资金预拨制度,解决土地整治奖补工作启动经费不足的问题。同时提高了奖补标准,形成了"先建后奖、以奖代补、以补促建"的土地整治新模式。

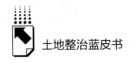

六　注重加强高标准农田建设监测监管

一是充分运用信息化手段加强日常监管。各地在推进高标准农田建设上图入库、日常信息化监测监管等方面也积累了重要经验。为加快推进高标准农田上图入库工作，江苏省国土资源厅联合发展改革委、农委、农业资源开发局制订并印发了《高标准农田上图入库工作方案》，要求全省范围内已建成、已验收、在建和已立项的高标准农田建设项目全部上图入库，包括工程建设属性和项目区四至范围等空间信息，实现高标准农田项目规范化管理。江西省政府办公厅印发《关于开展全省高标准农田上图入库工作的通知》，明确了各部门工作职责，提出依托国土资源二调成果"一张图"监管平台，建设高标准农田信息管理系统，将全省到 2020 年的高标准农田建设规划和历年立项、验收建成的高标准农田上图入库；同时制定了《高标准农田上图入库技术规范（试行）》，对高标准农田基础数据采集、汇交和审查等有关工作提出了具体要求。

二是加强土地整治中介服务机构监管。河北、贵州、青海、福建等省份加强对土地整治从业单位的监管工作。河北对从业单位进行诚信等级评定，评定为不合格的单位，2 年内不得承揽土地整治相关业务。贵州研发了土地整治从业单位等级备案管理系统，对全部从业单位进行登记备案。青海每年对从业单位进行考核并建立"黑名单"制度。福建对列入不良记录的从业单位予以备案并通报，对业主单位项目管理不力的进行约谈。这些做法有效促进了土地整治中介服务机构加强管理，提升服务质量，不断增强土地整治事业发展的支撑能力。

B.6
全国高标准农田建设实施
情况评价与思考

王艳华*

摘　要： 高标准农田是确保我国粮食安全的基础，建设高标准农田
是国家实施"藏粮于地"战略的核心。经过"十二五"时
期的建设，我国高标准农田建设取得突出成效，但也暴露
了一些问题，亟待引起重视，并得到进一步修正。本文依
据《关于全国高标准农田建设总体规划实施情况的中期评
估报告》，在分析我国"十二五"期间高标准农田建设成
效、问题的基础上，对"十三五"期间进一步开展高标准
农田建设提出对策建议。

关键词： 高标准农田　规划　实施情况　建议

我国人多地少、水土资源不匹配的实际情况，决定了我国主要农产品供
给长期处于紧平衡状态，确保粮食安全任务必须常抓不懈。基本农田是确保
我国粮食安全的重要基础。为此，国家发布了《全国高标准农田建设总体
规划》（以下简称《规划》），提出到2020年全国建成集中连片、旱涝保收
的高标准农田8亿亩，其中"十二五"期间建成4亿亩，并确定了田、土、
水、路、林、电、技、管等八方面高标准农田建设内容。

＊ 王艳华，农业经济管理学博士，中国国际工程咨询公司农村经济与地区业务部处长、研究员
级高级经济师、注册咨询工程师，主要研究方向为农业政策、区域规划、产业规划及项目可
行性研究。

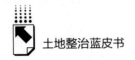
2015年是"十二五"高标准农田建设的收官之年，也是启动"十三五"建设的筹备、规划年。为了准确把握我国高标准农田的建设实施情况，及时总结经验、问题，更好地推进"十三五"期间的高标准农田建设，中国国际工程咨询公司受国家发改委委托开展了中期评估，组织专家和行业部门实地调研了安徽、江苏、四川、广西、山东、湖北、河南等7省（区）15个县（市、区）高标准农田项目区，并分别在国家部委、省、县三个层面，召开由发改、财政、农业综合开发、国土、水利、农业等部门负责同志参与的23次座谈会，在此基础上，形成对高标准农田建设的一些认识和体会。

一 "十二五"期间高标准农田建设成效显著

"十二五"期间，我国高标准农田建设进展顺利，成效显著。实地调研所见，经过高标准农田建设的项目区土地平整度大大提高，田间路通行能力明显增强，广西等部分南方省区还同步实施田块"小块并大块"，大幅度改善了农田机械耕作条件，为提高劳动生产率、发展规模化经营提供了条件。田间灌排渠系基本比较配套，"最后一公里"问题得到解决，农田抗灾减灾能力增强，多数项目区同步采取了渠道衬砌、管道输水等节水措施，部分项目区同步推广水肥一体化，奠定了粮食丰产、稳产的基础。据综合各地典型地块调查数据可知，项目实施前后，耕地质量平均提升1~2个等级，粮食产能提高10%~20%，亩均粮食产量提高100公斤左右，建设成效十分显著。高标准农田的建设，为确保国家粮食"十二连增"以及农民持续增收奠定了坚实基础，同时也助推了国家"藏粮于田"的战略目标的实现。

二 "十二五"期间高标准农田建设
取得突出成效的主因

"十二五"期间是我国高标准农田建设史上取得成效最突出的五年，具有其历史必然性。

（一）国家规划及国标出台凝聚共识

2011 年以来，国务院相继批准实施《全国土地整治规划（2011～2015年)》和《全国高标准农田建设总体规划》，明确了高标准农田建设重点区域、重点任务和实施路径，凝聚了社会各界共识，为各部门分工协作、齐抓共建奠定了基础。"十二五"期间我国还首次颁布了国家高标准农田建设国家标准——《高标准农田建设　通则》，统一的建设标准，为高水平建设、验收及统一上图入库管理奠定了坚实基础。国家标准的发布成为我国高标准农田建设史上的重要里程碑。

（二）资金投入空前是确保建设成效的保障

2011 年以来，国家用于高标准农田建设的中央投资规模快速增加，2011～2014 年累计安排 2290 亿元①，其中 2014 年达到历史最高水平 723 亿元。单位投资补助标准也同步提高。2014 年，国家发改委、财政部分别将田间工程、中低产田改造亩均中央投资标准提高到 1200 元左右，分别提高2 倍和 10%。至此，国家各部门相关渠道支持高标准农田建设的单位投资水平总体接近。投资总量充足以及单位建设标准的提高，为"十二五"取得高标准农田建设成功提供了保障。

（三）建管工作机制不断探索完善

结合国土资源部"一张图"，各省市已完工程上图入库工作日益受到重视，集中统一、全面动态监管工作逐步推进。各地结合具体特点，逐步摸索出日益完善的建管机制。国土资源部在土地整治项目安排方面进行了探索，从以项目安排为主转向了重大工程的组织实施，从单纯项目安排向重大工程、示范省建设、一般项目安排相结合转变；有些省项目区在实践探索中形成了"政府主导、农村集体经济组织和农民为主体、国土搭台、部门参与、

---

① 中国国际工程咨询公司：《关于全国高标准农田建设总体规划实施情况的中期评估报告》。

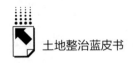

统筹规划、整合资金"的工作机制；有些地区探索了"先建后补""报账制"等高标准农田建设机制；有些地区在工程建后管护机制方面加强探索，形成将田间设施交由合作社、村民自治组织和种粮大户自建自管的机制。通过各地各部门多角度探索，高标准农田建设形成了一系列"划得准、调得开、建得好、保得住"的成功经验。

三 高标准农田建设中存在一些问题仍待解决

尽管我国高标准农田建设取得突出成效，但还存在一些问题亟待解决。

（一）多渠道投入难成合力

高标准农田建设涉及部门较多，在资金渠道上包括发改部门实施的新增千亿斤粮规划田间工程，财政部门（农业综合开发办）实施的农业综合开发项目，国土部门安排的高标准基本农田建设项目，水利部门实施的小型农田水利重点县、大型和中型灌区建设项目以及农业部门实施的现代农业示范区高标准农田建设等多个渠道。由于部门规划不衔接，省、县两级实施规划编制工作严重滞后，以及部委资金下达时序和地点不一致，项目安排重复、分散，形不成合力的情况较为普遍。个别地方将不同渠道的投资集中在一个项目区实施，自行增加建设内容、提高建设标准。有的不同渠道完成的项目区面积重复统计，造成实际建成面积低于统计面积。有的地方集中建设"核心区"应对检查验收，其他项目区则少建或不建工程。上述多种因素，导致已建成的高标准农田面积数据存在一定水分，项目建设区的实际效果是否达到预期标准缺乏准确客观的评价。

（二）部分工程建设内容不配套

由于各地高标准农田建设实施规划出台滞后，不同部门各自为政，有的项目区骨干输水工程与田间灌溉渠系建设进度不一致，进一步导致农田缺少灌溉水源保证，已建成的田间工程闲置；有的项目区输配电工程与小型泵站建设不匹配，影响了灌排泵站、机井的正常使用；有的项目区对土壤改良、地力培肥和增施有机肥等技术性措施重视不够，投入不足，地力建设滞后，使高标准农田建设效果打了"折扣"。

（三）项目建管工作尚需进一步加强

项目设计及实施过程不遵照规范的情况时有发生，如土地平整过程中剥离的表土不回填；机耕路、渠系全部硬化，影响农田生态系统；部分机耕路设计宽度不够，不能满足大型农机通行要求等。《高标准农田评价规范》尚未出台，已完工程验收评价由各部门自行完成，而对不规范建设的高标准农田却缺少纠错机制。建后动态管理弱化。上图入库工作严重滞后，目前仅江苏等个别省区开展了高标准农田上图入库工作，其他大部分省区只有国土部门项目实现上图入库。

（四）工程建后管护长效机制有待完善

高标准农田建成后主要移交给所在村组管护，村组缺乏集体资金、农户外出务工较多等原因，导致田间基础设施管护主体虚化、权责难以落实，"重建轻管"的现象比较普遍。一些地方的机耕路、灌排渠道等因缺少管护，仅 4～6 年就报废无法使用，影响了高标准农田长久发挥效益。

四 "十三五"期间高标准农田建设面临艰巨挑战

"十三五"时期是我国"四化"同步建设的重要时期，同时经济发展进入新常态。在这种背景下，国家高标准农田建设同样面临艰巨挑战。

（一）城镇化建设以及确保粮食安全目标对土地资源供给提出艰巨挑战

预计"十三五"期末，全国城镇化水平要在"十二五"期末 56% 的

基础上提高到60%①，粮食等主要农产品需求仍会较"十二五"期末增加2～3个百分点②，经济社会发展对土地资源和主要农产品的需求刚性上升。我国土地资源供给呈现刚性约束特征，同时确保城镇化建设用地和粮食安全目标矛盾十分突出，依托高标准农田建设，提高耕地的产出效率任务始终十分艰巨。

（二）经济由高速增长向中高速增长转变，对国家持续增加高标准农田建设投入提出挑战

"十三五"期间，我国经济进入"换挡期"，经济由高速增长向中高速增长转变，我国用于高标准农田建设资金主要来源的新增建设用地有偿使用费，以及市、县级用于农业土地开发的土地出让收入等资金趋紧。据统计，2012～2014年，新增建设用地有偿使用费年均降幅在8%～10%③，预计"十三五"期间，高标准农田建设的土地出让收益仍呈减少趋势，确保如期完成高标准农田任务的压力加大。

（三）高标准农田建设本身建设难度逐步加大

一是"十二五"期间各地普遍按照"先易后难"的原则安排项目，建设难度比较大的"硬骨头"多留在"十三五"；耕地占补平衡过程中拟补充耕地的条件越来越差，工程造价越来越高。二是发展现代农业对耕地提出了新要求。机械化耕作要求土地平整度高、田块面积大，尤其是我国南方地区，零散小田块居多，且地块平整度极差，田块改造整治难度大。三是农民土地权属意识增强，高标准农田建设过程中涉及田块调整、修路及灌排沟渠占地时，协调难度加大。

---

① 数据来源：《国家新型城镇化规划（2014～2020年）》。
② 数据来源：中国国际工程咨询公司，《新时期我国农业支持政策调整问题研究报告》。
③ 数据来源：中国国际工程咨询公司，《新时期我国农业支持政策调整问题研究报告》。

五 "十三五"期间高标准农田建设的建议

面对当前的新形势，"十三五"应在总结"十二五"经验问题的基础上，扬长避短，有针对性地解决突出问题，进一步完善政策机制，确保"十三五"期末完成 8 亿亩高标准农田建设任务。

（一）千方百计加大高标准农田投入力度

我国基本农田面积 15.6 亿亩，按照高标准农田建设规范，农田设施重建周期为 15 年，因此每年需建设约 1 亿亩才能满足基本农田建设需要。在目前按照每年平均 8000 万亩的速度进行建设，且由于建设标准不高及维护不力，实际项目运行周期只有 10 年的情况下，建设速度远落后于实际需要。为确保国家粮食安全，实现藏粮于地，建议到 2020 年，进一步增加高标准农田建设总量到 10 亿 ~ 12 亿亩。为此，中央财政必须加大基本农田建设力度，同时确保每年用于基本农田建设的固定支出预算，才能确保国家"藏粮于地"的目标实现。要建立健全土地整治经济激励机制，加大中央和地方财政转移支付力度，完善新增建设用地土地有偿使用费分配制度，加大对基本农田保护和补充耕地重点地区的支持力度，综合运用经济补贴等手段调动各方力量参与土地整治的积极性。

（二）进一步明确主体责任

中央层面尽快由综合部门牵头，启动部委联席会议和工作协商机制，明确年度建设任务、分省建设任务，并分解到各相关部门。进一步强调省级政府对高标准农田建设任务负总责，加快出台省级高标准农田建设规划，统筹协调项目实施，对各渠道资金投向进行引导，细化各项保障措施。县级政府为高标准农田项目实施主体、资金整合实施主体。要建立县级高标准农田目标责任制，在明确建设任务、建设标准基础上，由县级政府统一组织、统筹协调，将不同渠道资金落实到田块，发挥资金合力，避免重复建设，切实做到建一片成一片。

（三）充分发挥规划对涉农资金整合的管控作用

尽快修编《规划》，从规划层面形成"多规合一"。依托规划，从中央层面对各渠道资金进行整合，明确部门任务和分工，科学协调各类建设项目的空间布局和时序安排。各省在国家规划任务基础上，协调相关部门编制省级规划，明确各县（市、区）建设任务，确保农田建设项目与大中型灌区建设项目、灌溉水源工程建设项目等配套。县级主要依据土地整治规划，突出资金整合、项目整合，将建设任务落实到地块。要突出强调国家、省（市、区）和县（市、区）三级规划衔接与联动，切实发挥规划对资金整合的引领管控作用。

（四）统一高标准农田建设的各项规范和管理办法

以《高标准农田建设　通则》《高标准农田评价规范》为蓝本，统一各部门同类工程的建设标准、建设定额标准和检查验收、监管考核标准。制定统一项目管理流程和办法，避免各有各的标准和管理办法造成执行困难和审计风险，从源头上减少县级在资金整合过程中面临的困难。加快完成省级高标准农田建设规范修订工作，区分平原区、丘陵区等不同地域类型，因地制宜地确定建设重点以及投资标准，确保农田建设质量。

（五）完善高标准农田的运行管理机制

首先，要完善建成高标准农田上图入库工作，由县级政府牵头，国土资源部门具体实施，切实将各部门高标准农田建设任务统一落在国土资源管理"一张图"上，全面掌握高标准农田建设任务的完成情况。其次，要健全管护机制，严格界定各个工程的管护主体，做到责任明晰；明确工程产权归属，科学协调受益人、所有人、管护人的关系，充分调动群众对于管护工作的积极性；同时要及时跟踪工程管护时效，加强工程管护的监管；进一步探索推广实行"以补代投、以补促建、先建后补"的土地整治模式，积极探索引入社会资本、民间资本参与土地整治，特别是散乱、废弃、闲置的村庄建设用地整治。

（六）分步实施，稳妥推进资金整合

由综合部门牵头，从源头理顺资金整合的体制机制。一是明确政策，出台以高标准农田建设为平台的资金整合指导意见，明确资金整合范围、整合主体、相关部门及各级政府的权、责关系；二是扫清资金整合障碍，尽快统一规划，统一标准、统一项目管理验收方式，为高标准实施整合奠定基础；三是坚持试点先行，稳妥推进试点，不断积累经验，完善政策措施，逐步形成可复制、易推广、能持久的资金整合模式。

参考文献

李少帅、郧文聚：《高标准基本农田建设存在的问题及对策》，《资源与产业》2012年第6期。

刘新卫、李景瑜、赵崔莉：《建设4亿亩高标准农田的思考与建议》，《中国人口资源与环境》2012年第3期。

燕超凡、塔金璐、高思培：《高标准基本农田建设及后期管理分析》，《江苏科技信息》2015年第32期。

于潇、张爱辉：《涉农规划合一涉农资金集聚——黑龙江省整体推进高标准基本农田建设的做法》，《中国土地》2015年第12期。

工作实践篇

Working Practice

B.7

土地整治重大工程实践与发展

李少帅　赵庆利*

摘　要： 本文主要总结和分析"十二五"期间土地整治重大工程的典型做法和建设成效，"十二五"期间，14个土地整治重大工程的实施建设，初步实现了保障国家粮食安全，改善农村基础设施、促进农业现代化，增加农民收入、促进社会和谐，保护和改善生态环境、促进生态文明建设，助力解决区域性土地利用重大问题等多元目标。在此基础上，本文对"十三五"土地整治重大工程的建设方向和重点进行了展望。

关键词： 土地整治重大工程　实施模式　成效分析　"十二五"

* 李少帅，土壤学硕士，国土资源部土地整治中心高级工程师，主要研究方向为土地整治项目管理；赵庆利，国土资源部土地整治中心工程师，主要研究方向为土地整治项目管理、土地资源利用和生态保护研究。

一 土地整治重大工程总体进展较为顺利

"十二五"期间,全国总计实施建设了 14 个土地整治重大工程,涉及吉林、黑龙江、河南、湖北、湖南、海南、云南、陕西、甘肃、青海、宁夏、新疆等 12 个省(区),计划建设总规模 3566.02 万亩,新增耕地 819.32 万亩,总投资 608.02 亿元。据统计,截至 2015 年底,14 个土地整治重大工程共完成建设规模 3028.59 万亩,占计划总任务的 84.93%;增加耕地 540.26 万亩,占计划总任务的 65.94%。

二 主要做法

作为从国家层面落实土地整治重点区域内特定目标任务的大规模土地整治项目,土地整治重大工程虽具有规模大、影响广、多目标兼顾等优势,但在建设管理中也面临着周期长、风险高,系统性、区域性强,监督管理难度大等困难。为达到土地整治重大工程建设的预期目标,充分发挥集聚效益,重大工程在以下几个方面的做法明显有别于一般意义上的土地整治项目。

(一)在组织机构方面,突出了政府的主体地位

重大工程所在省份(或市)均成立了以分管省长(市长)为组长,国土、农业、财政等相关部门参与的领导小组,形成了政府主导,部门联动的工作机制。领导小组主要负责协调重大事项,并对各市(县)的重大工程建设任务完成情况进行考核。比如湖南省政府将有关市县重大工程建设情况纳入领导班子绩效考核范围,宁夏回族自治区政府将重大工程建设情况作为重要内容列入项目所在地政府效能考核和耕地保护责任考核范围。

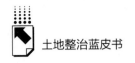

（二）在制度建设方面，出台了专门的重大工程管理办法

相关省份均出台了重大工程管理办法，对重大工程的实施管理、资金拨付与使用、变更管理、竣工验收等各方面内容提出了明确要求，以保障重大工程规范运行。

（三）在资金筹措方面，注重发挥资金的综合效益

重大工程以新增建设用地土地有偿使用费和耕地开垦费等土地整治资金为主导，同时积极聚合农业、水利等其他部门资金，共同投资建设重大工程，发挥资金的综合效益。根据重大工程实施方案，河南南水北调渠首及沿线土地整治重大工程、湖北南水北调汉江沿线土地整治重大工程、云南兴地睦边农田整治重大工程、海口南渡江流域土地整治重大工程、陕西延安治沟造地土地整治重大工程等 5 个重大工程需聚合其他部门资金 44.49 亿元用于重大工程建设。

（四）在监督管理方面，国家采取评审论证、年度评估等方式，综合运用网络信息技术、遥感技术等技术手段对重大工程进行监管

评审论证是指重大工程在申请国家资金支持时，国家就重大工程建设的必要性、可行性和合理性组织专家进行评审论证。年度评估是指在重大工程进入实施阶段后，国家组织专家对重大工程上年度的任务完成情况和本年度的任务计划进行评估。此外，国家还通过遥感技术、农村土地整治监测监管系统、实地调研等方式对重大工程进行监管，以确保重大工程规范有序开展。

（五）实施模式比较分析

由于各重大工程所处区域的自然、社会、经济条件不同，且不同区域社会经济发展对土地的功能需求不同，各地在建设管理重大工程时形成了不同的实施模式。国土资源部土地整治中心于 2015 年就重大工程实施模式进行调研时发现，按照管理层级与管理主体的区分，可以将现行重大工程实施模

式分为三种类型，即专设机构统建统管模式、政府主导分级管理模式和政府与专设机构建管协作分级管理模式。

1. 专设机构统建统管模式

该模式的代表为新疆，实行各级政府协调，省级土地整治机构集中统一管理的模式。需要依托大型骨干水利工程的重大工程，建设规模大、跨多个地市，涉及面广。基于此，由省级政府出面组建专设机构（即省级土地整治机构），负责重大工程的集中统一管理，聚合资源，整合资金，监督考核等事宜，有关市县只是参与配合。

2. 政府主导分级管理模式

该模式的代表为宁夏，实行政府作为重大工程和子项目的责任主体，省、市、县（市）分级管理的模式。省级层面一般成立重大工程领导小组或指挥部，专门负责协调重大工程区域内各地的项目建设，并全程监督重大工程有关部门的资金使用、年度计划、竣工验收等管理工作，定期组织开展专家评审、年度评估、专项检查等工作。县（市）级成立领导小组管理本行政区域内的子项目，并成立指挥部作为子项目承担单位，负责子项目的具体实施。县（市）级政府直接承担子项目的组织管理，包括子项目的勘测、规划设计、施工、验收及相应阶段的招投标，签订工程发包合同，对项目资金拨付、工程质量、施工进度以及合同进行全面控制，在项目实施过程中履行项目业主的责任和义务。市级层面，一般为配合管理工作，负责规划设计与预算编制的初审，子项目初验，常规监督检查等工作。

3. 政府与专设机构建管协作分级管理模式

该模式的代表为河南，实行政府主导，政府与专设机构分工协作，省、市、县（市）分级管理的模式。该模式是在省重大工程领导小组统一协调指挥下，坚持"政府主导、国土搭台、部门联动、各界参与"的运行机制。该模式在层级管理上与政府主导分级管理模式一致，但在省级层面，基本实现了建管分离。重大工程总体任务安排协调、资金筹措、任务与投资计划、资金批复、竣工验收、政策制度制定由政府以领导小组形式负责；而重大工

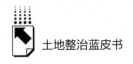

程组织实施等业务性工作，包括预算与资金审核、技术审查、中介服务管理、子项目初验等工作，由省级土地整治机构承担。

三 土地整治重大工程建设成效显著[①]

（一）促进了耕地数量的增加和耕地质量等级的提升，保障了国家粮食安全

在耕地数量方面，截至 2015 年底，14 个重大工程已增加耕地 540.26 万亩。在耕地质量等级提升方面，通过重大工程的实施，项目区耕地质量普遍提升 1 个等级。同时，重大工程是建设高标准农田的重要手段，据统计，"十二五"期间，12 个省份实施的 14 个重大工程累计建成的高标准农田数量占 12 个省份高标准农田建设总量的比例约为 16%。其中，宁夏中北部土地开发整理重大工程建成的高标准农田约占全区建成总量的 75%；新疆伊犁河谷地土地开发整理重大工程建成的高标准农田约占全区建成总量的 40%。

（二）改善了农村基础设施，促进了农业现代化

通过对"田水路林"基础设施的综合整治，农业生产能力提高了，田间道路通达率、农田灌溉保障率、农业生产机械化率普遍提高，推动了土地流转，为发展设施农业、生态农业奠定了基础。比如宁夏通过重大工程建设，砌护渠道 30739 公里，铺设管道 27550 公里，治理沟道 7070 公里，修建田间道路 16403 公里，完善了项目区农业基础设施。延安治沟造地重大工程已完工的项目区，耕地集中连片，便于机械化耕作、规模化经营，目前已有 9.8 万亩耕地流转，用于发展蔬果大棚、规模养殖及生态旅游等产业，促

[①] 以下数据，涉及宁夏中北部土地开发整理重大工程的数据来源于宁夏中北部土地开发整理重大工程项目宣传手册，其他数据来源于农村土地整治监测监管系统和国土资源部重大工程 2015 年度评估调查数据。

进了农村一、二、三产业的融合发展。海口市南渡江流域土地整治重大工程部分已完工项目区基础设施完善，吸引了企业投资，推动农业产业发展，如东山马坡项目区引进海南当地农业企业投资 2 亿元用于农业发展。湖南环洞庭湖农田整治重大工程促进了耕地经营承包权流转，项目建成后吸引社会资本投入，如赫山区项目区已建成万亩蔬菜基地，岳阳县项目区已成为隆平高科技示范园，大通湖区、西湖管理区等部分项目区实现了土地流转、规模经营，成为湖南省农业龙头企业的重要基地。

（三）增加了农民收入，促进了社会和谐

宁夏中北部土地开发整理重大工程使自治区 190 多万农民受益，项目区农民因粮食、蔬菜和经济作物增收及参与工程建设人均年纯收入增加近千元。据宁夏大学对项目区 1055 家农户进行走访调查发现群众对该重大工程的满意率达到97％。海口市南渡江流域土地整治重大工程部分项目区建成后，人均年收入在 4000～5000 元的农民比例从 22.55％ 增长至 40.65％；农业收入占家庭总收入 60％～80％ 的农户比例从实施前的 14.6％ 提高到43.2％；村民对村干部满意度从 40.6％ 上升到 85.5％。甘肃东部百万亩土地整治重大工程通过改变土地利用条件、优化农业结构的方式促进农民征收，该重大工程已平整土地 72.07 万亩，将坡耕地整治为水平梯田，将过去只能种植产量较低旱地作物的坡耕地，转变为可以用双垄沟播地膜技术播种玉米、小麦、土豆等的高产农田，地膜玉米亩产为 500～800 公斤。此外，重大工程在施工时大量雇用项目区群众参与工程建设，增加了项目区农民的就业密度，使其在农闲时有活可干、有钱可赚。

（四）有效保护和改善了生态环境，促进了生态文明建设

宁夏中北部土地开发整理重大工程共治理沙漠 5.6 万亩，改良盐碱地13 万亩，栽种各种树木 792 万株，初步形成了乔灌草结合的农田防护林体系，"保水、保土、保肥"效果明显。甘肃东部百万亩土地整治重大工程已完工项目区梯田较坡耕地减少水土流失 85％以上，种植行道树和沟头防护

树 77 万株，减少水土流失的同时，减少沟道来水，防止对沟道的冲刷，实现了生态安全和粮食安全的有机结合。延安治沟造地土地整治重大工程在工程建设中，对形成的开挖面、取土场等按因地制宜的原则，及时恢复植被，有效保护生态。项目实施以来，促进退耕还林 60 万亩，治理水土流失面积 2200 多平方公里，且在 2013 年经受住了强降雨等自然灾害，有效防治水土流失。此外，湖南等重大工程采取衬砌生态沟渠的方式保护项目区生物多样性。

（五）助力解决区域性的重大问题

宁夏中北部土地开发整理重大工程注意与生态移民工程相结合，成为落实宁夏生态移民战略的重要手段，其中 70% 的建设任务安排在沿黄市县（区），为 9.2 万移民解决了生产、生活用地。云南兴地睦边土地整治重大工程通过土地整治改善农业生产条件，提高项目区生产力水平，重大工程对促进云南边疆地区经济发展、民族团结，区域经济社会协调发展有重要作用。青海东部黄河谷地百万亩土地开发整理重大工程、陕西省延安治沟造地土地整治重大工程和新疆伊犁河谷地土地开发整理重大工程的实施为边远地区和革命老区扶贫脱困提供了助力。河南南水北调渠首及沿线土地整治重大工程和湖北南水北调汉江沿线土地整治重大工程有利于缓解南水北调工程移民安置地点的耕地资源不足问题，改善移民安置区基础设施条件，保障移民搬迁后的生活水平不降低，助力南水北调工程移民的和谐迁安和社会稳定。海南省海口南渡江流域土地整治重大工程对于海南省建设现代农业基地，发展热带农业产业，促进产业融合，打造国际旅游岛具有重要意义。

四 "十三五"展望

展望"十三五"，国家在继续支持目前正在实施的重大工程的同时，将重点支持如下九类重大工程：一是粮食主产区基本农田整治工程。以高标准农田建设为重点，全面提高农田质量、增加有效耕地面积、改善生态环境。

二是西部生态建设地区农田整治工程。围绕筑牢生态安全屏障的要求，加大农用地整理力度，加强农田基础设施建设和生态保护修复，提高耕地质量，提升农田生态系统稳定性和生态服务功能。三是集中连片特殊困难地区土地整治工程。按照"集中连片、突出重点、全国统筹、区划完整"的原则，在涉及革命老区、民族地区、边疆地区的特殊困难地区开展土地整治，提高粮食产能和农业生产水平，促进农民增收。四是战略后备区集中补充耕地工程。按照"在保护中开发，在开发中保护"的原则，注重生态环境的保护和改善，适度开发耕地。五是城乡统筹区域农村建设用地整治示范工程。围绕工业化、城镇化水平比较高的区域，开展农村建设用地整理，并与周边农用地整理相结合，推进城乡发展一体化。六是传统村落保护性整治工程。对民风淳厚、保存较好、历史文化气息浓厚的传统村落，开展保护性整治试点工作。七是城镇低效用地再开发工程。围绕新型城镇化发展，提高城镇综合承载能力，提升土地对经济社会发展的持续保障能力；优化土地利用结构，促进产业转型升级。八是生产建设活动损毁土地复垦工程。继续开展矿区、公路、铁路和水利工程沿线的土地整治工程。九是土地生态环境整治示范工程。针对水土流失、土地沙化盐碱化、土壤污染和土地生态衰退严重的区域，结合退耕还林还湿、退牧还草、治理水土流失，实施土地生态环境综合整治示范工程建设。

参考文献

《湖南环洞庭湖基本农田整治一期工程显成效》，《中国改革报》，http：//www. crd. net. cn/2013 –03/07/content_ 6926696. htm，2013 年 3 月 7 日。

B.8

我国建设用地整理实践与发展

雷逢春 张欣杰 杨 红*

摘 要： 建设用地整理是土地整治的重要内容，是优化城乡建设用地
结构和布局、提高建设用地节约集约利用水平、促进土地利
用方式和统筹城乡发展的重要抓手和平台。本文在对2015年
建设用地整理进行系统回顾总结的基础上，分析各地的实践
经验及创新成果，结合当前生态文明建设、推进新型城镇化、
美丽乡村、实施精准扶贫的要求，提出了今后一段时期我国
建设用地整理的思考和建议。

关键词： 建设用地整理 制度创新 节约集约

"十二五"期间，特别是党的十八大以来，国土资源管理适应经济发展
新常态，积极应对经济下行压力加大、资源环境约束趋紧等重大挑战，全面
推进资源节约集约利用，促进了资源利用方式的转变。建设用地整理作为土
地整治的重要内容，在促进社会经济发展、保护耕地、保障发展用地，提高
土地资源节约集约利用水平上发挥了重要作用。

---

* 雷逢春，管理学硕士，国土资源部土地整治中心高级工程师，主要研究方向为土地资源利用
与管理；张欣杰，法律硕士，国土资源部土地整治中心工程师，主要研究方向为土地资源利
用与管理；杨红，理学博士，国土资源部土地整治中心研究员，主要研究方向为土地资源利
用与管理、土地整治。

一 建设用地整理制度建设不断强化

2015 年伴随着节约集约用地制度改革的不断深化，我国建设用地整理制度体系不断完善，政策储备不断增强，取得了明显成效。

（一）建立健全国家层面节约集约用地制度体系，为积极推进建设用地整理创造了良好制度环境

2015 年中央一号文件要求全面推进农村人居环境整治，改善农民居住条件，搞好农村公共服务设施配套，推进山水林田路综合治理，继续支持农村环境集中连片整治。《生态文明体制改革总体方案》提出"实施建设用地总量控制和减量化管理，建立节约集约用地激励和约束机制，调整结构，盘活存量，合理安排土地利用年度计划""简化自下而上的用地指标控制体系，调整按行政区和用地基数分配指标的做法。将开发强度指标分解到各县级行政区，作为约束性指标，控制建设用地总量"。《深化农村改革综合性实施方案》提出"完善和拓展城乡建设用地增减挂钩、'地票'等试点，推动利用城乡建设用地增减挂钩政策支持异地扶贫搬迁"。《关于打赢脱贫攻坚战的决定》（中发〔2015〕34 号）指出"在连片特困地区和国家扶贫开发工作重点县开展易地扶贫搬迁，允许将城乡建设用地增减挂钩指标在省域范围内使用"。国家层面关于节约集约用地政策的出台，为推进建设用地整理，优化城乡土地利用结构和布局，促进城乡建设用地总量控制和减量化管理，提高土地资源节约集约利用水平提供了政策依据。

（二）贯彻落实中央文件精神，国土资源部积极研究制定相关配套政策措施

2015 年国土资源部在控制增量、盘活存量，规范建设项目节地评价考核，提高建设用地节约集约利用效率上不断强化制度体系建设。2015 年 4月，国土资源部下发《国土资源部办公厅关于规范开展建设项目节地评价

工作的通知》（国土资厅发〔2015〕16 号）明确提出"落实土地使用标准控制制度，促进无标准、超标准建设项目节约使用土地，切实提高节约集约用地水平"，对超标准、无标准建设项目进行节地评价工作做出制度上的规范。为落实党中央、国务院促进新产业新业态发展、推进大众创业万众创新的新要求，以土地利用方式转变促进经济发展方式转变和结构优化，2015年9月，国土资源部下发《关于支持新产业新业态发展促进大众创业万众创新用地的意见》（国土资规〔2015〕5 号），加大新供用地保障力度、鼓励盘活利用现有用地、引导新产业集聚发展、完善新产业用地监管制度。12月，国土资源部联合住房和城乡建设部、国家旅游局印发《关于支持旅游业发展用地政策的意见》（国土资规〔2015〕10 号），从积极保障旅游业发展用地供应、明确旅游新业态政策、加强旅游用地服务监管三方面提出12项措施，鼓励使用存量用地、规范使用增量用地的原则对建设用地整理具有重要的指导作用。同时为支持光伏产业健康快速发展，国土资源部贯彻落实国务院《关于促进光伏产业健康发展的若干意见》（国发〔2013〕24 号），发布实施《光伏发电站建设项目用地控制指标》（国土资规〔2015〕11号），为光伏发电站建设项目科学合理使用土地提供了技术保障。

（三）各地积极探索推进建设用地整理制度创新

各地紧密围绕节约集约用地，以建设用地整理为重点，积极探索创新建设用地有效供给机制。2015年2月，广州市城市更新局挂牌成立，负责全市低效存量建设用地的盘活利用和城市破旧房的更新盘活，统筹协调全市城市更新工作；负责拟订城市更新政策，拟定城市更新规划，组织编制城市更新项目计划和资金安排使用计划；指导和组织编制城市更新片区策划方案，审核城市更新项目实施方案；多渠道筹集资金，组织城市更新范围内的低效存量建设用地进行整治、改善、重建、提升，推进成片连片更新改造，完善城市功能，改善人居环境，传承历史文化，优化产业结构，统筹城乡发展，提高土地利用效率，保障社会公共利益。2015年9月，《山东省土地整治条例》经山东省第十二届人民代表大会常务委员会第十六次会议审议通过。

该《条例》明确规定土地整治应当坚持生态优先、统筹规划、因地制宜、综合治理的原则，尊重土地权利人的意愿，保障土地权利人的合法权益，保护自然与人文景观。上海市出台《关于本市推进实施"198"区域减量化的指导意见》（沪规土资综〔2015〕88 号），重点从建设用地减量化、城市有机更新、土地全生命周期管理等方面探索完善节约集约用地政策体系。地方相关配套政策的出台和实施，为规范推进建设用地整理，促进土地资源节约集约利用发挥了重要的作用。

二 建设用地整理典型做法

2015 年，围绕节约集约用地，各地积极推进建设用地整理的实践与探索，不断创新建设用地整理实践模式，增强政策储备，为推进建设用地节约集约利用提供了重要经验借鉴。

（一）科学划定城市开发边界①，有效控制城市新增建设用地增长

目前，国土资源部会同住房和城乡建设部联合开展全国城市划定城市开发边界试点工作。首批试点包括北京、沈阳、上海、南京、苏州、杭州、厦门、郑州、武汉、广州、深圳、成都、西安以及贵阳等 14 个城市。"十三五"期间，将陆续有 600 多个城市开展城市开发边界划定工作。划定城市开发边界不是单纯地划定一个物理边界，而是一种创新的发展理念，是转变城市发展和土地利用方式的基本途径，是控制城市规模、优化空间布局、防止城市无序蔓延、提高建设用地利用效率的重要举措。对特大城市、超大城市和资源环境超载的城市，加快划定永久性开发边界，以形成空间硬约束，促进集约发展。目前，各试点城市结合自身的资源环境状况、经济社会发展实际，在开发边界划定的总体思路、技术要点、成果表达等方面已形成初步

---

① 划定城市开发边界：指在划定城市周边永久基本农田的基础上，同时修订城市土地利用规划和城市建设规划，最终确定城市发展边界。

成果。城市开发边界的划定，对有效控制城市新增建设用地增长，加快城中村、城乡接合部等城市存量建设用地的整治和改造，促进城市内部的升级改造将发挥重要作用。

（二）盘活城市存量建设用地，促进城市低效用地再利用

不断提高城镇存量建设用地在土地供应中的比例是国土资源管理制度改革的重要路径之一，也是城市土地节约集约利用的主攻方向，而城镇低效建设用地再开发是存量建设用地挖潜的突破口。从国土资源部土地市场动态监测与监管系统中土地储备监测监管数据看，2012 年以来，全国 894 个市（本级）县以收购储备方式盘活的城镇存量建设用地中，除将依法办理农地征转后纳入土地储备外（新增建设用地），通过收回、收购和优先购买、置换、拆迁以及其他方式取得的城镇低效用地总量约为 137.30 万亩，比例分别为 27.49%、57.73%、1.12%、5.60% 及 7.76%[①]。通过土地储备，各地积极盘活布局散乱、设施落后、利用粗放、用途不合理的存量建设用地，促进了城镇低效用地的再开发利用。比如广州的"三旧改造"，通过对旧厂房、旧城镇、旧村庄进行综合整治，整体提升了空间功能，优化促进了存量用地盘活。上海存量用地改造，以统筹规划为导向，通过用地性质兼容转换，鼓励公共设施合理混合设置，规划建筑容积率调整引导，以高度换空间，提高了土地节约集约利用水平。

（三）促进城市有机更新，实现建设用地循环永续利用

从各地实践看，实施城市有机更新，优化国土资源结构与布局，提升建设用地整体功能，将是今后城镇土地节约集约利用发展的主要方式。各地积极探索在城市有机更新中构建内涵增长发展模式，鼓励立体复合利用，提高土地利用综合效益。上海市从 2011 年开始实施建设用地减量化和城市有机更新制度，实施年度新增建设用地计划逐年递减的策略，将区（县）年度

---

① 数据来源：《国土资源部土地市场动态监测与监管系统》。

新增建设用地计划与现状低效建设用地盘活和减量化等工作相结合，新增经营性建设用地出让与减量化建设用地指标相挂钩。按照"四新经济"（新产业、新业态、新技术、新模式）创新发展要求，以上海自贸区建设为契机，探索空间复合利用，建立轨道交通综合用地开发政策。完善节约集约用地标准体系，突出广域、立体、复合、有机、动态利用。在利用效能上强化土地利用综合功能和绩效，将土地利用的经济、社会、环境等功能指标和要求纳入全生命周期管理。在运行机制上强化市场决定性作用和政策保障作用。注重品质、公共优先，多方参与、共建共享，进行城市有机更新，实现了建设用地循环永续利用①。

（四）以城乡建设用地增减挂钩为平台，优化城乡土地利用结构和布局，促进城乡统筹发展

城乡统筹发展重点是要实现城乡发展规划全域一体化、城乡要素自由流动的市场化和城乡基本公共服务的均等化。通过实施城乡建设用地增减挂钩，国土资源部土地整治中心对农村散乱、废弃、闲置的宅基地和建设用地进行整治，增加耕地的同时满足了农民建房、村庄基础设施和公共服务配套设施建设用地、非农产业用地需求。将节余的建设用地指标调剂到城镇使用，促进小城镇发展，同时把获得土地收益返回农村用于新农村建设，形成良性循环，促进城乡土地资源、资产、资本有序流动，推动农民向中心村镇集中居住，耕地向适度规模经营集中，产业向园区集中，实现耕地增加、用地节约、布局优化、要素集聚，真正推动城市反哺农村，加速城乡统筹发展。四川省邛崃市冉义镇通过实施增减挂钩，实现了整体规划、全域统筹，使全镇空间布局更加规范、科学，优化了土地利用结构，促进了产村相融；通过多种形态和配套完善的农民集中新区建设，改善了农民居住和生活环境，改变了乡村生产生活风貌。将增减挂钩与新农村建设相结合，通过城乡土地资源优化配置和土地收益返还农村，既促进了土地规模经营和农业产业化发展，增加了农

---

① 庄少勤：《"新常态"下的上海土地节约集约利用》，《上海国土资源》2015 年第 3 期。

民收入，又促进了农村生产生活条件的改善，推动了城乡公共服务均等化，为新农村建设和城乡统筹发展奠定了重要基础。贵州省通过增减挂钩支持扶贫搬迁，对于搬迁出来的群众，严格执行迁出地旧村庄、宅基地拆除复垦，复垦面积转为城市建设用地指标，城市新增建设用地优先用移民搬迁复垦土地置换，土地收益按一定比例分配给移民对象，增加了移民后续生活长远保障。

（五）挖掘弘扬历史文化，统筹推进村庄整治与保护利用

乡村历史文化凝聚着中华民族自强不息的精神追求和历久弥新的精神财富，是一定地区的文化魅力所在。在村庄整治的过程中，越来越多的地方充分认识到保护名镇名村的重要性，把保护、传承和利用历史文化名镇名村作为农村经济社会发展的重要支撑，作为美丽乡村建设的重要内容，作为发展乡村旅游的重要载体，切实加大了对历史文化名镇名村的保护力度。村庄整治更加注重保护传承名镇名村的建筑形态、自然环境、传统风貌及民俗风情，使人们记得住乡愁，更好地将这些珍贵的历史文化遗产传承给后人。江苏省苏州市吴江区同里镇是我国江南六大古镇之一，村庄整治规划从保持同里古镇现存的历史风貌，保护现有古镇区所留存的历史信息，保持传统的街巷、河道空间尺度与景观特征出发，在保护古镇历史文化遗产的前提下有序更新，改善环境，提高居民生活质量。村庄整治中注重古镇历史文化遗产保护性整治，成功修复了一批具有较高历史价值、文化价值的优秀传统建筑。保护中通过动迁改善了居民的生活居住条件，通过环境整治提升，使同里古镇置身于园林之中，推动了古镇保护工作的良性发展，真正实现了保护农村风貌、改善农民生活等多重目标。

三　建设用地整理发展展望

《国民经济和社会发展第十三个五年规划的建议》提出，实现"十三五"时期发展目标，破解发展难题，厚植发展优势，必须牢固树立创新、协调、绿色、开放、共享的发展理念。贯彻落实发展新理念的自觉性和坚定

性，是集中对经济社会发展规律认识的深化，对做好新常态下建设用地整理工作具有重大意义。

（一）积极推进建设用地综合整治，助推生态文明建设

《生态文明体制改革总体方案》提出树立空间均衡的理念，把握人口、经济、资源环境的平衡点推动发展。树立山水林田湖是一个生命共同体的理念，按照生态系统的整体性、系统性及其内在规律，进行整体保护、系统修复、综合治理，增强生态系统循环能力，维护生态平衡。健全国土空间用途管制制度，建立空间规划体系，完善资源总量控制和全面节约制度，健全资源有偿使用和生态补偿制度。土地节约集约利用是破解"保障发展与保护资源"两难命题的重要措施和途径，建设用地整理是落实节约集约用地的重要手段。落实生态文明理念，在建设用地整理规划布局上，应遵循自然规律，依据全国生态功能区划，根据不同地区的资源环境承载能力，按照优化开发、重点开发、限制开发和禁止开发的要求确定不同地区的发展模式，引导各地合理选择发展方向，形成各具特色的发展格局。分类推进农村地区、城市化地区、重要生态功能区、矿产资源集中区等的综合整治，加快促进国土空间开发格局优化，提高资源环境承载能力，着力修复提升生态功能。通过加强建设用地综合整治，优化建设用地利用结构和布局、提升土地节约集约利用水平，确保经济中速增长，生态环境质量总体改善，全面落实生态文明建设目标。

（二）全面实施城乡建设用地整理，实现建设用地总量和强度双控

按照"框定总量、限定容量、盘活存量、做优增量、提高质量"的总体要求，全面提升节约集约利用水平，推动建设用地整理落在实处。围绕《国民经济和社会发展第十三个五年规划的建议》提出的"坚持节约优先，树立节约集约循环利用的资源观""坚持最严格的节约用地制度，实行建设用地总量和强度双控行动，提高节能节地"要求，研究节地技术和节地模式。转变思想观念，树立节约优先、集约利用、循环发展、市场配置、创新引领新理

念；强化约束性指标控制，研究制定建设用地总量和强度双控方案；大力推进土地节约集约利用，调整建设用地结构，降低工业用地比例，增强与提高城镇低效用地再开发力度和质量，严格控制城乡建设用地总规模。

（三）积极促进农村建设用地整理，实现美丽乡村建设

中共中央、国务院在《关于加快推进生态文明建设的意见》中指出强化村庄规划的科学性和约束力，加强农村基础设施建设，强化山水田林路综合治理，加快农村危旧房改造，支持农村环境集中连片整治。中央关于美丽乡村建设的规划，对农村建设用地整理提出新要求。农村建设用地整理应按照中央生态文明建设的总体部署和绿色发展理念要求，继续强化"山、水、田、林、路"综合整治，着力推进农村人居环境的改善，突出乡村特色、地域特点、民族风格和文化内涵，把村庄整治与发展一村一品、一村一景、一村一韵相结合，与高效生态农业、农家乐和民宿经济、民俗文化等相结合，促进农民增收、农村发展，让绿水青山真正成为"金山银山"。

（四）规范开展城乡建设用地增减挂钩，支持扶贫开发和易地扶贫搬迁

中共中央《关于打赢脱贫攻坚战的决定》（中发〔2015〕34号）明确提出，增减挂钩是支持扶贫开发和易地扶贫搬迁的重要措施，是解决扶贫开发用地和资金的有效手段。我国扶贫开发已经进入啃硬骨头和攻坚的冲刺期，实现到2020年让7000多万农村贫困人口摆脱贫困的既定目标，要在现有基础上不断创新扶贫开发思路和办法。在增减挂钩政策支持扶贫开发的过程中，节余指标收益如何确定和返还、节余指标产生的市县和使用节余指标的市县规划用地空间和耕地保有量如何安排等，亟须细化明确，增减挂钩政策支持易地搬迁扶贫的方式、方法和风险防控还需进一步研究，并做好相应政策储备。特别是对14个连片特困地区中生存条件恶劣地区应充分考虑资源禀赋，因地制宜，用好挂钩政策，才能保证搬得出、稳得住、能发展、可致富。"十三五"期间，贵州将对仍居住在深山区、石山区等"一方水土养

不起一方人"的105万贫困人口和37万生态脆弱区的农民实施移民搬迁，重点搬迁50个国家扶贫开发工作重点县和滇黔桂山区、乌蒙山区、武陵山区三大集中连片特困区的贫困群众①。

（五）建立健全技术标准体系，保障建设用地整理落在实处

《节约集约利用土地规定》（国土资源部令第61号）提出要通过规模引导、布局优化、标准控制、市场配置、盘活利用等手段，开展建设用地整理。加强建设项目土地使用标准体系建设，加快制定行业土地使用标准，是实现节约土地、减量用地、提升用地强度，提高土地利用效率，促进土地资源节约集约利用的重要手段和有效抓手。通过加强土地使用标准体系建设，加快各行业、各领域土地使用标准制定修订工作，从区域、城市到具体建设项目，形成多层次、多角度的节约集约用地标准体系，为建设用地科学合理利用，促进建设用地整理提供技术支撑。

（六）积极推进建设用地整理试点，加强政策储备，完善建设用地整治政策机制

围绕《国务院关于深入推进新型城镇化建设的若干意见》（国发〔2016〕8号）提出"完善土地利用机制，推进各项试点开展"的工作要求，国土资源部土地整治中心着力做好以下四方面工作。

一是规范推进城乡建设用地增减挂钩。总结完善并推广有关经验模式，全面实行城镇建设用地增加与农村建设用地减少相挂钩的政策。高标准、高质量推进村庄整治，在规范管理、规范操作、规范运行的基础上，扩大城乡建设用地增减挂钩规模和范围。二是建立城镇低效用地再开发激励机制。总结试点经验，探索建立允许存量土地使用权人在不违反法律法规、符合相关规划的前提下，按照有关规定经批准后对土地进行再开发政策。三是因地制

---

① 《贵州提高扶贫生态移民贫困户补助标准》，毕节市人民政府门户网站，http：//www.bijie.gov.cn/zxzx/bjyw/53343.shtml，2016年3月24日。

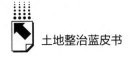
宜推进低丘缓坡地开发。在坚持最严格的耕地保护制度、确保生态安全、切实做好地质灾害防治的前提下，在资源环境承载力适宜地区开展低丘缓坡地开发试点。四是深入推进农村土地征收、集体经营性建设用地入市、宅基地制度改革试点，完善土地经营权和宅基地使用权流转机制。

参考文献

《关于加大改革创新力度加快农业现代化建设的若干意见》，2015 年 2 月。

《生态文明体制改革总体方案》，2015 年 9 月。

《深化农村改革综合性实施方案》，2015 年 11 月。

《关于打赢脱贫攻坚战的决定》（中发〔2015〕34 号）。

《国务院关于深入推进新型城镇化建设的若干意见》（国发〔2016〕8 号）。

《节约集约利用土地规定》（国土资源部令第 61 号）。

国土资源部规划司、国土资源部土地整治中心编著《打造城乡统筹发展新平台——城乡建设用地增减挂钩试点典型案例》，地质出版社，2013。

王世元主编《新型城镇化之土地制度改革路径》，中国大地出版社，2014。

B.9
推进土地复垦 共享生态文明

国土资源部土地整治中心土地复垦课题组*

摘　要：　我国土地复垦工作经历了自发、初步制度化、规范化、法制化的全进程，"十二五"期间，土地复垦工作完成了法制框架建设和制度体系完善，形成了以《土地复垦条例》为核心、以国家和行业标准为引导、以地方实践经验为支撑的良性、有利工作格局。2015年是"十二五"收官之年，本文总结了2015年开展的重点工作，并对"十二五"期间土地复垦情况进行了回顾和总结，结合当前土地管理制度改革方向，提出"十三五"期间土地复垦工作布局与行业发展形势的思考和建议。

关键词：　土地管理制度改革　工作布局　生态文明

一　土地复垦成为土地整治工作重要阵地

（一）土地复垦主要阶段任务和目标

《全国土地整治规划（2011～2015年）》提出土地复垦有关目标任务如下。

＊　课题组成员：周旭、范彦波、周妍、周际、张丽佳、陈元鹏。报告执笔：张丽佳，民商法学硕士，国土资源部土地整治中心工程师，主要研究方向为土地复垦与生态重建。

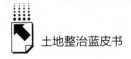

主要目标：土地复垦明显加快。推进损毁土地复垦，生产建设活动新损毁土地全面复垦，自然灾害损毁土地及时复垦，历史遗留损毁土地复垦率在35%以上，促进土地合理利用和生态环境改善。损毁土地补充耕地425万亩。

主要任务：以合理利用土地和改善生态环境为目的，加快土地复垦。加大历史遗留损毁土地的复垦力度，全面推进生产建设活动新损毁土地的复垦，及时复垦自然灾害损毁土地，努力做到"快还旧账、不欠新账"。完善土地复垦质量控制标准，加强土地复垦监测监管，推进土地生态环境整治，不断提高生态环境质量。

（二）2015年度土地复垦工作总体情况

2015年度，土地复垦各项工作完成了"十二五"时期的总结和收尾，本年度主要完成了"十二五"时期的土地复垦工作成效评估及土地复垦业务板块工作内容的延续。

1. 2015年度土地复垦工作进展

第一，开展《土地复垦条例》执行情况、土地复垦方案实施情况调研，为完善土地复垦制度奠定基础。第二，研究完善工矿废弃地复垦利用试点管理政策制度，形成并下发《历史遗留工矿废弃地复垦利用试点管理办法》（国土资规〔2015〕1号），开展宣贯准备工作，为工矿废弃地复垦利用工作在全国的开展奠定制度基础。第三，研究完善采矿用地方式改革试点有关制度建设及工作方法。在典型地区调研的基础上，探索制度完善路径。第四，完善土地复垦潜力测算方法研究，对"十二五"期间土地复垦工作情况进行全面评估与成效总结，分析了土地复垦形势和任务。

2. "十二五"期间土地复垦工作总体情况

土地复垦工作"旧账未还、新账又欠"的局面得到全面改善，从法律法规、制度政策、规划管理等方面为土地复垦工作的进一步推进搭建了良好平台，土地复垦工作取得显著成效。

（1）土地复垦法律制度框架基本形成。2011年《土地复垦条例》（国务院第 592 号令）（以下简称《条例》）的颁布实施成为土地复垦新的里程碑，《条例》将生产建设损毁土地、历史遗留损毁土地和自然灾害损毁土地的复垦要求分章阐述，对土地复垦方案编制、验收要求及有关激励措施和法律责任等都做了详细规定，为土地复垦工作的开展提供了着力点。《条例》在全面总结《土地复垦规定》实施成效的基础上，全面体现了多年来土地复垦方面有益的探索与实践，针对实践中的新情况、新问题，做了多方面的改革和创新，为完善土地复垦制度提供了重要法律保障。为切实做好《土地复垦条例》的贯彻实施工作，进一步规范土地复垦活动，加强土地复垦监管，2011 年 4 月，国土资源部下发了《关于贯彻实施土地复垦条例的通知》，推动《条例》在各地方贯彻落实。

2013 年 3 月《土地复垦条例实施办法》（国土资源部令第 56 号）颁布执行，《办法》进一步细化了《条例》相关规定，从土地复垦方案编制、土地复垦费用的预存和使用管理、历史遗留损毁土地界定、土地复垦验收、土地复垦激励措施和土地复垦监督管理等方面明确了土地复垦工作各环节的操作方向和方法。

（2）土地复垦标准化建设再上新台阶。2011 年 8 月《土地复垦方案编制规程》（TD/T1031. 1 – 2011）颁布实施，2013 年 1 月《土地复垦质量控制标准》（TD/T 1036 – 2013）颁布执行，2014 年 12 月《生产项目土地复垦验收规程》（TD/T 1044 – 2014）正式实施，《矿区土地复垦基础信息调查评价规程》已通过标委会审查。此外，《土地复垦方案编制要点》、《土地复垦方案审查要点》、《土地复垦费用监管协议》（示范文本）、《土地复垦承诺书》（示范文本）等一系列技术文件已完成制定并出台。目前，《矿山土地复垦工程建设标准》《土地复垦估算标准》《县域历史遗留废弃地复垦利用规划编制规程》等已完成初步制订，进入意见征求阶段。

（3）土地复垦信息化动态监管体系初步构建。从 2012 年起，国土资源部土地整治中心联合协作单位研发了"生产建设项目土地复垦信息报备系统"与"土地复垦日常监管平台"，通过对土地复垦工作的全面系统梳理及对系统的测试与不断修改完善，研发了"生产建设项目土地复垦监测监管

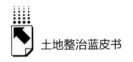
系统"。借《关于协助开展生产建设项目土地复垦监管系统应用测试的函》
（国土资耕函〔2014〕70 号）下发之机，在山西、云南等地开展系统测试
和数据填报工作，根据测试工作结果，进一步完善了系统，通过对系统运行
方式的研究论证，起草了《关于印发生产建设项目土地复垦监测监管系统
实施方案的通知》，完成了系统运行前的准备工作，强化了土地复垦信息化
管理，建立并完善了国家、地方和企业三级土地复垦动态监测体系。结合
"一张图"，建立健全日常监管制度，打造了土地复垦信息化管理基础平台。

目前，湖南、河南、辽宁、广西、江西等省（区）建立了土地复垦管
理台账制度，将省市县评审通过的土地复垦方案纳入统一的土地复垦管理信
息系统，通过系统可以动态掌握土地损毁、资金落实、实施进度等情况。

二 "十二五"期间土地复垦完成情况评估

（一）生产建设活动损毁土地复垦完成情况评估

1. 复垦义务人土地复垦完成情况评估

（1）土地复垦方案编制及计划复垦情况。《条例》规定生产建设活动损
毁土地按照"谁损毁、谁复垦"的原则，由生产建设单位或者个人负责复
垦，进一步规范了土地复垦方案编报与审查制度。《条例》规定土地复垦义
务人应当按照土地复垦标准和国务院国土资源主管部门的规定编制土地复垦
方案。

"十二五"期间，全面实现了生产建设活动新损毁土地的复垦方案编
制。并对方案编制时的生产工艺、土地复垦适宜性评价及土地复垦费用列入
生产成本总投资等做出严格要求。

根据土地复垦方案咨询论证管理系统数据统计，自 2007 年受国土资源
部委托开展论证工作至今，中心共受理 571 个土地复垦方案，方案共计划复
垦土地 97.48 万公顷（1462.2 万亩）。"十二五"期间，国土资源部受理并
审查的固体矿方案中计划复垦土地约 45 万公顷（675 万亩）。需要说明的

是，虽然土地复垦方案报审时间在"十二五"期间内，但是方案中损毁土地的开采和计划复垦时间不一，下一步工作中对于年度损毁及复垦土地情况有待厘清，进而推动土地复垦情况统计和有关测算工作的开展。

（2）土地复垦费用预存管理情况。土地复垦费用是否充足直接关系复垦义务人的履行能力，土地复垦费用预存管理制度为土地复垦义务人履行义务提供了基础和保障。但是，从各地反映及实地调研情况看，仅山东、云南省的部分地区探索并初步实施了该制度，土地复垦费用预存制度尚未全面开展，目前仍未形成行之有效的土地复垦工作抓手，因此，土地复垦义务人复垦实际情况难以掌握。

（3）矿山地质环境恢复治理保证金收缴情况。根据2015年召开的济宁市全国地质环境现场会数据，全国31个省（区、市）已全部出台并实施矿山地质环境恢复治理保证金制度。截至2014年12月，全国应缴保证金矿山数量99006座，已缴85893座，占应缴总数的86.76%；应缴总额1598.69亿元（含山西省保证金380亿元），已缴867.74亿元（含山西省保证金380亿元），占应缴总额的54.28%。采矿权人完成治理义务返还（使用）保证金约307.4亿元（含山西省保证金已使用250亿元），占已缴保证金35.4%。闭坑矿山未履行治理义务，留存在账户的政府可动用保证金总额为25.22亿元①。

从矿山地质环境恢复治理保证金收缴情况来看，依据保证金缴纳比例，矿山企业已缴纳保证金即判定落实复垦义务，则矿山开采新损毁土地复垦率可初步判定为86.76%。

综上所述，由于土地复垦监管体系尚不健全，对于土地复垦义务人履行复垦义务情况未能开展全面的监测监管，因此，对土地复垦义务人"十二五"期间复垦任务完成情况无法做出明确的判断。

2. 历史遗留损毁土地复垦完成情况评估

《条例》规定由于历史原因无法确定土地复垦义务人的生产建设活

---

① 数据来源：http：//www.ahgtt.gov.cn/news/show.jsp？row_id=2015070000012261。

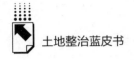

动损毁的土地（即历史遗留损毁土地），由县级以上人民政府负责组织复垦。

"十二五"期间，对历史遗留损毁土地复垦力度明显加大，在调查与潜力评价基础上，确定复垦重点区域，合理安排复垦土地的利用方向、规模和时序，组织实施土地复垦重大工程。县级以上人民政府在历史遗留损毁土地复垦工作中发挥重要作用，同时，完善了土地复垦激励政策，吸引社会投资复垦，并鼓励土地权利人自行复垦，取得良好实效。

（1）工矿废弃地复垦利用试点实施情况

2012年，国土资源部下发《关于开展工矿废弃地复垦利用试点工作的通知》（国土资发〔2012〕45号），部署开展历史遗留工矿废弃地复垦利用工作。截至目前，国土资源部共批准22个省开展工矿废弃地复垦利用试点工作，下达复垦利用规模合计7.15万公顷（106.7万亩）。根据"工矿废弃地复垦利用试点在线监管系统"，各省立项规模合计1.70万公顷（25.32万亩）；验收规模合计0.69万公顷（10.35万亩）；批准建新规模合计0.39万公顷（5.86万亩）[①]。

（2）矿山地质环境治理情况

2015年全国地质环境现场会在山东省济宁市召开。根据会议透露的资料推算，2010~2014年，全国矿山地质环境治理投入资金572.83亿元，已治理恢复损毁土地约51.45万公顷（771.75万亩），治理率为26.7%[②]。

（3）矿山复绿行动实施情况

2012年中国地质调查局部署开展矿山复绿行动。截至2014年底，全国投入资金146.5亿元，治理矿山3310座，总面积10.3万公顷（154.5万亩）。其中，地方财政资金投入治理2019座矿山，投入资金96.6亿元，利用保证金治理436座矿山，投入14.8亿元，利用企业自筹等资金治理855座矿山，投入35.1亿元[③]（见图1）。

---

① 数据来源："工矿废弃地复垦利用在线监管系统"。

② 数据来源：http://news.xinhuanet.com/politics/2015-07/06/c_127990929.htm。

③ 数据来源：http://news.xinhuanet.com/politics/2015-07/06/c_127990929.htm。

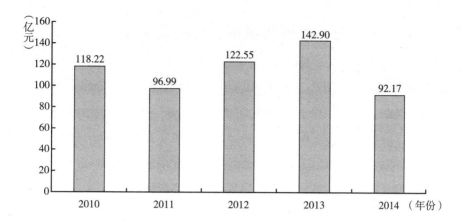

图1 2010~2014年全国投入矿山地质环境治理资金变化情况统计

（4）资源型城市土地整治项目

一些资源型城市实施的部分土地整治项目，尤其是采煤塌陷区土地综合整治，实际上开展了历史遗留损毁土地复垦工作，使得土地复垦与土地整治项目治理工作产生重合。具体情况需要根据"农村土地整治监测监管系统"进一步确定。

综上所述，"十二五"期间，我国复垦历史遗留损毁土地总面积约为62.44万公顷，即936.6万亩，共计投资约719.33亿元。上述统计数据未包括农村土地整治项目实际完成的历史遗留损毁土地复垦面积（"十一五"期间土地整治项目投资约113.9亿元，复垦土地总面积552.5万亩）。依此推算，基本完成了"十二五"计划中提出的历史遗留损毁土地复垦率达35%的目标任务。

（二）自然灾害损毁土地复垦完成情况

按照《条例》要求，自然灾害损毁土地复垦主体是地方政府，在我国，由县级人民政府组织进行自然灾害损毁土地的复垦工作，主要在土地整治项目中完成。

三 土地复垦形势分析及展望

2016 年是"十三五"工作的开局年,按照全面深化改革和推进依法治国的要求,在"创新、协调、绿色、开放、共享"的发展理念引领下,土地复垦工作应围绕生态文明建设、耕地保护与粮食安全、新型城镇化建设等国家战略,以补充耕地后备资源、盘活存量建设用地、改善矿区生态环境为出发点,完善新时期的战略布局,完成土地复垦新目标。

(一)土地复垦形势分析

1. 落实生态文明战略要求推进土地复垦工作

生态文明建设和国土资源的开发利用,必须坚持人与自然和谐共处的科学理念。土地复垦是将生产建设活动损毁土地修复与再利用的过程,能够破解经济社会发展、国土资源开发利用与土地资源保护的矛盾,切实保障和促进生态文明建设。

2. 全面深化改革要求推进土地复垦制度机制创新

按照以节约集约统领国土资源工作的要求,针对我国土地复垦与矿山地质环境恢复治理、绿色矿山、水土保持、环境修复、绿色矿业示范区、和谐矿区等相关工作存在交叉重叠的问题,迫切需要研究创新土地复垦制度机制,加强土地复垦理论与政策储备。

3. 全面推进依法治国要求加强土地复垦实施监管

"十二五"时期土地复垦法律制度与技术标准建设颇有成效,但落实情况不甚乐观。在"三期叠加"、实体经济下行的情况下,无论是生产建设单位还是地方政府,实施土地复垦的积极性都不高。"十三五"时期,全面依法落实土地复垦责任与义务的形势更加严峻,刻不容缓。

4. 供给侧结构性改革需要土地政策持续发力

在供给侧结构调整影响下,2016 年将进行大改革和大调整的再定位。

工矿生产造成的大量废弃土地在新时期新政策的引领下，将通过盘活与激励措施打开复垦工作的新局面。

（二）土地复垦工作展望

"十三五"土地复垦工作将持续推进。继续督促土地复垦义务人全面落实土地复垦义务，加大历史遗留损毁土地复垦力度，及时复垦自然灾害损毁土地，改善生态环境，提升复垦土地的利用价值和生态、经济、社会综合效益。

"十三五"期间将以改善生态环境、提升复垦土地的利用价值和生态、经济与社会效益为目标，持续推进土地复垦。建立完善土地复垦监督机制和约束机制，探索开展土地复垦遥感监测，建设土地复垦信息化监管平台，强化土地复垦义务人落实复垦监测监管。规范开展工矿废弃地复垦利用试点，实施土地复垦重大工程，加强与相关部门的规划、政策和资金统筹，强化复垦土地利用的权属管理，健全社会资金投入的激励措施，大力推进历史遗留损毁土地复垦。完善自然灾害损毁土地复垦管理制度，及时复垦自然灾害损毁土地。加强土地复垦技术标准研究与推广应用。

（三）实施保障措施

1. 加强部门协同机制建设与政策协调统筹

土地复垦涉及当地政府、国土、环保、水利、农业、林业、交通及社会保障等多个部门，各部门政策、关注点及工作方法、目标各异，相互间政策制度衔接不充分，甚至存在冲突。应探索建立政府主导、国土搭台、部门与企业协作、农民参与的组织方式。探索引导地方以改善生态环境为出发点，坚持因地制宜、综合治理和生态效益、经济效益、社会效益相统一，探索建立土地复垦与矿山环境恢复治理、绿色矿业发展示范区建设、工矿废弃地复垦利用试点、采矿用地方式改革试点、土地整治等统筹推进的工作机制，推进土地复垦激励机制研究，发挥政策组合效应。

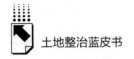

2. 建立完善的土地复垦实施监测监管制度

研究并示范应用土地复垦实施情况遥感监测技术，对工矿废弃地复垦利用试点、采矿用地方式改革试点和国土资源部审批的土地复垦方案等实施中的土地损毁、土地复垦有关指标进行解译分析，逐步形成土地复垦监测数据库；进一步研究完善并推动应用土地复垦有关信息系统，包括：土地复垦方案咨询论证管理系统、生产建设项目土地复垦在线监管系统、工矿废弃地复垦利用试点在线监管系统、采矿用地方式改革试点在线监管系统等；探索开展土地复垦成效评价。充分利用遥感监测、信息系统报备和数据统计结果，结合实地调研，研究构建土地复垦成效评估指标体系与方法，探索开展土地复垦成效评价工作，进而全面构建土地复垦监测监管技术体系。

3. 探索建立土地复垦资金保障体系

一是健全土地复垦费用管理制度，确保资金按时到位、合理使用、有效监管。加快落实土地复垦义务人土地复垦费用预存管理制度及矿山地质环境保证金等制度的执行，保障土地复垦工作顺利运行。二是按照加快推进生态文明建设总体要求，根据《国务院关于印发推进财政资金统筹使用方案的通知》（国发〔2015〕35号）等政策规定，创新涉农资金管理使用机制，推进涉农资金优化整合，统筹涉农、涉矿重大工程建设，推进部门资金的协调统筹使用。三是吸引社会投资。倡导开展PPP公私合作模式，建立激励机制，鼓励私营企业、民营资本与政府合作，参与土地复垦工作中。

4. 强化土地复垦队伍建设与技术支撑

一是加强有关的政策技术培训，不断提升土地复垦队伍素质，推进土地复垦专门人员配备、专门机构建设，形成中央地方上下联动机制。二是深化土地复垦技术标准研究。完善土地复垦技术标准体系构建，探索成立土地复垦先进技术推广的专门机构，建立土地复垦先进技术推广平台，实施搜集、总结、宣传土地复垦先进技术，深化土地复垦技术集成与推广。

参考文献

罗明、白中科、刘喜韬等：《土地复垦潜力调查评价研究》，中国农业科学技术出版社，2012。

吴海洋、刘仁芙、罗明等：《土地复垦方案编制实务》，中国大地出版社，2012。

胡振琪：《关于土地复垦若干基本问题的探讨》，《煤炭环境保护》1997 年第 11（2）期。

郧文聚、范金梅：《中国资源枯竭型城市土地复垦研究》，《中国发展》2012 年第 12（5）期。

张弘、白中科、王金满等：《矿山土地复垦公众参与内在机制及其利益相关者分析》，《中国土地科学》2013 年第 8 期。

王海萍、师学义、唐臣燕等：《矿区土地复垦规划中的利益主体分析》，《矿业研究与开发》2013 年第 3 期。

周旭、周妍：《生态文明背景下的土地复垦》，《中国土地》2013 年第 7 期。

王敬、肖文、苗慧玲：《浅析矿区土地复垦资金保障制度》，《中国土地》2013 年第 6 期。

胡振琪、赵艳玲、苗慧玲等：《2012 年土地科学研究重点进展评述 2013 年展望》，《中国土地科学》2013 年第 3 期。

胡振琪、余洋、付艳华：《2014 年土地科学研究重点进展评述及 2015 年展望——土地整治分报告》，《中国土地科学》2015 年第 3 期。

贺振伟、白中科、张继栋等：《中国土地复垦监管现状与阶段性特征》，《中国土地科学》2012 年第 7 期。

周伟、曹银贵、白中科等：《煤炭矿区土地复垦监测指标探讨》，《中国土地科学》2012 年第 11 期。

周妍、白中科、罗明等：《中国土地复垦监管体系问题与对策》，《中国土地科学》2014 年第 2 期。

B.10
耕地质量等别年度更新评价实践

陈桂珅*

摘　要：　本文全面总结了耕地质量等别年度更新评价工作的技术思路、开展情况和取得的成果，介绍了耕地质量等别成果的应用进展，即在重点城市周边永久基本农田划定中得到全面应用、耕地质量等别情况纳入国土资源统计报表制度、在自然资源资产负债表编制试点工作中得到应用。

关键词：　耕地质量等别　年度更新　评价

根据《国土资源部办公厅关于印发〈耕地质量等别调查评价与监测工作方案〉的通知》（国土资厅发〔2012〕60 号）的要求，2014 年，国土资源部首次在全国层面部署开展了耕地质量等别年度更新评价工作。2015 年 12 月，首次形成了全国耕地质量等别年度更新评价成果。

一　耕地质量等别年度更新评价工作的总体情况

（一）年度更新评价的技术思路

1. 工作目标

开展耕地质量等别年度更新评价工作，可以全面掌握年度内耕地现状变

---

* 陈桂珅，土壤学硕士，国土资源部土地整治中心高级工程师，主要研究方向为耕地质量评价、耕地保护政策。

化及耕地质量建设引起的耕地质量等别变化情况，保持耕地质量等别数据的现势性，逐步建立土地数量、质量、权属统一调查、统计和登记制度，实现土地资源信息的社会化服务，满足经济社会发展及国土资源数量质量并重管理的需要。

2. 工作任务

在耕地质量等别调查评价工作的基础上，按照《农用地质量分等规程》（GB/T 28407-2012）规定的技术方法，依据年度土地变更调查和土地整治项目评价，对年度内耕地增减变化（建设占用、灾害损毁、农业结构调整、生态退耕、补充开发）及耕地质量建设（土地整治、农业综合开发、农田水利建设等）等引起的耕地质量等别变化，进行耕地质量等别年度更新评价，生成耕地质量等别年度更新评价数据包，更新耕地质量等别数据库，并形成耕地质量等别年度更新评价分析报告。

3. 技术思路

耕地质量等别年度更新评价坚持"评价方法不变、基本参数稳定、适当补充调查"原则，以2013年度土地利用变更调查数据、耕地质量等别补充完善成果为基础，采用叠加法，获取增加、减少耕地相关信息。

将2010/2011年度分等单元图层与2013年度耕地图层叠加，获取增加、减少耕地图斑的面积、分布信息，对因耕地补充开发新增的耕地进行等别评价，对因占、毁、调、退减少的耕地进行核减。将2010/2011~2013年，土地整治、农业综合开发、农田水利建设等项目区边界，与2013年度耕地图层叠加，获取质量建设图斑的面积、分布信息，并进行耕地质量等别评价。

在此基础上，按照相关要求生成耕地质量等别年度更新评价数据包，更新耕地质量等别数据库，形成2013年度耕地质量等别评定成果。全面掌握2010/2011~2013年耕地质量等别的变化情况，及2013年底全国耕地质量等别的总体情况。

（二）耕地质量等别年度更新评价工作的开展情况

耕地质量等别年度更新评价工作采取国家统一部署、分县开展、省级和

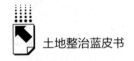

国家级逐级汇总的组织模式。国家层面行政负责为国土资源部土地利用司，技术承担单位为整治中心，负责统一技术要求，组织成果核查和验收，开展国家级汇总；省级层面组织分县开展年度更新评价工作，对县级成果进行核查，开展省级汇总；县级层面开展补充调查与等别评定，生成年度更新评价数据包，更新耕地质量等别数据库。年度更新评价工作大致分以下几个阶段。

1. 国家统一部署

2014年3月，国土资源部办公厅下发《关于部署开展2014年全国耕地质量等别调查评价与监测工作的通知》（国土资厅发〔2014〕8号），要求31个省、区、市（含新疆生产建设兵团），全面开展耕地质量等别年度更新评价工作。按照《耕地质量等别调查评定与监测工作方案》及部署文件的要求，整治中心编制下发了《耕地质量等别年度更新评价技术手册》，对开展该项工作的目的、任务、技术方法、程序、成果内容要求等进行了明确。

2. 分县开展年度更新评价

各县在收集耕地质量等别补充完善成果、土地变更调查成果、耕地质量建设项目成果的基础上，按照统一的技术要求，开展补充调查和新增耕地、质量建设耕地的等别评定，生成年度更新评价数据包和耕地质量等别数据库。县级工作是年度更新评价工作的主体，其成果是构成全国年度更新评价数据库、耕地质量等别数据库的基础。

3. 县级成果自查

县级成果的质量关系全国评价结果的准确性，以及全国数据库的质量，因此至关重要。县级成果完成后，自行组织开展自查。一方面，利用国土资源部提供的"耕地质量等别数据检查系统""耕地质量等别复核系统"，对成果的完整性，数据的规范性、一致性、合理性进行检查；另一方面，地方利用自行开发的软件、人机互动、人工检查等方式，对评价结果的准确性、数据的规范性等进行检查，使县级成果达到成果要求。

4. 开展省级汇总

省级技术承担单位检查接收县级成果后，开展省级成果的汇总，形成省级耕地质量等别年度更新评价的统计结果，并形成分析报告，揭示耕地质量等别的变化状况。

5. 组织县级、省级成果核查

县级、省级成果提交后，整治中心利用"耕地质量等别数据检查系统""耕地质量等别复核系统"，从成果的完整性、规范性、一致性和合理性方面，组织开展全面核查。核查中发现的问题，限期整改后重新提交。

6. 开展国家级汇总

由国土资源部土地利用司和整治中心组织，对全国 31 个省、区、市（含新疆生产建设兵团）耕地质量等别年度更新评价成果进行验收。验收后，整治中心组织开展汇总建库工作。主要是两方面工作：一是汇总省级评价结果数据，形成耕地质量等别评定年度报告；二是对县级耕地质量等别数据、年度更新评价数据进行规范化处理后入库。

二 年度更新评价取得的成果

（一）成果内容丰富

2014 年耕地质量等别年度更新评价工作，形成了县级、省级、国家级三个层次的成果。一是县级成果，包括 2733 个有耕地县的以 1∶1 万比例尺为主的耕地质量等别数据库、年度更新评价数据包，以及分析报告、图件和表册成果；二是省级成果，包括 31 个省、区、市耕地质量等别年度更新评价分析报告和表册成果；三是国家级成果，包括全国耕地质量等别年度报告，以及耕地质量等别数据库、年度更新评价数据库。

（二）成果时点统一

31 个省、区、市（含新疆生产建设兵团）全部以 2013 年度土地变更调查数据为基础，开展耕地质量等别年度更新评价工作，首次形成了全国统一时点的耕地质量等别成果。比例尺精度与土地变更调查一致，以 1∶1 万为

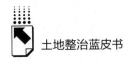

主，北京、天津、上海、江苏达到 1∶5000。全国县级评价单元 6020 万
余个。

（三）成果质量有保证

为确保成果质量，2014 年耕地质量等别年度更新评价工作从三方面提出
具体措施：一是统一技术要求和标准。编制了《耕地质量等别年度更新评价
技术手册》，统一技术思路和要求。修订《农用地质量数据库标准》，明确成
果的规范性要求。二是改进技术手段，提高成果质量。研发"耕地质量等别
数据检查系统""耕地质量等别复核系统"，提高了县级、省级成果的检查效
率和质量。三是加大国家级成果核查的力度。国土资源部对县级、省级成果
进行了逐省、逐县核查，不仅通过系统进行检查，还对系统检查出的疑问图
斑，进行了人工复核。这些工作措施，有力地保障了成果质量。

三 耕地质量等别成果的应用取得实质性进展

（一）等别成果在重点城市周边永久基本农田划定中得到全面应用

基本农田是耕地的精华，是粮食生产的核心产能。守住耕地红线和基本
农田红线，是农业发展和农业现代化建设的根基和命脉，是国家粮食安全的
基石。严格划定、特殊保护永久基本农田，可以强化城市发展的边界约束，
促进新型城镇化健康发展。2015 年，国土资源部、农业部共同发文，部署
全国 106 个重点城市周边永久基本农田划定工作。要求各地对上述两部门以
2012 年土地变更调查成果、经批准的土地利用总体规划成果、全国耕地质
量等别评定等成果为基础，进行分析评估提出的 106 个重点城市周边永久基
本农田划定的初步任务开展调查摸底、核实举证，确保城市周边优质耕地、
已建成的高标准农田全部纳入永久基本农田划定任务。在重点城市周边永久
基本农田初步任务下达、各地核实补划举证、划定任务论证审核的各阶段，
都应用了耕地质量等别评定成果，为基本农田质量不降低提供了数据支撑。

（二）耕地质量等别情况纳入国土资源统计报表制度

2015年，国土资源部对现行的《国土资源统计报表制度》进行了修订，将"耕地质量等别情况表"纳入其中，进一步完善了国土资源统计指标体系。"耕地质量等别情况表"以《农用地质量分等规程》（GB/T28407 – 2012）为依据，在耕地质量等别调查与评价工作基础上，结合2014年发布的《全国耕地质量等别调查与评定成果》进行编制设计。"耕地质量等别情况表"纳入《国土资源统计报表制度》，为摸清我国耕地资源"家底"、及时掌握耕地质量变动情况提供了更加全面、准确的数据信息。

（三）等别成果在自然资源资产负债表编制试点工作中得到应用

2015年，国家统计局在北京市怀柔区、天津市蓟县、河北省、内蒙古自治区呼伦贝尔市、浙江省湖州市、湖南省娄底市、贵州省赤水市、陕西省延安市部署开展了自然资源资产负债表编制试点工作。"耕地质量等别及变动表"纳入由国家统计局、国家发展和改革委员会、财政部、国土资源部、环境保护部、水利部、农业部、国家林业局等8个部委联合印发的《自然资源资产负债表试编制度（编制指南）》（国统字〔2015〕116号），统计区域每年各等别耕地的面积及变化量，并测算平均质量等别。

参考文献

国土资源部：《国土资源部办公厅关于印发〈耕地质量等别调查评价与监测工作方案〉的通知》（国土资厅发〔2012〕60号），2012。

国土资源部、农业部：《国土资源部办公厅农业部办公厅关于切实做好106个重点城市周边永久基本农田划定工作有关事项的通知》（国土资厅发〔2015〕14号），2015。

战略研究篇

Strategic Research

B.11

中国土地整治转型发展战略导向研究

严金明　夏方舟*

摘　要： 土地整治面临着新的转型背景和发展需求，本文针对当前相
关部门认知偏于狭隘、定位整体偏低、理念创新不足、协调
统筹有限、模式趋于同化、社会参与缺乏等问题，界定了土
地整治本质为"对人地关系的再调适"，分析其功能为"满
足人的'三生'提升诉求"，并进一步提出促进土地整治实
现转型发展的"十大战略导向"。

关键词： 土地整治　本质功能　战略导向　转型发展

---

* 严金明，中国人民大学公共管理学院副院长、教授、博士生导师，主要研究方向为土地利用
管理与城乡规划；夏方舟，博士，主要研究方向为城乡规划与土地整治。

引　言

我国现代意义上的土地整治根据社会经济发展情况不断进行调整和完善。从 1997 年《中共中央、国务院关于进一步加强土地管理切实保护耕地的通知》（中发〔1997〕11 号）首次从中央政策层面要求"积极推进土地整理"，到 1999 年修订的《土地管理法》在法律层面首次明确提出"国家鼓励土地整理"；从 2004 年《国务院关于深化改革严格土地管理的决定》（国发〔2004〕28 号）进一步鼓励农村建设用地整理，到 2008 年党的十七届三中全会决定大规模实施土地整治；从"十二五"《全国土地整治规划（2011~2015 年)》的实施，到"十三五"《全国整治规划（2016~2020年)》的编制，土地整治在范畴、目标、内涵和方式等各个方面都在不断创新和发展。

近年来，我国社会经济形势发生了重大变化，正处于增长速度换挡期、结构调整阵痛期、前期刺激政策消化期和外需向内需转化期的"四期叠加"阶段，面临诸多矛盾叠加、风险隐患增多的严峻挑战，但仍处于可以大有作为的重要战略机遇期。在此形势下，土地整治亟须立足国家战略发展的宏观背景，针对土地整治出现的突出问题，分析土地整治本质和功能的根本认知，进而开展土地整治转型发展战略导向研究。

一　中国土地整治战略转型背景

（一）经济新常态

近年来，随着国内外宏观经济形势发生重大变化，支撑中国经济高速发展的强大外需萎缩疲弱，国内传统人口红利的比较优势逐步减弱，资源环境限制影响不断提升，表明中国经济正在向形态更高级、分工更复杂、结构更合理的阶段演化，中国的 GDP 增速告别过去 30 多年平均 10% 左右的增长速度，从 2012 年起开始回落，2013 年、2014 年、2015 年增速分别为 7.7%、7.3%、6.9%，面临经济增长动力与经济下行压力并存的局面，意味着经济发展进入"新常态"：在速度上从高速转为中高速增长，在结构上不断优化产业升级，在动力上从要素驱动、投资驱动转向创新驱动，在管理上简政放权、进一步释放市场活力。

（二）生态文明新要求

党的十八大从新的历史起点出发，做出"大力推进生态文明建设，建设美丽中国"的战略决策。当前我国资源环境承载能力已经达到或接近上限，环境污染、水土流失、土壤退化、景观破坏等问题日益突出：全国 202 个地级及以上城市 45.4% 的地下水污染较严重、16.1% 污染极严重，现有土壤侵蚀总面积 294.91 万平方公里，耕地土壤点位超标率为 19.4%[1]，中度以上生态脆弱区域占全国陆地国土空间的 55%[2]，约 60% 村庄乡村景观风光一般或差，约 80% 的村庄街道和田间道路绿化不足、沟路林渠破损严重[3]，人文景观和自然景观构成类型单一、格局混乱、覆被稀松，缺乏特色和空间层次感，人居舒适感下降。2015 年 9 月，中共中央、国务院印发了《生态文明体制改革总体方案》，要求进一步树立"绿水青山就是金山银山""空间均衡""山水林田湖"生命共同体等理念，构建起由自然资源资产产权制度、国土空间开发保护制度、空间规划体系、资源总量管理和全面节约制度、资源有偿使用和生态补偿制度、环境治理体系、环境治理和生态保护市场体系、生态文明绩效评价考核和责任追究制度等八项制度构成的生态文明制度体系，推进生态文明领域国家治理体系和治理能力现代化，努力走向社会主义生态文明新时代。

---

[1] 环境保护部：《2014 年中国环境状况公报》，2015。

[2] 《国务院关于印发全国主体功能区规划的通知》（国发〔2010〕46 号），http://www.gov.cn/zwgk/2011–06/08/content_1879180.htm，2015 年 12 月 30 日。

[3] 郧文聚、宇振荣：《中国农村土地整治生态景观建设策略》，《农业工程学报》2011 年第 4 期。

（三）新型城镇化建设

自改革开放以来，我国的城镇化水平从 1978 年的 17.92% 激增到 2014 年的 54.77%，在中国庞大的人口基数下依然实现了平均每年递增 1.02 个百分点的高速城镇化进程。然而随着城镇化率的迅速提高，农民工人数也在逐年激增，从 2008 年的 2.25 亿增长到 2014 年的 2.74 亿，占全国总人口的 20.03%，去除农民工城镇化率仅为 34.74%，伪城镇化问题突出。同时我国城镇化发展过程中资源利用方式较为粗放，单位 GDP 能耗和地耗远高于发达国家，水资源产出率仅为世界平均水平的 60% 左右，处于低效利用状态的城镇工矿建设用地约 5000 平方公里，占全国城市建成区的 11%，土地城镇化速度高于人口城镇化速度。亟须进一步以人为核心，以解决三个 1 亿人问题为着力点，促进 1 亿农业转移人口和其他常住人口在城镇有序稳妥落户，改造 1 亿人居住的城镇棚户区和城中村，引导 1 亿人在中西部地区就近城镇化，稳步提升城镇化水平和质量，优化城镇化布局，转向精细化高质量的新型城镇化发展模式，真正破除城乡二元结构，实现城乡一体化健康发展。

（四）新农村建设

建设"生产发展、生活宽裕、乡风文明、村容整洁、管理民主"新农村，是构建和谐社会、解决"三农问题"的必然要求，也是统筹城乡发展、实现共同富裕的根本途径。当前我国农业生产问题随着国内外环境条件变化和长期粗放式经营积累的深层次矛盾逐步显现，"十二连增"的背后暴露出粮食增产潜力不断下降的现状，由于耕地面积减少、质量偏低等生产条件的限制，再加上农村人口比例的不断减少，粮食需求刚性增长，中国未来粮食供需平衡压力依然较为突出。同时，我国农地经营规模总体上呈现"小、散、碎"特征，农业组织化、市场化程度偏低，农业科技整体实力不强，导致国内粮食生产成本偏高、价格优势消失、生产效益下降，农民积极性下降；当前农村基本公共服务如医疗、教育、科技仍然存在极大不足，缺乏整体统一规划、人才供给也相对不足，无法解决留守老人、妇女和儿童的突出

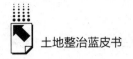

问题，传统乡土文化正日益萎缩和消失，乡土文化在传承中出现断层，农民精神生活匮乏，亟须针对农民和农村的多元诉求，促进水、电、路、暖、气等基础设施和住房人居环境改善，健全农村基本公共服务、关爱农村"三留守"群体、留住乡土文化和建设农村精神文明，推动"物的新农村"和"人的新农村"建设齐头并进。

（五）全面建设小康社会新目标

作为"两个一百年"奋斗目标的第一个百年奋斗目标，2020年全面建成小康社会必须针对发展不平衡、不协调、不可持续问题，在坚持人民主体地位、科学发展、深化改革、依法治国、统筹国内国际两个大局的原则下，牢固树立创新、协调、绿色、开放、共享的发展理念，在已经确定的全面建成小康社会目标要求的基础上，努力实现经济保持中高速增长、人民生活水平和质量普遍提高、国民素质和社会文明程度显著提高、生态环境质量总体改善和各方面制度更加成熟更加定型等新的目标要求。

二 中国土地整治现状问题分析

（一）土地整治认知偏于狭隘

我国开展真正现代意义上的大规模土地整治仅仅不到20年时间，对于土地整治本质和功能的基本认知依然不尽准确，学界大多认为土地整治是实施性的工程、技术或者任务，并未认识到土地整治的本质和功能是对人地关系的再调节，是对低效、空闲和不合理利用的城乡土地进行综合治理，是对提高土地利用率和产出率的各类土地整理、开发、复垦、修复等活动的统称，因而也影响了对土地整治整体定位、创新理念、目标模式和实施路径等核心要素的根本认知，导致在整治过程中盲目性、功利性、过度工具化和行为短期化等问题带来的负面影响较为突出，影响了土地整治的整体效率和效益。

（二）土地整治定位整体偏低

当前土地整治的定位仍囿于土地本身，多关注"战术层面"而非"战略层面"，未能"跳出土地谈土地，跳出整治谈整治"，多强调土地整治在耕地保护和新农村建设中的作用，并未认识到土地整治不仅可以作为改善生态环境质量、提高人民生活水平的关键措施，更是加强政府治理实践、助力推进精准扶贫的重要手段。此外，土地整治工程仅仅就整治谈整治，地位远不及高铁、水利等重大基础设施工程，未被视作拉动内需的强大引擎、完成全面建成小康社会新目标的坚实保障。因此，土地整治整体定位和功能被相应低估，亟须重新从更高层次上定位土地整治。

（三）土地整治理念创新不足

当前我国仍然将土地整治作为增加耕地和城市建设用地面积的主要手段，多针对"用地不足"问题而非"用地不当"的问题，以"数量"作为核心理念，"重数量、轻质量；重面积、轻效益；重耕地、轻农民"，未能以人为核心，统筹兼顾对被整治土地相关权利人的多元需求，未将土地整治看作挖掘结构潜力、优化空间布局、提升利用效率，协调促进土地"合理利用"的核心抓手，未能融合创新、协调、绿色、开放、共享等"十三五"核心发展理念，难以体现土地整治的质量创新性、"三生"协调性、绿色生态性、开放国际性和人文共享性，距离进入以提高生产质量、生活品质和生态环境为主要导向的可持续土地整治新阶段仍然任重道远。

（四）土地整治目标过于单一

在"保发展、保红线"方针的指导下，为了实现耕地总量动态平衡，我国当前土地整治仍以增加耕地为首要任务，多偏重于农用地整治，重点关注耕地的调整、地块的规整和耕地改造等方面的内容，对"水、路、林、村、城"等对象的综合整治相对不足，忽视了对"山水林田湖"生命共同体的生态保护。事实上，长期以来我国土地集约节约利用水平较低，生产、

生活和生态的"三生"空间利用无序、布局散乱，生产用地空置闲置、管理失效等问题较为严重，人居生活环境质量偏低、基础设施不尽完善，生态环境污染严重、生物多样性减少，城镇、村落、农田、道路、河流水系、森林等景观要素之间的功能联系遭到破坏，亟须拓展土地整治的核心对象与目标，统筹城乡土地利用结构，改善"三生"空间布局。

（五）土地整治协调统筹有限

目前，土地整治实践主体往往局限于具体部门，整治客体通常依托于固定整治项目，"头痛医头、脚痛医脚"，缺乏全域化、综合化、系统化的前瞻规划和设计，各部门各自为政的问题也较为突出，缺乏国土、农林、水利等部门的配合协调统筹，资金使用分散和投入交叉重复现象比较普遍，导致各个整治项目难以实现彼此时空和功能上的联结衔接。在区域上，与"京津冀"一体化等区域发展战略协调力度相对不足，与"一路一带"等国际发展战略协同开放程度较低，距离全面实现土地整治工程"融进去""走出去"的发展目标仍然存在较大差距。

（六）土地整治模式趋于同化

在土地整治的过程中，不少地方未能充分尊重自然规律，而追求高品质设计，导致田间的路、沟、渠大量铺筑水泥，农田整治呈现混凝土化；部分历史久远、极具地方特色、蕴含文化遗产性质的自然风貌和建筑民居未能根据其自然禀赋和历史文化，进行分类整治、充分保护，导致乡土文化遭到破坏，自然景观趋向同质化，一些地方原有的青山绿水、民俗民风和生活形态未能得到保留，出现了"千镇一面""千村一面"等问题。因此，土地整治亟须针对田、村、镇等被整治区域的独有乡土元素，全面保护地方乡土特色、文化气息和人文特征。

（七）土地整治社会参与缺乏

我国土地整治往往是由政府"自上而下"确立的项目，缺乏民众自发

"自下而上"的主动整治,是政府意志的体现而非农民主体的需求,也因此容易导致整治中公众参与的程度较低,许多整治区域中的农户对整治目的、方向、权属调整方案等都缺乏了解,土地整治权属调整和利益分配的公平性仍显不足,难以体现"以人为本"的核心价值;同时就当前而言,我国土地整治项目只有非常少的资金来源于企业或个人,绝大多数来源于政府财政投入,而土地整治作为一项资金占用量大、投资回收期长的项目,从长远看,只依赖有限的财政资金仍然远远不够,亟须寻找有效完备、可供推广的资金筹集方式。

三　中国土地整治本质和功能的再认知

在新形势下要实现土地整治转型发展,最核心、最基础的任务首先是准确认识土地整治的真正本质和关键功能,进而才能针对现存问题,对土地整治的定位、理念、阶段、核心、目标、对象、范畴、模式、路径和资金等要素进行转型分析,相应提出土地整治转型的关键战略导向。当前关于土地整治的规划、潜力、模式、效益等方面的研究关注较多,而关于土地整治本质的研究极为匮乏,且在实践中多将土地整治看作一项管理性、强制性、实施性的工程、技术或是任务,将其功能狭隘地看作增加耕地或城市建设用地面积,目标仅在于保障粮食生产和土地财政收益,使得土地整治被认为是少数人群获益而非社会整体受益,从而导致群众整治动机不强、满意度较低。实际上,土地整治的本质是"对人地关系的再调适":是以提高土地利用效率和效益、保障国土资源永续利用、改善生态景观环境为主要目的,利用土地整理、土地开发、土地复垦、土地修复等一系列手段,通过"田水路林村城"土地综合整治提升人类生活和生产条件,通过"山水林田湖"国土空间整治保护人类生态空间,最终促进人与自然可持续协调发展的活动。

在人地协调的本质认知下,土地整治的功能也超越了单纯扩大耕地面积、提升耕地质量的意义,而更注重满足人们的核心需求。因此,土地整治的功能应是"三满足":以人的切实需求出发,合理调整国土"生产、生活、生态"空间结构和布局，满足人们的生产发展诉求，满足人们的生活提升诉求，满足人们的生态保护诉求。应当指出的是，在不同的土地整治发展阶段，其功能的侧重点也应有所不同。比如日本1945～1964年土地整治主要侧重于生产发展功能，通过农地改革（1946～1949年）、《农地法》（1952年）、《农业基本法》（1961年）等一系列政策手段促进农业发展和粮食增产；1965～1984年，日本则通过《山村振兴法》（1965年）、《新都市计划法》（1968年）和《过疏地域振兴特别措置法》（1980年）侧重于推动土地整治的生活提升功能，整治建设生活环境，满足居住生活需求；而1985年至今，日本土地整治则全面侧重于景观生态的永续发展功能，通过《集落地域整备法》（1987年）、《食料·农业·农村基本法》（1999年）和《景观法》（2004年）的出台，充分保护生态环境，推动人与自然协调发展。相较于日本，我国地域更为辽阔、各地自然禀赋和经济社会发展情况也各不相同，因此土地整治也应因时制宜、因地制宜，根据不同区域的不同阶段有的放矢地进行功能选择。

四　中国土地整治转型"十大战略导向"

（一）土地整治的定位要从"土地本身"到"高位统筹"

土地整治应总体定位为统筹城乡发展的重要抓手，推进新型城镇化和新农村建设的核心平台，实现生态文明的建设路径，提升民生福祉的发展动力，加强政府治理的突破窗口，保障社会经济可持续发展的政策工具。"十三五"时期，土地整治还可具体定位为拉动内需的强大引擎，落实空间规划"多规合一"的实施单元，助力精准扶贫的重要手段，服务全面建设小康社会新目标的切实保障。

（二）土地整治的理念要从"注重数量"到"四位一体"

土地整治转型理念应融合创新、协调、绿色、开放和共享理念，树立"数量、质量、生态、人文"的四位一体土地整治理念，以理论、制度和科技等创新为土地整治内在动力，以促进城乡协调、区域协调、"三生"协调为土地整治关键目标，以环境污染治理与景观生态质量提升为土地整治核心导向，以改善民生条件、实施精准扶贫和维护乡土文化为土地整治根本核心，以统筹保障"一带一路"等国际国内重大战略的落地实施为土地整治重要任务。

（三）土地整治的核心要从"以地为本"到"以人为本"

坚持以人为本，就是要从人民群众的根本利益出发谋发展、促发展，不断满足人民群众日益增长的物质文化需要，切实保障人民群众的经济、政治和文化权益，让发展的成果惠及全体人民。因此，土地整治应以明晰整治土地的产权界定为基础，维护整治涉及利益相关者的根本利益，在思想层面激发公民意识与公民本位的价值认同和主观意愿，在制度层面健全全维度公众参与的具体制度，在技术层面实施信息公开与交流回馈制度，在经济层面以提升人民收入水平、改善人民福祉为根本出发点，在社会层面突出体现乡风文明和特色人文情怀，保证整治过程公平、公正、公开，提升整治过程的公众满意度。

（四）土地整治的阶段要从"粮食生产"到"永续发展"

土地整治转型发展要以"永续发展"为发展导向，以生态、景观服务及休闲游憩功能为重点，提升土地整治环境污染治理能力，加强"山水林田湖"生命共同体的整体修复，构建以"山为骨、水为脉、林为表、田为魂、湖为心"的国土生态安全体系，并依托现有山水脉络等独特风光加强景观建设，增大农田、林地、绿化等生态用地空间占比，改善人居环境、建成都市生态屏障，协调资源的永续利用、经济的持续发展和社会的全面进步，让居民"望得见山、看得见水"，安居乐业、幸福美满。因此，通过开展永续发展型土地整治，使大地呈现欣欣向荣的生态世界和可持续利用的壮丽美景。

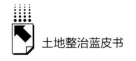

（五）土地整治的目标要从"保护耕地"到"优化三生"

土地整治转型发展要以"三生空间"为承载，兼顾保障粮食供给安全、城市发展安全、生态环境安全，通过在空间划定"耕地保护红线"作为"生产线"，划定"城市发展边界"作为"生活线"，划定"生态保护红线"作为"生态线"，实现在生产上进一步严格保护耕地，提升耕地质量，适度推进农业规模化经营；在生活上进一步优化空间形态与建设用地结构，提升土地利用效率，促进城乡生活"人物"并进；在生态上要破解城乡生态空间萎缩、污染问题突出与景观破碎化的问题，通过建设绿色基础设施，强化生态化土地整治技术的应用，最终实现整个区域生态、生产和生活的同步重构。

（六）土地整治的对象要从"单项推进"到"要素综合"

土地整治的对象不应禁锢于耕地、集体建设用地等单个要素，要实现"山、水、田、路、林、村、城"七要素综合整治，即在整治区域中综合国土、农委、林业、水利、环保等各个部门合力，同步推进山体、水体、农田、道路、森林和城乡居民点、工矿用地等多种类型的整治，实现生产集约、生活提质、生态改善的"三生"目标。

（七）土地整治的范畴要从"项目承载"到"全域协同"

土地整治转型发展要转变以具体单个项目为整治范畴的固化思维，转向全域规划、全域设计和全域整治。根据地区间的区域差异、相互关联，围绕充分发挥各地区的比较优势、促进区域间合理的分工与协作等目标，统筹各区域的土地利用发展，防止重复建设、产业结构趋同，促进区域经济、产业、人口发展与土地利用相协调。在更宏观层面上，树立国际化发展理念，土地整治通过分区域、分类别差别化重点整治，致力于保障"一带一路""京津冀""长江经济带"等国家战略顺利实施，促进土地资源在都市圈、城市群和一体化区域的结构优化和空间协同化布局。

（八）土地整治的模式要从"同质同化"到"差别整治"

土地整治的模式设计要摆脱千篇一律、城乡雷同的同质化趋势，必须转向差别化保护城乡景观特色和传承乡土文明。数千年的农耕文明使得中国的乡土文化源远流长，很大意义上代表了中华民族得以繁衍发展的精神寄托和智慧结晶，然而相对弱势的乡土文明在高速工业化和城镇化的浪潮中极易被摧毁和遗忘。因此，土地整治中应高度重视保护历史沿革、民俗风情、古建遗存、村规民约、家族族谱、传统技艺、古树名木等诸多方面的乡土文化，大力鼓励土地整治以保护乡土文明为前提，创新性构建独特模式，构建具有地域特征的自然风貌、建筑民居和传统文化，留住以土地为载体的"乡愁"。

（九）土地整治的路径要从"自上而下"到"上下结合"

土地整治的实施路径要从当前政府主导、指标分解的"自上而下"模式向群众自愿、政府引导的"上下结合"模式转变。在土地整治中应充分考虑被整治对象主客观状况的匹配程度，以市场需求为现实基础，以群众意愿为内在动力，以政府政策为外部引力，融合政府推动、市场配置、群众构想三方面内容，实现"上下结合"综合治理路径，充分保障被整治对象主体地位、实施动力与权益权利，促进土地整治实施绩效最优化。

（十）土地整治的资金要从"财政负担"到"多元共投"

目前由政府财政作为土地整治资金的主要来源显然不可持续，在新时期土地整治应探索由政府、企业、个人等多元主体形成的外包式、股份式、私营式等不同结构的 PPP（Public-Private Partnership）资金支撑模式。在此模式下，政府和私人部门（企业或个人）可以依据项目特征、资金现状和发展预期设计融资方案，可以由政府全额出资企业承包部分工程（外包式），也可以制定各方资金比例和分配预期收益（股份式），或者由私人部门全额负责（私营式），从多种渠道满足土地整治资金需求，从而多元共投，保障整治工作持续有序地推进。

五 结论与建议

国内外宏观经济形势的重大变化、我国不断发展的经济社会转型需求和逐步深入的全面改革预期将为土地整治带来更多的机遇和挑战，亟须未雨绸缪、与时俱进地进行土地整治转型发展探索。本文通过总结土地整治新形势下的转型背景，分析了土地整治当前的突出问题和发展需要，探究了土地整治本质和功能的根本认知，提出土地整治在"四期叠加"时期要实现转型的"十大战略导向"，如此才能应时所需，切实成为新形势下统筹城乡发展、服务全面建设小康社会新目标实现的有力抓手和重要平台。

当然，土地整治转型发展战略也离不开强有力的实施保障，一是要对应土地整治的转型定位，进一步促进土地整治的法律地位提升，加紧提出《土地整治法》的立法建议，从根本上提升土地整治的权威性；二是要完善土地整治规划体系和引领效能，进一步强化转型发展导向下的规划定位、目标及任务，有效统筹资源、服务国家内外大战略的顺利开展；三是要强化土地整治转型发展的科技支撑，编制既详细又具备地方弹性的新型整治技术标准和规程，提高土地整治功能化、模型化、信息化水平；四是要全面提升土地整治转型服务意识，界定明晰政府与私人部门的权责利，运用分层次、分区域、分类型、分单元等多种模式，因地制宜、因时制宜地引导推进土地整治工作顺利转型发展。

参考文献

严金明、夏方舟、李强：《中国土地综合整治战略顶层设计》，《农业工程学报》2012 年第 14 期。

余斌：《中国经济新常态与宏观调控政策取向》，《改革》2014 年第 11 期。

新华社：《习近平总书记在河南考察》，《人民日报》2014 年 5 月 12 日。

新华社：《中共中央就当前经济形势和下半年经济工作召开党外人士座谈会》，《人民日报》2014 年 7 月 7 日。

郧文聚、宇振荣：《中国农村土地整治生态景观建设策略》，《农业工程学报》2011年第 4 期。

刘黎明、杨琳、李振鹏：《中国乡村城市化过程中的景观生态学问题与对策研究》，《生态经济》2006 年第 1 期。

严金明、刘杰：《关于土地利用规划本质、功能和战略导向的思考》，《中国土地科学》2012 年第 2 期。

陈锡文：《中国农业发展形势及面临的挑战》，《农业经济》2015 年第 1 期。

信桂新、杨朝现、魏朝富等：《人地协调的土地整治模式与实践》，《农业工程学报》2015 年第 19 期。

新华社：《中共中央关于制定国民经济和社会发展第十三个五年规划的建议》，http：//news. xinhuanet. com/politics/2015 – 11/03/c_ 1117027676. htm，2015 年 11 月22 日。

龙花楼：《论土地整治与乡村空间重构》，《地理学报》2013 年第 8 期。

吴次芳、费罗成、叶艳妹：《土地整治发展的理论视野、理性范式和战略路径》，《经济地理》2011 年第 10 期。

冯广京：《我国农地整理模式初步研究》，《中国土地》1997 年第 6 期。

Sorensen, Andre. "Conflict, Consensus or Consent：Implications of Japanese Land Readjustment Practice for Developing Countries", *Habitat International*, 2000, 24 (1)：51 – 73.

Forman, Richard T. T. "Land Mosaic：the Ecology of Landscape and Regions", *Cambridge University Press*, 1995.

陈百明、谷晓冲、张正峰等：《土地生态化整治与景观设计》，《中国土地科学》2011 年第 6 期。

Yan, J., Xia, F., Bao, H. "Strategic Planning Framework for Land Consolidation in China：A Top-level Design Based on SWOT Analysis", *Habitat International*. 2015 (48)：46 – 54.

Taylor, J. "The China Dream is an Urban Dream：Assessing the CPC's National New-Type Urbanization Plan", *Journal of Chinese Political Science*, 2015, 20 (2)：107 – 120.

夏方舟、严金明、刘建生：《农村居民点重构治理路径模式的研究》，《农业工程学报》2014 年第 3 期。

B.12
土地整治走向生命共同体建设

吴次芳　叶艳妹　曹宇[*]

摘　要： 山水林田湖是精密镶嵌和互补互动的生命系统，人类不可以不遵循山水林田湖生命共同体的"道"和生命法则，否则将会付出沉重的代价。建设山水林田湖生命共同体，实现"与天地合德"，是土地整治的终极关怀和意义所在。土地整治走向生命共同体建设的方略，一是要建构土地整治的"共生"文化，二是要创设土地整治的"回乡"之路，三是要重构土地整治的评价主旨和范式，四是要着力推进生命共同体建设工程。其制度创新需要围绕改善生命共同体建设的硬环境、改善生命共同体建设的软环境、改善人的意义世界和精神品格三个方面平衡推进。

关键词： 山水林田湖　生命共同体　土地整治　建设方略　制度创新

一　生命共同体建设的历史使命和责任

（一）生命共同体建设的理论逻辑

1. 山水林田湖是精密镶嵌和互补互动的生命系统

青山、碧水、绿林、沃田、蓝天、镜湖，是自然界的睿智存在。在这里

---

* 吴次芳，博士，浙江大学土地与国家发展研究院院长、教授，主要研究方向为土地管理、土地规划、土地政策等；叶艳妹，博士，浙江大学公共管理学院副院长、教授，主要研究方向为土地管理、土地规划、土地整治；曹宇，博士，浙江大学公共管理学院副系主任、副教授，主要研究方向为土地利用、土地信息、土地生态。

有春分、清明、夏至、立秋、秋分、冬至，人类的一切与生态时间紧密相连。山水林田湖、细菌、原生生物、植物、动物，通过生物小循环和地质大循环，创造了可持续发展的生命有机循环系统和生物圈的"自创生"系统，这是一个"他弃你用""你无我补"的互补互动运营紧密的系统。田者出产谷物，维系人类的生命；水者滋润田地，使之永续利用；田、水、山、土、树等构成生态系统中的环境，形成一种共生关系，结成命运共同体。所谓"道生一，一生二，二生三，三生万物，万物负阴而抱阳，冲气以为和"，或者说"人法地，地法天，天法道，道法自然"，也充分表达了人类与山水林田湖同呼吸、共命运的自然法则。

2. 人类不能违背自然的"道"和生命的法则

"大音希声，大象无形。道隐无名。夫唯道，善始且善成"。山水林田湖是无声的，但它像一部精密运行的机器，有着严格的"道"和运行规则。如果违背了这种"道"和运行规则，人类将会面临严重的惩罚。综观许多古文明的兴衰，可以发现这些文明之所以从强盛走向衰落，是因为当时的人们在文明发展过程中很少或根本没有遵循生态规律，对自然界肆意开发和掠夺，从而导致自然生态系统的崩溃，最终酿成文明的衰败。美索不达米亚文明、玛雅文明、哈巴拉文明都是如此。反观当下，我们所面临的土地退化、资源短缺、水源断绝、物种灭绝、地球变暖、灾害性气候频发、恶劣环境对体内胎儿的影响等，同样也是违背大自然"道"的结果。《圣经》描述的"诺亚方舟"，就是人类不顾自然的"道"所受的惩罚，最后只能在"诺亚方舟"上才能使生命得以延续。即使在这一叶方舟上，还必须实现人类与自然的完全共生，否则还难免再次遭受洪水的灭顶之灾。唯有遵循大自然的"道"和生命的法则，人类才可能拥有"天棚鱼缸石榴树，先生肥狗胖丫头"的悠闲生活。

（二）生命共同体建设的历史使命

从新石器时代以来，人类有意识、较大规模对自然的索取行为就从未间断过，距今已经超过 1 万年。然而在工业文明以前，人类的活动和行为与自然保持共生关系，并没有对自然秩序和山水林田湖系统造成根本性的破坏。18世纪以来的近代社会，随着工业文明的快速崛起，人类过分夸大了自身的主观能动作用，选择了一条以牺牲良好生存环境来换取高速经济增长和财富积累的道路，导致出现了人类行为对山水林田湖自然生态系统造成严重破坏的现象。当下，世界各地所出现的各种严重生态退化及环境恶化等问题，已日益成为历史延续和社会经济健康发展的严重障碍，并对人类发展造成巨大威胁。人类作为山水林田湖生命价值的承担者和实现者，其主体性不仅仅表现在对山水林田湖的认识和改造上，而更重要的是表现在如何完成山水林田湖的"生生之德"或"生生之道"上。因此，人类有一种"天赋"的责任、义务和使命或"天职"，实现山水林田湖的"生道"，而不是相反。人类生命的意义和价值就在于此，"安身立命"之地也在于此。因此，推进山水林田湖生命共同体建设，是人类存在本身的内在价值，完成生命共同体的化育和建设，是人类的历史选择和神圣天职。

（三）生命共同体建设的时代责任

人与山水林田湖所形成的生命共同体，是一个联动的生命序列。正如荀子所说，山水土石之物"有气而无生"，树木花草之物"有生而无知"，飞禽走兽之物"有知而无义"，唯人有气有生有知有义，故"最为天下贵"。人之所以为"贵"，并不是居于山水林田湖之上，而是需要养育山水林田湖，完成"参赞化育"之功。正所谓："君子之于禽兽也，见其生而不忍见其死"。同世界上其他国家相似，我国过去三十多年以牺牲生态环境为代价来换取快速经济增长的模式，已日益构成对未来社会经济健康发展的巨大威胁，并与构建生态文明社会、实施可持续发展的战略相违背。党的十八大把"生态文明建设"放在更加突出的地位。十八大报告首次单篇论述生态文明，首次提出"把生态文明建设融入经济建设、政治建设、文化建设、社会建设各方面和全过程，努力建设美丽中国，实现中华民族永续发展"。2013年，《人民日报》公开发表习近平《关于〈中共中央关于全面深化改革若干重大问题的决定〉的说明》的文章，首次阐明了"山水林田湖是一个生命共同体"的思想，"人的命脉在田，田的命脉在水，水的命脉在山，山的命脉在土，土的命脉在树。"习近平提出的关于生命共同体的重要理念，从一种生态整体性的理论视角阐释了人与自然的共生关系，明确了解决生态环境问题、实现绿色发展、建设生态文明的重要方法路径。2015 年，中共中央、国务院颁布的《生态文明体制改革总体方案》，进一步明确节约资源和保护环境的基本国策，并正式把正确处理人与自然关系、推动人与自然和谐发展的生命共同体建设，确立为我国现代化建设的新格局和生态文明体制改革的总要求。因此，基于自然资源永续利用与人地关系和谐发展的"山水林田湖"生命共同体建设，已然成为当代人最重要的时代责任。

二 土地整治的旨归：建设生命共同体

（一）土地整治的本质和意义世界

土地整治的本质是人类为了满足新的功能需求，对土地进行改造建设的活动。国际上土地整治的发展，大体经历了以下三个发展阶段。

1. 调整交换阶段（Land Readjustment）

该阶段将原来畸零狭小不适合农事工作的农地，予以交换分合，整理成一定标准的地块，借以减少田埂，增加农地面积，消除耕地的交错、分散和形状不整等弊端，因其费用较省，在西欧早期的旱作地区经常采用。

2. 设施改良阶段（Land Consolidation）

该阶段不仅涉及地块的调整交换，同时配合地块平整，建造路沟渠设施，使之更适合耕作管理和机械化的经营，从而减少劳力，增加生产，促进土地利用的合理化和集约化。

3. 综合发展阶段（Land Development）

该阶段不仅以农地的设施改良为内容，同时配合社区发展与城乡规划的需要，实施城乡土地利用的综合整治，促进生产、生活和生态的全面改善，建设美丽而有活力的城乡新格局。

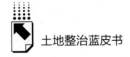

毫无疑问，要实现土地整治的综合发展功能，山水林田湖的生命共同体建设是最重要的基础和保障。土地整治的目的就在于改善人类生产、生活和生态条件，创设人地共融的生态系统。这是一种生命的情感联系，也是生命存在与理性的统一。山水林田湖是自然界的存在，它应是无限和永恒的。建设山水林田湖生命共同体，实现"与天地合德"，才是土地整治的终极关怀和意义所在。通过土地整治促进和改善有利于所有生命健康生存的生物圈的自我调节，保障生物圈有序和安全所需的各种生态参数的稳定，应该成为土地整治的价值取向和终极目标所在。为此，人类应该虚心倾听自然的教诲，认真汲取自然的智慧，掌握生态系统自组织和自我调节的基本原则，如相互依存、反馈循环、多样性和稳定性，以及作为所有这些结果的可持续性，只有这样才能遵循生态规律去参赞化育，恢复和重建山水林田湖生命共同体的复杂联系和生命之光。

（二）土地整治的国际经验和趋势

国外土地整治的历史可以追溯到中世纪，德国、荷兰、法国、俄罗斯等国开展土地整治的时间较早，美国、澳大利亚、加拿大、日本、韩国等也都开展了卓有成效的土地整治工作，大多已经形成比较完善的土地整治理论结构、工程技术模式、管理制度和政策体系。随着生态环境保护与可持续发展理念逐渐成为世界各国的共识，国际上亦逐步把自然景观维护、生物多样性保护与生态环境可持续发展作为土地整治的重要任务和主要发展方向。

国外的土地整治事业越来越强调城乡统筹发展与生态环境保护的理念。比如在德国，土地整治一直非常注重对生态景观的保护，尊重自然、顺应自然、保护自然的理念和要求贯穿土地整治全过程。因土地整治项目而导致的生态用地损失，采用生态功能等值原则进行"占补平衡"。越来越多的国家将土地整治由单一追求农业生产目标转向更为综合的目标，不少国家已将土地整治目标界定为综合性的乡村发展，从土地整治项目的规划、设计到实施全过程，始终贯彻"以人为本、生态优先、环境保护"原则，真正能做到社会、生态、经济和农村发展的均衡和统一，促进人与自然的和谐发展。

总体上，国外土地整治已普遍采用生态工法，注重通过工程技术手段营造土地的生态机能。例如在矿山土地复垦的工程技术方面，发达国家有严格的土地复垦流程和标准，普遍采用无覆土复垦技术、生态复垦技术、抗侵蚀复垦工程技术等。在土地污染修复方面，国外大量采用植物和微生物修复工程技术、土壤淋洗技术、化学氧化技术、钝化/稳定化技术。通过生态工程技术、环境影响评估技术、污染修复技术、景观生态保护与重建技术等土地整治技术力促生命共同体建设，已然成为重要的发展趋势。

（三）土地整治与生命共同体的耦合

土地整治不只是一个工具或某种技术手段，它是人类活动的组织哲学，最终目标是寻求与地球共生存。它把一个整治区域的文脉、历史、文化、工程、利用方式和土地的物质形式当作一个活的生命来对待，当作一种生命的形式、一种生命体系来对待。为了促进人与地球共生，在人类所有能运用的手段中，土地整治可能是最直接而有效的途径之一。土地整治工作者是重构生命景观的"生态工程师"。《论语·雍也篇》指出："知者乐水，仁者乐山。"作为当代的"生态工程师"，应将人与自然和谐相处作为一种存在境界，将个体的生命情感融入大自然的山水林田湖生命共同体，将土地整治融入生命共同体建设，这是仁智之人的情怀，也是仁智者的生命依托。

"山、水、林、田、湖""田、水、路、林、村"，各要素间互利共生共栖、相互依存、相互影响、相互耦合。把参与土地整治活动的人、自然、环境、资源等各要素视为一个耦合的生命共同体，通过天地人的三材之道，有机耦合土地整治与生命共同体建设，不仅可以有效地促进土地生态系统保育和生态恢复及重建，提高土地利用效率，保障国家生态安全，改善环境质量，也可以推动形成人与自然和谐发展的现代化建设新格局，推进生态文明建设的国家战略目标实现，实现寻皈审美生存的家园意境。

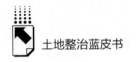
（四）土地整治法则：建设生命共同体

根据村山节先生的《文明之研究》，东西文明，有史以来，至今以每800 年为一周期，实际已准确交替七回。目前正值第八回交替周期，现在，正处在这一交替的过程中。至今已活动 800 年的西方文明，其间正与处于休眠中的东方文明进行交替。东方文明的特点是自然顺从型的自然共生型文明，而西方文明是自然对抗型的自然支配型文明。人类学和历史学的研究表明，人与自然对抗，必然造成对生态环境的破坏，这是不变的规律。因此，人类文明必须遵循宇宙法则，建设人与自然的共生系统。土地整治也不例外，必须以构建人与自然和谐共处的生命共同体为基本法则，由原有单一地块或某一具体项目区为整治单元逐渐向生命共同体建设单元（如一个流域、一片区域）转变，明确"山、水、林、田、湖"生命共同体各要素、"田、水、路、林、村"土地整治各要件之间的内在关联和相互统一关系，按照生命共同体的整体性、系统性及其内在规律，推进土地整治模式转变和创新。未来土地整治应当把土地与人类作为一个生命共同体进行统一的、整体的、系统的保护和修复，把山水林田湖保护和生态改善放在更加突出的位置，发现隐秘于山水林田湖之中的宇宙法则和熵减少规律。通过共生和再生型土地整治，推动形成人与自然和谐发展的新格局。

三 土地整治走向生命共同体建设的方略

（一）建构土地整治的"共生"文化

人类和一切生命都依附于其上的大地，也就是由山水林田湖构成的生命共同体。没有任何一种生命能够离开大地而存在，天空中的飞鸟也不例外。在《易传》看来，人与大地本来就是统一的，二者不能分离。人类离开了大地，就不存在生命。大地离开了人类，基本上失去存在的价值。大地之上的山水林田湖生命共同体，具有无限性和永恒性。所谓"天地之道恒久不息"，就是说明地之厚能够"生物"，也能够"载物"，从而使一切生命的存在能够"生生不息"。但是这种无限性和永恒性，是建立在"共生"基础之上的一种存在。原本共生（Symbiosis）只是生物科学中的一个概念，但在人类进入生态文明时代的框架下，共生是一种进化理念，更是一种共同理念、合作理念和互惠理念。动物、植物和微生物的互利共生，揭示了生命发展的动力源泉和发展机制。正是相互联系，相互依存，相互帮助，才能在协同中激活双方，才能在协同中进化发展。土地整治及其工作者需要向生物圈学习、向基因学习、向动物学习、向植物学习，建立与自然共生的文化，要使得"人类的善，是灵魂在一个完美的生活里依照德行而活动"。要着力推进土地整治的文化复兴，建构"共生文化"的学习机制，打造土地整治与生命之约，创设土地整治与生命共同体对话。用《易传》的话说，"生生之谓易"。土地整治的根本精神和创新，在于以"共生"为其基本的存在方式。共生无论是同类整治单元之间还是异类整治单元之间，首先不是整治单元之间的相互排斥，而是整治单元之间的相互依存和相互合作；不是整治单元自身性质和状态的丧失，而是整治单元内在性质和存在状态的继承和保留；不是整治单元的相互替代，而是相互补充、相互共生，这是土地整治的生命价值和存在境界。

（二）创设土地整治的"回乡"之路

所谓土地整治"回乡"之路，主要是指在土地整治过程中需要遵循返璞归真、道法自然、天人合一的生态美学指导原则。"回乡"就是返归于最本初、无污染、非异化的"无何有之乡"。自然性与文明性相协调的"乡村家园"是最具人性的、理想的生存方式，土地整治就是要建构一个返璞归真、和合共生、天人合一的诗意栖居家园。土地整治的回乡之路不是单一的，而应该包括以下多项功能：（1）改善区域交通运输功能；（2）改善区域水资源管理功能；（3）促进城乡共同发展；（4）提升环境保护/供给以及废物处理；（5）提高自然保护和景观保护能力；（6）促进旅游休闲业的发

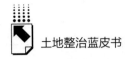

展；（7）预防洪涝灾害；（8）保存文化遗产；（9）创建现代基础设施以减少人口迁移。

"乡村土地整治，是美化还是破坏？"这一质疑应引起高度关注。土地整治模式必须坚持回乡之路，绝不能把城市建设模式复制到乡村土地整治中去。过分强调城镇建设带动型模式、工业企业带动型模式、专业市场组织型模式、特色产业发展型模式等，从长远来看必然会影响土地整治的终极旨归。创设土地整治回乡之路中两个最重要的目标是：为了乡村居民，改善他们的生产生活质量；为了全国人民，改善乡村的发展质量。通过土地整治重建田园牧歌的生活，希望温饱有余的农民可以继续享受青山绿水和蓝天白云，可以继教享受家庭和睦和邻里友爱，可以继续享受陶渊明式的"采菊东篱下，悠然见南山"的休闲与情趣。

（三）重构土地整治的评价主旨和范式

在当代科层制治理的框架下，如何对土地整治的绩效进行评价，倡导何种价值意义，对土地整治的模式选择、范式转换和发展方向都有着重要的影响。然而，评价是一种主观活动，是主体对于客体的价值判断。不仅价值标准因人而异，由此导致每个人的评价标准可能不同，而且还可能会出现昨天做出的评价结论，不同于今天做出的评价结论，明天又不同于今天。所以，为了推进土地整治走向生命共同体建设：（1）需要持续倡导人与自然共生的评价文化，改变当下土地整治主要服务于增加耕地和实现占补平衡的单一评价主旨，着眼于生命共同体建设的价值关系发展，融入新的生命共同体价值观和发展观；（2）要增强生命共同体建设目标在土地整治评价中的韧性，在宏观空间性方面不能因人、因时、因境而变化，在微观地区性方面可以有差异性的评价标准，但不能违背宏观空间性的约束；（3）重构土地整治评价的新范式和指标体系，不断倡导和引入土地整治对生物多样性的影响、对景观格局的影响、对生物地球化学循环的影响、对地下水动态演化的影响、对公众生命健康的影响等指标，坚持激励和约束并举，逐步引导土地整治走向生命共同体建设。

144

（四）着力推进生命共同体建设工程

土地整治走向生命共同体建设，是一种新的价值观和工程范式，既需要人们逐渐理解和接受这一观念，更需要按照工程的思维扎实推进建设。

1. 推进生命共同体建设的总体规划

土地整治走向生命共同体建设，需要有一个以生命共同体建设为切入点和主线的总体规划，为其可持续发展提供系统化的路径、战略和规划指引，提供制度安排和机制设计，确定行动方案、重点议题和推进计划。

2. 推进生命共同体建设的工程路线图设计

要从我国的国情和各区域的区情出发，科学制定土地整治走向生命共同体建设的工程路线图。包括：如何提升意识、凝聚共识，如何合理编制重大议题清单，如何科学分析、支撑决策，如何提出土地整治走向生命共同体建设的实施方案，如何落实政策及资金匹配的措施，如何组织实施部门和行业专项行动，如何跟踪评价和监督实施，如何跨越生命共同体建设系统的社会分工、跨越地域的空间限制、跨越传统规划的用途管制、跨越制度资本的边界限制等。

3. 推进生命共同体建设的工程技术研发

土地整治走向生命共同体建设，需要有配套的工程技术支撑，包括生命共同体建设需要的新技术、新工艺、新材料和新设备，这是目前土地整治的短板。比如针对土地污染的修复，需要开发耕地污染修复工程技术、矿山污染土地修复工程技术、工业污染场地修复工程技术、污染土地修复工程装备以及相应的工程技术标准。

4. 推进生命共同体建设的人才培养工程

培养集聚土地整治走向生命共同体建设的高水平工程技术人才和管理人才，形成相适应的土地整治科学家、工程师和管理队伍，具有关键性的战略意义。要通过开展土地整治基础理论、工程技术全方位的合作与交流，开展工程技术规划设计、施工管理、产品生产的专业学习和短期培训，培养大批既懂土地整治又懂生命共同体建设的专门人才，保证土地整治走向生命共同体建设的目标实现和任务落实。

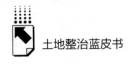

四 土地整治走向生命共同体建设的制度创新

（一）制度创新的基本准则

土地整治走向生命共同体建设，是一种新的范式和方向，应注重制度创新。具体来说，必须围绕生命共同体建设的价值取向，坚持必要的基本准则，坚持土地整治制度创新。

1. 更有利于满足人的综合需求

生命共同体建设的本质是建构人与自然和谐的新型关系。因此，土地整治制度创新要更有利于满足人类基本的生产生活需求，包括基础设施、食物供给、交通运输、人身安全；保证自然动植物的生存环境，不随意侵占侵害生物生存空间；不污染任何陆域、水域、空气环境。同时，整治过程中能够关注物质资源的稀缺性，只采用最少的、所必需的工程措施。

2. 更有利于生态空间实现有机整合

制度创新要更加关注人、动物、植物、环境等生命共同体中各方角色的有机整合。要从更高层级上探寻人与自然的和谐共存。以鸟类生息环境的生命共同体建设为例，土地整治制度创新要有利于土地利用空间、水资源利用空间、地形地相空间、森林树种空间、鸟类食物链空间等在一个复杂组合状态之下的环境构造。

3. 更有利于社会空间扎根本土历史

生命共同体建设需要扎根本土历史风俗助力文化传承，平衡本土历史风俗与其他社会文化的相互碰撞，发扬社会的公众参与理念，致力于人与人、人与社会的友好和安定，构建与自然和谐并实现可持续发展的社会空间。它需要把一个区域的文脉、历史、文化、邻里和社区的物质形式当作一个活的生命来对待，当作一种文化的形式和一种文化体系来对待，而且要根据它的生命和文化历史以及生存状态来进行维护、保持、整治、发展和更新。因此，土地整治制度创新的指导原则是以自然复原为基础的文化复兴，是一种在伦理框架下"上善若水"的建设理念和"格式塔"式的社会自然复合系统设计。

4. 更有利于精神空间实现生命的共生

生命共同体建设需要在同步完善物质需要、景观美学、自然生态、社会文明的基础上，打造城乡的精神风貌，使其具有文化象征性，实现生命的共生与感动：丰饶的自然景象，易辨别的地理环境，有表现区域特性的人文景观，令人能够联想到与当地历史文化风俗有关的物质或非物质符号。创新土地整治制度的重要方向和准则，就是要有利于社区文化保护、调和与创造的平衡，有利于城乡意向和审美情趣的提升，有利于后现代主义场景建设，有利于融微、并、气、间、秘、素、假于一体的审美景观构造，使土地整治助推生命共同体建设成为人们的一种意识、思维和宗旨，并且融入其中成为其生命的组成部分。

（二）制度创新的路径方案

土地整治之所以要走向生命共同体建设，最根本的问题是为了更好地解决人类发展的长远利益与眼前利益之间的矛盾。要实现这一目标，制度创新的路径必须找到一个既考虑激进和保守的动量，又兼顾适合大多数人的方案。否则，任何过于激进、放任、退让或保守的选择，都不利于土地整治走向生命共同体建设。

1. 改善生命共同体建设的硬环境

要从有利于生命共同体建设的角度，从强制性制度、选择性制度和引领性制度三个不同的维度，改善土地整治的公共行政、规划设计、权益保障、资金融通、工程建设、运营平台、游戏规则、奖惩政策和赏罚制度，改善有利于制度创新的实施机制，包括激励约束机制、监测评价机制、社会参与机制、学习创新机制等。比如，改善当下的耕地占补平衡制度，走向产能占补平衡和生态占补平衡的制度创新，就是改善生命共同体建设硬环境的重要举措。土地整治硬环境改善的主要责任人是政府及其相关组织。

2. 改善生命共同体建设的软环境

所谓软环境主要是指社会文化的改善，包括价值体系、道德标准、评价标准、赏罚标准、舆论环境和教育环境。软环境改善的核心思想是生态文化，这是一种介于纯粹的自然主义和彻底的理性主义之间的新型文化。它需要重新拟定土地整治的思想主旨和指导原则，并据此修改土地整治的各种教科书、技术标准、政府规章、验收评价体系和道德伦理意识。土地整治软环境改善的主要责任人应该是广泛的联盟，包括政府、社团、学校、媒体乃至宗教组织等。

3. 改善人的意义世界和精神品格

与软硬环境的强力建设和推行不同，改善人的心智和内心世界是一个更加需要长期坚持的世纪工程。比如对生态时间的经验，是农民对自然的皈依，他们因此融进自然，就像农作物一样；而且农民的身体节奏，也在很大程度上受生态时间的支配。土地整治走向生命共同体建设，需要人"为天地立心"，需要对全部生命和非生命的关怀，需要强化绿水青山就是金山银山的意义世界，需要内化尊重自然、顺应自然和保护自然的精神品质。在这一进程中，我们不仅需要传统文化，更需要建构文化传统。

结　语

土地整治走向生命共同体建设，既是一种新的理念，也是一种新的范式。从后现代主义的混沌理论看，这一进程注定是极其复杂和困难的。但从新理性主义角度看，这是一个必然的世界，也是一个充满意义的世界。正如前文所指出的那样，推进山水林田湖生命共同体建设，是人类存在本身的内在价值，完成生命共同体的化育和建设，是人类的历史选择和神圣天职。事实上，土地整治走向生命共同体建设不仅是为人类自身，也为其他生活在地球上的生命，我们有保护和恢复自然环境的义务。生命共同体意义上的土地整治原则，承认人类并不是生活在这个星球的唯一物种，其他的物种也具有与生俱来的价值。之所以要推进土地整治走向生命共同体建设，基本理由有两个：一是人与自然平等共享，二是确保未来的发展能力。

因此，未来的土地整治，必须走向建设山水林田湖生命共同体的东方文明，以"共"为起点，以"生"为核心，从把自然界作为人类生存家园的生态价值具有最高和最后意义的境界，寻找新的土地整治技术原理、发展新的土地整治技术形态、构建新的土地整治技术实现方式、改革完善土地整治机制和体制，实现物我共生和人与自然和谐，营造生命生存繁衍的"桃花源"和"伊甸园"。

参考文献

〔日〕岸根卓郎：《环境论》，何鉴译，南京大学出版社，1999。

〔英〕罗素：《西方哲学史（上）》，何兆武、李约瑟译，商务印书馆，1996。

蒙培元：《人与自然——中国哲学生态观》，人民出版社，2004。

石军：《人类问题的由来与出路》，上海世纪出版集团，2013。

B.13

土地整治助力精准扶贫

张晓燕 张琦 万君 薛剑*

摘　要：　本报告系统总结了土地整治助力精准扶贫的主要做法和成效。近年来国土资源部门通过土地整治的具体实践，建立和完善了行业长效扶贫机制，大幅改善了贫困地区的生产条件，形成了一批富有活力的特色产业，有力促进了贫困地区经济社会的区域性整体发展，也改善了贫困人口的生活条件。同时，对土地整治助力精准扶贫过程中存在的一些问题，本报告也提出相关政策建议，即应当立足土地整治的益贫性、精准性，以五大发展理念引领土地整治助力精准扶贫的创新和转型。

关键词：　土地整治　精准扶贫　区域发展　益贫性

2011 年，党中央、国务院印发的《中国农村扶贫开发纲要（2011～2020 年)》明确指出要"推进贫困地区土地整治，加快中低产田改造，开展土地平整，提高耕地质量"。2015 年 11 月，《中共中央　国务院关于打赢脱贫攻坚战的决定》中，在"完善扶贫开发用地政策"和"实施易地搬迁脱贫"两节中，对土地整治提出更为详细的要求。2016 年 3 月，《国民经济和

---

* 张晓燕，硕士，国土资源部土地整治中心党委书记；张琦，博士，北京师范大学经济与资源管理研究院教授、博士生导师，中国扶贫研究中心主任，主要研究方向为土地资源管理、贫困与反贫困研究；万君，博士，北京师范大学经济与资源管理研究院博士后，主要研究方向为贫困与反贫困研究；薛剑，博士，国土资源部土地整治中心副研究员，主要研究方向为土地评价、土地整治政策。

社会发展第十三个五年规划纲要》强调要"大规模推进农田水利、土地整治、中低产田改造和高标准农田建设"。可见，土地整治已经成为中央实施农村扶贫战略，打赢扶贫攻坚战过程中重要的一环。

自 2011 年 11 月，国土资源部被确定为乌蒙山片区区域发展与扶贫攻坚的联系部委起，国土资源部便以土地整治为重点，就贫困地区精准扶贫、精准脱贫进行了探索，取得了巨大成效，也形成了诸多经验。立足国土资源的部门优势和行业特点，基于长期以来土地整治助力扶贫攻坚的实践，本文对其成效和经验进行了研究，并结合"十三五"时期土地整治与精准扶贫的重点发展方向，提出相应政策建议。

一 土地整治助力精准扶贫的主要做法

经过 30 多年的扶贫开发，我国现有的贫困人口主要集中在生态环境脆弱、生存条件艰苦的 14 个连片特困地区，集中分布在山区、丘陵地区、限制开发区。其中，592 个国家扶贫开发重点工作县绝大部分分布在山区或高原山区，特别是群山连绵区，对于通过土地整治改善生产生活环境有较为强烈的现实需求。国土资源部在认真贯彻中央扶贫攻坚战略方针的基础上，积极探索土地整治助力精准扶贫的新办法、新举措，通过向贫困地区倾斜政策、项目、资金，极大地改善了贫困地区的生产生活条件，形成了一些特色产业，从而带动贫困区域的发展，也较大激发了贫困地区的内生动力。主要做法有以下方面。

一是规划先行并引导政策、项目、资金向贫困地区倾斜。《全国土地整治规划（2011～2015 年）》提出，"加大对革命老区、民族地区、边疆地区、贫困地区土地整治扶持力度，加强生态退耕地区基本口粮田建设，强化生态保护和修复，发展特色农林牧业，切实改善老少边穷地区生产生活条件"，并将国土资源部联系的乌蒙山片区的 38 个县（市、区）、江西赣南的 8 个县和湖南新田县共 47 个国家级贫困县，全部纳入 500 个高标准基本农田建设示范县，通过规划引导土地整治项目和资金向这些贫困地区倾斜。湖

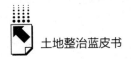

北省通城县是幕阜山区连片扶贫开发重点县之一，该县因地制宜编制土地整治规划，重点实施高标准农田建设和低丘岗地改造，着力打造农业特色板块基地。四川省平昌县以农村土地整治为抓手助力扶贫攻坚，对照全县146个贫困村修订了《平昌县土地整治规划》，分年度确定项目实施任务，"以贫困村为中心，相邻村为依托"编制项目，着力实现新增耕地、提高耕地效益、促进农村产业发展和脱贫致富相统筹。

二是在连片特困地区加大土地整治和高标准农田建设的投入，积极助力精准扶贫，合力推动农村地区脱贫致富。"十二五"期间，经对甘肃、宁夏、陕西、江西、广西等5省区土地整治和高标准农田建设项目分析，接近60%的项目位于六盘山、秦巴山和革命老区等连片特困地区，累计投入资金350亿元，有力地支持了当地农民的脱贫致富。2010年以来，江西省逐年加大对革命老区土地整治投入，仅赣州市已累计投入土地整治资金50亿元以上，接近当地同期固定资产投资的1.0%，五年期间降低贫困人口105万人。广西先后在大石山区、桂西山区5县、中越边境沿线3～20公里贫困地区实施土地整治项目758个，占全区计划数的90%以上，土地整治的面积达335万亩，总投资84.6亿元。以土地整治为平台，以农田建设为核心，与其他部门涉农项目形成合力，共同推动农村地区脱贫致富①。

三是合理运用"增减挂钩"政策，优先让贫困落后地区分享经济社会发展的收益。2005年10月，国土资源部下发了《关于规范城镇建设用地增加与农村用地减少相挂钩试点工作的意见》（国土资发〔2005〕207号），提出第一批"增减挂钩"试点省（市）。2008年6月，国土资源部下发《城乡建设用地增减挂钩试点管理办法》（国土资发〔2008〕138号），将"增减挂钩"试点范围扩大到19个省（区、市）。2012年6月28日，国土资源部下发《关于印发支持集中连片特殊困难地区区域发展与扶贫攻坚若干意见的通知》（国土资发〔2012〕122号），提出优先在贫困县

---

① 数据来源：内蒙古、江西、广西、重庆、陕西、甘肃、宁夏"十二五"高标准农田建设综合成效评估报告。

使用"增减挂钩"政策。通过土地整治项目实施，将农村建设用地复垦为耕地，支持城镇发展对建设用地的需求。政策还规定，"增减挂钩"项目产生的土地增值收益须及时全部返还农村。重庆"地票"制度也是"增减挂钩"政策的运用。重庆市规定，支持贫困区县运用增减挂钩政策保障乡镇发展和新农村建设用地。江西省规定，增减挂钩项目区土地所得收益除补偿安置外，每亩返还农村集体经济组织不少于 2 万元。甘肃、宁夏、陕西、内蒙古、广西等省区也出台了地方政策，对贫困县优先安排"增减挂钩"项目，新增指标优先保障贫困地区基础设施建设、特色产业发展等用地，并要求土地增值收益及时全部返还农村。"十二五"期间，以上七省通过实施"增减挂钩"项目，复垦土地 18.67 万亩，增加耕地面积 13.73 万亩[①]。

四是以农村综合整治为平台，既对搬迁区进行复垦，也对安置区进行建设，整体推进生态移民搬迁。借助土地整治项目的实施，宁夏回族自治区自 2011 年开始实施生态移民工程，5 年时间内把生活在土地贫瘠、干旱地区的 35 万贫困群众搬迁出来。一方面，对迁出区进行复垦，或为耕地，或为生态用地；另一方面，在迁入区集中修建大的引水工程，开展土地整治，并配建农民新居，让移民"迁得出、住得下、能生存"。为支持生态移民工作，2009 年实施的宁夏中北部土地开发整理重大工程与生态移民工程充分对接，5 年期间共投入资金 36.6 亿元，整治土地 337.8 万亩；2011 年启动生态移民土地整治工程，一期投入资金 6.5 亿元，整治土地 32 万亩。目前已累计搬迁移民 27.78 万人。另外，甘肃、陕西、内蒙古、江西、广西 5 省区结合生态移民、地灾防治等工作，有偿搬迁农户 1021 户，复垦居民点 19946 亩，新建和改建中心村、居民点面积 5005 亩。土地整治与生态移民相结合，不但极大地改善了搬迁农民的居住条件和生存环境，而且支持当地农村经济发展。据统计资料，"十二五"期间，上述五省区通过土地整治实现了 371832 人脱贫[②]。

---

① 数据来源：内蒙古、江西、广西、重庆、陕西、甘肃、宁夏"十二五"高标准农田建设综合成效评估报告。

② 数据来源：内蒙古、江西、广西、重庆、陕西、甘肃、宁夏"十二五"高标准农田建设综合成效评估报告。

五是加强贫困地区土地整治技术培训和人才建设。国土资源部将河北省阜平县作为部扶贫联系点，2013～2015 年，连续 3 年出台支持政策，选派处级干部在阜平县挂职副县长，援建国土资源希望小学，还把全国模范国土资源所所长韦寿增的家乡广西靖西县作为扶贫联系点，落实了支持项目，选派了扶贫挂职干部，政策惠及滇桂黔石漠化片区。国土资源部土地整治中心结合工作安排和地方需求意愿，分别在四川省、贵州省等地开展了土地整治规划编制培训，提升了当地的土地整治规划编制水平，更好地发挥了引领和指导作用。同时，国土资源部为乌蒙山片区等集中连片特殊困难地区相关省份申报土地整治与扶贫工作相结合的重大项目提供技术指导。联合省级土地整治机构，结合"创先争优""联创齐争"活动，派出两批"三进四同"干部，深入湖南省新田县和广西来宾市等贫困地区，了解这些地区对土地整治工作的现实需求，并提出促进扶贫开发的政策建议。湖南省国土资源厅选送了两名对口联系点村民到怀化职业技术学院学习养殖技术，联系了省第二测绘院开展"有福童享"爱心助学活动，并"一对一"结对资助了 12 名贫困学生①。

二 取得成效

经过多年实践，土地整治助力精准扶贫的效果和作用已经显现。为了能够真实客观反映土地整治在精准扶贫中的作用，课题组于 2016 年 4 月在四川省广元市组织了一次小规模的问卷调查，发放问卷 15 份，其中有效问卷 14 份。结果显示，绝大多数的村民表示，土地整治以后，其收入情况、粮食产量、生活条件、生产条件都有改善，超过 1/3 的村民认为其收入情况、生活条件、生产条件和村庄环境得到了很大改善。具体情况见表 1。

---

① 数据来源：《访贫问需帮困育人——湖南厅扶贫济困活动纪实》，《中国国土资源报》2015 年 11 月 6 日。

表1   此次访谈调查问卷

单位：%

分类	程度	次数	百分比	有效百分比	累计百分比
收入情况	大幅增加	5	35.7	35.7	35.7
	有增加	9	64.3	64.3	100
	总计	14	100	100	
粮食产量	大幅增加	2	14.3	14.3	14.3
	有增加	12	85.7	85.7	100
	总计	14	100	100	
生活条件	大幅变好	6	42.9	42.9	42.9
	变好	8	57.1	57.1	100
	总计	14	100	100	
生产条件	大幅变好	5	35.7	35.7	35.7
	变好	9	64.3	64.3	100
	总计	14	100	100	
村庄环境	大幅变好	8	57.1	57.1	57.1
	变好	6	42.9	42.9	100
	总计	14	100	100	

数据来源：根据问卷调研情况整理。

以上问卷虽然并不能代表所有贫困地区，但至少在一定程度上体现了调研地区受益群体的基本看法。总体来看，在贫困地区实施的土地整治对促进精准扶贫的成效明显，主要体现在以下方面。

1. 土地整治支持政策在助力片区扶贫攻坚中效果突出

2014 年 9 月，国务院扶贫办中国扶贫发展中心和北京师范大学中国扶贫研究中心对全国 22 个有扶贫攻坚任务的省份发放了问卷，就行业政策支持片区扶贫攻坚情况进行了问卷调查。结果显示，在 2014 年我国实施片区规划过程中，尽管各行业部门政策在不同省份的落实情况存在一些差异，但就行业部门的整体落实情况来看，教育、交通、水利、卫生、国土、住建等有关基础设施建设、民生领域等薄弱环节的行业支持政策整体落实情况较好。从支持政策落实情况来看，三个大类的政策落实情况呈现明显的阶梯差异。首先，包括国土资源等在内的民生基础类相关支持政策落实情况最好，相关支持政策比较全面、规划相对合理可行、财政支持比较充裕、各个牵头片区重视程度较高、地方财政配套要求适当、地方创新实践充分，几个因素综合起来，使得民生基础类相关支持政策落实情况较好，政策效果突出，片区受益面广、受益程度深。其次，产业发展类相关支持政策落实情况较好，支持政策相对全面，规划也较为合理、各个行业部门也比较重视，但是各类专项支持资金对于产业发展杯水车薪，同时，受制于长期以来的基础设施欠账，片区各县产业发展也受到一定影响，制约了产业发展类相关政策的落实及效果。最后，由于受制于财政、金融、税收等制度所面临的改革和突破较多，金融类相关片区支持政策落实较差。

2. 土地整治成为国土资源系统帮扶机制的重要内容

2011 年以来，国土资源部立足土地整治，建立了以部际联席会议为主的长效帮扶机制，为贫困地区人口增收建立了可持续的动力机制。把深入贯彻落实习近平总书记等中央领导同志有关扶贫开发工作的重要讲话精神和《中国农村扶贫开发纲要（2011～2020 年)》确定的重要政策措施作为一项重要政治任务，充分发挥部门优势，从规划、政策、项目、资金等方面加大对贫困地区的支持力度，形成了具有部门特色的国土资源扶贫工作新机制。

加大土地政策倾斜力度，支持矿产资源开发和综合利用，促进贫困地区资源优势转化为经济优势。2011 年以来，国土资源部在编制和下达全国土地利用计划时，对贫困省份给予不同程度倾斜，并要求省级国土资源主管部门在分解下达土地利用年度计划时给予国家扶贫开发工作重点县适度倾斜，优先保障易地扶贫搬迁、小城镇和产业集聚区建设用地需求，推动贫困地区农村危旧房改造，促进农村新社区建设。逐年加大城乡建设用地增减挂钩项目支持力度，用于拓展扶贫开发建设用地新空间。大力推进土地整治，改善贫困地区生产生活条件，并加大地质灾害防治力度，保障贫困地区人民群众生命财产安全。针对贫困地区山体滑坡、崩塌、泥石流等地质灾害，重点实施了调查评价工程、群专结合的监测预警体系建设、搬迁避让与治理工程，并部署了有针对性的防范措施。

3. 土地整治在改善贫困地区生产生活条件、降低和减弱致贫因素等方面作用突出

土地是贫困地区和贫困人口最重要的生产资料，对农民维持日常生活与实现脱贫致富至关重要，也对贫困农村地区的经济运行与长远发展具有举足轻重的作用。通过土地整治，耕地面积增加了，耕地质量提高了，农业生产条件改善了，规模化经营水平提升了，抗风险能力提高了，生产成本降低了。同时，国土资源部门还积极发挥连线搭桥的作用，争取财政、水利、移民等项目改善了贫困地区基础设施条件，整体提升了贫困地区的生产条件，为贫困人口可持续增收打下坚实基础。

云南省会泽县五星乡石龙、黑土、铅厂 3 个村委会土地整治项目，建设规模 10027 亩。项目实施后，新增耕地面积 514 亩，建成了"田成方、路成网，渠相通、路相连，旱能灌、涝能排，田园化、生态化"的高产稳产田。目前，通过干部示范带头和种植协会集约租赁，累计流转土地 10000 余亩，先后引进药灵公司、秋雨合作社等 21 家龙头企业落户五星，发展特色种植业，年总产值有 4000 余万元，年销售收入有 1950 余万元，较传统农作物平均产值，群众可增收 2000 余元/亩①。黄山市国土资源部门充分发挥专业优势，2015 年，累计投入项目资金 1300 多万元，对 400 亩农田进行升级改造，实施了高标准农田建设以及土地复垦项目。项目实施后，农业机械全部可以直接开到田头，大大提高了生产效率和土地收益率。同时，争取项目资金 300 万元，修缮了村组道路 10 条 8 公里，切实解决了村民的生产生活交通不便等问题②。四川阆中在天宫乡投入 4141 万元开展土地整治，建设规模 2.7 万亩。平整土地 1.4 万亩；修建混凝土道路 24 条 25 公里，石板路 20 公里；整治塘堰 15 口，石河堰 2 口；绿化道路 25 公里，河道整治绿化 4.5 公里，达到田成方、路成框、渠成网，实现涝能排、旱能灌。在此基础上，大力发展以水果玉米、紫苕、杂柑、川明参为主的特色种植业，流转土地

---

① 数据来源：《会泽县乌蒙山片区扶贫攻坚情况汇报》，会泽县人民政府，2016 年 3 月 16 日。

② 数据来源：《精准扶贫，一路艰辛一路收获》，《中国国土资源报》2015 年 10 月 16 日。

3000 亩，招引业主 6 户，打造了龙山驿中药材、天宫院水果 2 个专业村。形成观光农业规模化，培育庭院经济农户 110 户 5 亩以上的家庭农场主 24户，建成珍稀苗木花卉基地 270 亩、蔬菜基地 250 亩。项目实施后，农民人均纯收入增加 8000 元以上，达到 8700 多元①。

4. 土地整治所形成的特色产业在扶贫脱贫持续性方面成效明显

贫困地区有着不同的资源禀赋和生态特点，国土资源部门向贫困地区倾斜土地整治、城乡建设用地增减挂钩政策，大幅缓解了贫困地区基础设施落后、资金缺乏的问题。通过整合资源，国土资源部门调动各方力量，努力帮助贫困地区形成适合自身的优势产业，推动一大批特色产业的形成。

四川省平昌县国土资源局坚持土地整治项目规划布局与全县扶贫规划、产业发展规划紧密衔接的原则，对照全县 146 个贫困村修订了《平昌县土地整治规划》，分年度确定项目实施任务，目前平昌县已经和正在实施的土地整治项目覆盖 28 个贫困村，已经入库或立项的项目覆盖 27 个贫困村，平昌县双鹿乡小鹿村通过土地整治已流转土地 2000 余亩，用于发展现代农业②。重庆市国土局将避暑休闲旅游地重点布局在 18 个贫困区县，保障休闲旅游地产用地空间，指导通过购买地票落实经营性建设用地指标和办理农用地转用和耕地占补平衡手续；对每个贫困区县专项安排新增建设用地年度计划指标 20 公顷，精准用于贫困村和困难户发展乡村旅游、养老、特色农产品加工等产业③。湖北省通城县实施高标准农田建设和低丘岗地改造，着力打造农业特色板块基地，该县已成立油茶专业合作社十余家，辐射带动 63 个村、7620 多户农民参与油茶种植，累计改造及新建油茶基地面积 17 万亩，年创综合产值近 10 亿元，塘湖镇建立 1500 亩油茶基地，亩产值可达

---

① 数据来源：《在土地上做扶贫大文章——四川省国土资源系统扶贫攻坚纪实》，《中国国土资源报》2015 年 11 月 5 日。
② 数据来源：《四川平昌土地整治促拔穷根，现代农业助力增收——山路变通途铺就致富路》，《中国国土资源报》2015 年 12 月 19 日。
③ 数据来源：《重庆市国土资源局：土地政策叠加助力精准扶贫》，《中国国土资源报》2015 年 10 月 20 日。

2600 元，全村有 2000 多人因此致富①。

5. 土地整治有力地促进了本区域经济社会的发展，带动贫困人口增收

国土资源部门立足片区区域发展，通过土地整治的工程技术手段，提高了土地的产出效率，同时，增加了土地要素的投入总规模，维持了总产出持续稳定的增长。通过土地整治与城乡建设用地增减挂钩的结合，解决了贫困地区土地廉价、资金短缺等问题，优化了贫困地区土地资源配置，推动了产业转移和产业升级，增强了贫困地区自我发展、加快发展的内在活力和内生动力，有力地促进了贫困地区的区域发展。

以国土资源部联系的乌蒙山片区为例，为了支持片区经济社会发展，国土资源部编制的《全国土地整治规划（2011～2015 年）》将乌蒙山片区38个县（市、区）全部纳入高标准农田建设示范县，并出台《支持乌蒙山片区区域发展与扶贫攻坚的若干意见》，通过规划引导土地整治项目和资金向贫困地区倾斜，支持三省开展国土资源各类试点工作。将四川省泸州市优先列为工矿废弃地复垦利用试点，促进耕地保护和矿山环境治理恢复；将贵州省遵义市、毕节市和云南省昆明市、曲靖市列为低丘缓坡荒滩等未利用地开发利用试点。经过各方面的共同努力，乌蒙山片区通过区域性经济社会发展，带动贫困人口脱贫致富。2014 年片区 GDP 总量为 3107.28 亿元，同比增长 11.18%，高出 2014 年全国 GDP 增长率近 4 个百分点；农民人均纯收入为 6364.35 元，高出 2014 年全国农民人均纯收入增速 3.5 个百分点，贫困人口同比减少 6.65%。

6. 土地整治改善了贫困地区人居环境，提升了贫困人口生活质量和健康程度

针对大量贫困地区生态环境脆弱，农民居住分散、生活环境恶劣、基础设施和公共服务设施配套难的特点，国土资源部通过向贫困地区倾斜城乡建设用地增减挂钩指标、土地整治项目、地质灾害避让搬迁资金和生态移民政策等，通过移民搬迁，提升了贫困地区的人居环境，增强了贫困人口的幸福感和获得感。

---

① 数据来源：《湖北通城土地整治助力精准扶贫》，《中国国土资源报》2015 年 11 月 9 日。

广西壮族自治区国土资源厅对列入自治区扶贫生态移民工程的项目，采取"优先安排指标，优先规划修改调整，优先耕地占补，优先用地报批"等非常措施给予保障，对列入滇桂黔石漠化片区范围的广西 35 个县（区），明确城乡建设用地增减挂钩试点获得的节余周转指标，可在全区范围内实行有偿交易使用，有偿使用收益用于支持扶贫生态移民工程建设。仅 2015 年上半年，广西国土资源厅为 28 个国家级贫困县专项安排用地指标 560 公顷。广西通过采取一系列非常措施，保障扶贫生态移民工程项目用地需求，推动实现全区每年搬迁安置 10 万人左右的工作目标。[①] 青海省海东市互助县编制了《城乡建设用地增减挂钩项目区实施规划（2015～2018）》，共安排建新区地块 14 个，计划总投资 6259 万元，对用地矛盾特别突出、农村居民点复垦潜力大、农民对复垦工作愿望迫切的地区安排增减挂钩项目区，通过增减挂钩项目的实施，解决项目用地无法报批落地及废弃宅基地复垦资金短缺的问题。[②]

三 存在的主要问题

应当说，土地整治在促进贫困地区整体发展和环境条件改善以及消除减弱致贫因素方面起到积极作用，但是，土地整治自身也有其行业的技术管理要求，在目标、重点和运行的要求方面还存在着一定的差异。因此，土地整治助推精准扶贫中难免存在着一些问题和矛盾，主要表现在以下几个方面。

1. 受土地整治项目本身限制，贫困家庭参与程度还不够高

目前，土地整治项目绝大多数是通过政府口径自上而下传输到基层社区的，其涉及的政府过程较为复杂，牵涉的面也较广，导致在贫困地区贫困人口的表达和参与程度不够。对于土地整治项目的立项是否完全符合扶贫和贫困地区的实际情况，是否与贫困人口的需求以及后续的发展能力相匹配，有

---

① 数据来源：《广西壮族自治区 2015 年工作总结》。

② 数据来源：《青海互助：增减挂钩助力易地扶贫搬迁》，《中国国土资源报》2015 年 12 月 17 日。

时缺乏详尽的考虑。项目对象的确定、项目的实施过程，通常贫困地区管理部门参与多，农民参与较少，导致土地整治项目政府意愿性强，贫困农户的整体积极性不高，不配合或不满意的情况难免存在。与此同时，由于土地整治过程中农民权益尤其是土地权属变化情况较多，农户参与性的缺乏，农民利益保障性很容易受到忽视，出现部分贫困人口的权益反而受到剥夺的现象。土地整治的目的是保障农民利益，但如果参与程度不够、参与方式不合适、参与程序不畅，可能会产生一些新矛盾，从而影响土地整治助推精准扶贫的。

2. 土地整治的益贫性尚待进一步提高

现行土地整治项目基本是各县选点，示范先行，大量的土地整治项目投入所谓"基础好"的地区，成为各县打造"亮点""样板"的手段，从而导致土地整治的益贫性较低。一些土地整治项目并没有投入本地区最贫困地区，而是选择一些中等贫困地区，这样，最贫困家庭和贫困村也很难从中直接受益，影响了整体益贫性的提升。另外，从土地整治项目的后期运行情况来看，一些项目完成后贫困人口出于各种情况，并没有持续经营，难以产生较好的扶贫效益，部分土地通过流转到了大户、公司或者企业手里，最终从扶贫项目中受益最多的反而是大户、公司、企业。同时，很多整治过的土地还存在较为普遍的非农利用和非粮食生产的情况，也偏离了土地整治助力精准扶贫的初衷。

3. 助力扶贫开发的精准程度有待提高

项目瞄准不够精准，土地整治项目需要一定的规模效应，通常是连片推进，而贫困村、贫困人口的分布较为分散，一个土地整治项目往往只能覆盖很少的贫困人口和贫困地区。

资金投入不够精准。一方面，如前所述，一些土地整治的资金并未投入贫困地区和贫困人口；另一方面，土地整治的项目设计和资金投入仍然存在一刀切的情况，补助资金没有考虑到贫困地区的实际情况，由于贫困地区地质条件差异较大，地方财政吃紧，在同一标准的补助资金下很难完成土地整治项目。

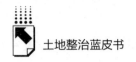

精准帮扶程度不高。土地整治精准帮扶的程度较低，很多土地整治项目成为缩小版的"大水漫灌"，精准到村到户程度不够，没有较为精准地瞄准贫困地区和贫困人口，也较少考虑贫困人口的具体需求。

四　土地整治助力精准扶贫的思考及建议

《中共中央　国务院关于打赢脱贫攻坚战的决定》指出，要从顶层设计上对精准扶贫、脱贫攻坚做出超常规部署，国土资源部门作为土地整治的主管部门，如何立足行业优势，创新土地整治扶贫机制，集中行业资源和力量放大土地整治扶贫效果，笔者认为应重点从以下四个方面入手。

1. 厘清土地整治、区域发展与精准扶贫之间的关系

毋庸置疑，土地整治的整体效应更偏重区域发展，通过提高农业综合生产能力，促进区域性的农业产业发展。正因土地整治的这种天然属性，导致其与精准扶贫存在以下几方面差异：第一，二者目标有所差异。土地整治的目的在于提高农业综合生产能力、优化用地结构布局、完善设施配套、改善人居环境、破解建设项目用地难题。而精准扶贫的目的则在于实现贫困地区、贫困人口的可持续脱贫。第二，二者针对的对象有所差异。土地整治对象是无属性的土地，而精准扶贫对象是有属性的贫困人口。第三，二者实施方式有所差异，土地整治追求规模效应，往往是区域性的大面积推进，而精准扶贫则讲究到户到人。第四，政策属性有所差异。土地整治注重对土地质量的开发与提升，是一个技术性政策；精准扶贫更偏向于社会政策，在于改善社会的整体治理状态，弥合贫富差距。

虽然二者之间有诸多差异甚至冲突，但其终极目的又有一致的地方，即促进农村长久、可持续发展。因此，土地整治助力精准扶贫，首先要处理好土地整治、精准扶贫二者之间的关系。尽可能统一其目标，土地整治项目应该更注重社会效应，更多地向贫困地区、贫困人口倾斜，提升土地整治项目的益贫属性，更好、更快地促进贫困地区的可持续发展。在土地整治项目推进过程中，凸显精准性，对于致贫原因较为一致且能通过土地整治实现持续

发展的，可以整村乃至整乡推进，对于致贫原因较为分散的，则应探索适应精准扶贫的土地整治新办法、新手段。

另外，解决好土地整治助力精准扶贫过程中区域发展与精准扶贫的关系。贫困地区的发展一定程度上是一个区域发展问题，区域经济的持续向好才能从根本上带动贫困地区的脱贫。而土地整治恰恰是解决贫困地区区域性发展的核心技术手段，土地整治对精准扶贫的效果有些是直接的，例如土地整治能够提升土地产出效益，直接带动贫困人口增收；有些是间接效果，例如土地整治改善生产环境，带来产业结构变化推动贫困地区经济发展。有些短期可以见到效果，例如高标准农田建设效果立竿见影，有些是长期才能看到改变，例如对生活环境改变激发贫困人口内生动力。土地整治应当解决好区域发展与精准扶贫的关系，兼顾精准扶贫与区域发展，才能更好地体现土地整治的直接效应与短期效应，放大间接效应与长期效应。

2. 提升土地整治的益贫性，扩大土地整治助力精准扶贫覆盖面

所谓益贫性就是土地整治带来的整体效益要更多地向贫困人口和贫困地区倾斜，即贫困人口和贫困地区从土地整治中的收益要超过其他地区和人口的收益，至少要超过平均水准。土地整治政策应该不断扩大扶贫覆盖面，提升益贫属性，才能更好放大助力精准扶贫的效应。

第一，尽快完成土地确权，切实保障贫困人口的权益。土地是贫困人口最重要的生产、生活资料，是大部分贫困人口唯一的财产。目前，各地农村的土地确权还比较落后，一方面影响贫困地区土地整治的进一步深入和开展；另一方面，在土地整治过程中损害贫困人口权益的现象还时有发生。因此，应该尽快完成土地确权工作，尤其是涉及城乡建设用地增减挂钩试点和农村土地整治等重点工作中的集体土地确权登记问题，积极开展探索和创新，切实保障贫困人口的权益。

第二，提高土地整治过程中贫困人口的参与程度。由于土地整治工作涉及面广、政策性强、操作程序复杂、工作难度也较大，土地整治的整体流程基本还是"政府主导"。土地整治最终受益者是农民。实践证明，贫困人口是否全程参与土地整治过程，很大程度上决定着土地整治总体成效，也决定

着土地整治的益贫效应。凡是有贫困人口广泛参与的土地整治项目，其治理效果也比较突出，也更能凸显效果的益贫性。因此，应该进一步探索贫困人口参与土地整治的成功模式，充分发挥贫困人口的主体作用，使贫困人口从土地整治中更加受益。

第三，平衡中央与地方的土地整治策略差异，使土地整治更加有利于贫困地区和贫困人口。对于实施土地整治，中央和地方的整体侧重略有差别，中央层面侧重于通过土地整治提高土地效率，增加贫困人口收入。但地方政府则侧重于通过优化用地结构、挖掘存量提升地方财政，促进区域发展。同时，发达地区和贫困地区土地整治的需求也有差别，应该通过平衡中央和地方在土地整治过程中的策略差异，增强贫困地区地方政府土地整治需求，把土地整治的目标更加集中在改善贫困人口和贫困地区的生产和生活环境。

3. 提升土地整治助力扶贫开发的精准性

第一，规划编制精准。土地整治项目受有关规划的约束性较强，各规划之间缺乏衔接，特别是扶贫规划和土地整治规划缺乏衔接将导致一些土地整治项目在贫困地区难以展开。要尽快实现相关规划的衔接，立足扶贫开发的精准性，编制土地整治、土地利用、移民搬迁等专项规划，尤其要衔接土地整治规划和扶贫开发规划，并争取实现土地整治规划"到村到户"，切实实现土地整治相关政策、项目、资金瞄准贫困地区、贫困人口。

第二，资金整合精准。涉及土地整治的相关资金、项目较多，土地整治、增减挂钩、移民搬迁、高标准农田建设、未利用地开发、工矿废弃地复垦利用等条块资金和项目非常多，但各类项目到贫困地区以后，由于受到条块渠道制约，难以发挥聚合效应。因此，建议通过制度创新，推进各类资金在县级政府乃至乡、村的整合，通过"组合拳"，将各类项目、资金集中投入贫困地区和贫困人口，实现从"大水漫灌"到"精准滴灌"的转变，放大资金的使用效率。

第三，助力扶贫精准。土地整治助力精准扶贫的具体措施要精准，要建立动态调整的项目实施机制。对于不同类型的贫困地区分类实施土地整治项目，同时，也根据项目实施情况进行动态调整。例如，每年专项安排新增建设用地指标专项支持新农村建设和扶贫开发；重点把生态移民项目纳入增减挂钩试点范围；有关土地整治的各项政策优先向贫困地区倾斜；重点扶贫建设项目，不能实现占补平衡的，可以边占边补等。

4. 立足五大发展理念推动土地整治扶贫转型

土地整治助力精准扶贫，要立足党的十八届五中全会提出的"创新、协调、绿色、开放、共享"发展理念。第一，立足创新发展理念，通过建立健全相关制度和创新模式，助力精准扶贫。进一步完善土地整治的项目分配、管理、监督、评价机制；进一步探索创新土地整治工程技术、项目实施机制；进一步完善土地整治的资金筹集机制、社会资本参与机制。第二，立足协调发展理念，统筹城乡发展、平衡东西差距、协调土地整治各个侧重点，助力精准扶贫。进一步统筹土地整治项目在城乡之间、发达地区和贫困地区之间的分布，进一步平衡土地整治、土地开发和土地复垦之间的侧重。第三，立足绿色发展理念，以保护土地资源、国土资源为出发点，围绕贫困地区和贫困人口的生活环境改善和绿色产业发展，推动土地整治助力精准扶贫。第四，立足开放发展理念，借鉴国外先进土地整治的理念、技术、制度和方法，扩大国际合作，积极引进国外先进技术，提高我国土地整治助力精准扶贫的整体水平。同时，总结土地整治助力精准扶贫的"中国经验"，为全球减贫和可持续发展贡献"中国力量"。第五，立足共享发展理念，以土地整治惠及贫困人口为重点，适时扩大土地整治的效益受众群体，让土地整治惠及更多人群。

参考文献

吴海洋：《"十二五"时期中国土地整治工作思考》，《中国土地科学》2013 年第 3 期。

任佳、薛剑、贾文涛：《扶贫开发，土地整治如何"锦上添花"》，《中国土地》2013 年第 5 期。

阮松涛、吴克宁、郑子敬：《中国土地扶贫的制度分析与政策探讨》，《国土资源科

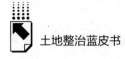

技管理》2013 年第 5 期。

贾文涛、孙春蕾、陈正、张秋惠：《浅议新常态下土地整治面临的形势和任务》，《国土资源情报》2015 年第 7 期。

苏向荣：《参与式农村土地综合整治新模式研究》，硕士学位论文，湖南大学，2011。

袁国华、郑娟尔、王世虎：《国土资源政策助力赣州市脱贫的调研与思考》，《中国国土资源经济》2016 年第 3 期。

郑娟尔、王世虎、袁国华：《扶贫攻坚与土地政策创新——基于贵州省的调研与思考》，《中国国土资源经济》2014 年第 6 期。

制度探索篇

Institutional Exploration

B.14

鼓励和引导社会资本参与土地
整治机制创新研究

范树印　杜官印　曹海欣　高世昌　杨　剑*

摘　要：　本文在深入研究国家引导社会资本参与重点领域建设相关政
　　　　　策导向的基础上，对当前地方开展引导社会资本参与土地整
　　　　　治实践进行分析，针对实践形成的经验做法、实践的成效和
　　　　　存在的不足，从回归土地整治本源出发，提出鼓励和引导社
　　　　　会资本参与土地整治机制创新的思路与措施。

* 范树印，硕士，国土资源部土地整治中心主任、研究员，主要研究方向为国土资源管理理论
与政策和土地整治实施监管；杜官印，自然地理学博士，国土资源部土地整治中心主任助
理，主要研究方向为土地管理政策；曹海欣，经济学硕士，国土资源部土地整治中心处长、
研究员，主要研究方向为土地整治资金预算管理；高世昌，管理学博士，国土资源部土地整
治中心副处长、研究员，主要研究方向为土地管理制度和土地整治实施监管；杨剑，管理学
硕士，国土资源部土地整治中心高级工程师，主要研究方向为土地整治资金预算管理和土地
管理制度。

关键词：　土地整治　社会资本　创新投融资机制

党的十八届五中全会提出，要建立农业农村投入稳定增长机制，培育农业、水利工程多元化投资主体，引导和鼓励社会资本投向农村。在新形势下，要充分认识鼓励和引导社会资本参与土地整治的重要性和紧迫性，着力开展相关政策研究，逐步构建鼓励和引导社会资本参与土地整治工作的机制，为有效拉动社会投资、大规模开展高标准农田建设提供有力保障。

一　国家关于鼓励社会资本投资的政策导向

2014 年 11 月，国务院印发《关于创新重点领域投融资机制鼓励社会投资的指导意见》（国发〔2014〕60 号），对在重点领域放宽市场准入、发挥政府投资引导作用、建立政府与社会资本合作机制等提出一系列政策要求，为在土地整治领域引入社会资本指明了方向。

（一）政府与社会资本合作是创新投融资机制的重要内容

政府与社会资本合作（PPP）是在公共服务领域建立的一种长期合作关系，是由社会资本承担基础设施的设计、建设、运营、维护等大部分工作，并通过"使用者付费"或必要的"政府付费"获得合理投资回报的过程。作为新型项目融资方式，PPP 通过将市场机制引入基础设施建设，在减少政府投资，提高资金使用绩效方面取得了较好效果，受到各级政府的高度关注，国务院有关文件也将 PPP 作为创新重点领域投融资机制的一项重要内容。

2014 年以来，国务院办公厅、财政部和国家发改委等在规范 PPP 项目运行方面出台了一系列文件，对 PPP 项目的适用范围、项目工作机制、交易结构、合同体系等做了具体界定，以规范有序推进 PPP 项目实施。根据国家发改委网站信息，2015 年首批公开发布 PPP 推介项目 1043 个，预计投资 1.97 万亿元[①]，主要集中在交通、环保、市政、社会事业、水利等领域，实现了投资主体的多元化。其中，一些地方已安排的 PPP 项目也含有土地整治项目，如重庆市推出的大渡口区钓鱼嘴南部片区项目。当然，该项目实质上是城市土地开发项目，不是传统意义上以农田水利建设为主要内容的土地整治项目。

（二）吸引社会资本参与要充分发挥政府投资引导作用

充分发挥政府投资引导作用是财政投资体制改革的重要内容，目的是在财政投资导向上，进一步突出公益性和基础性建设，退出在竞争性领域的投资；在财政投资方式上，改变财政直接投资方式，同等条件下优先支持引入社会资本的项目，通过投资补助、基金注资、担保补贴、贷款贴息等方式支持社会资本参与重点领域建设。

综合分析财政部和地方政府在发挥财政资金引领作用方面出台的措施，从支出方向看，"三农"支出始终是财政支出的重点领域，当前问题是涉农专项支出方向分散，国家和部分省份正在试点推动涉农资金整合，土地整治和高标准农田建设属于整合后的"农业生产发展类支出"，仍然属于财政资金重点支持的范畴；从支出方式看，地方已探索建立起运用财政补贴、贷款贴息、政策奖励、以奖代补、民办公助、风险补偿等多种方式手段，引导和激励社会资金增加投入的机制，其中部分地区在农田水利设施建设中也进行了大量试点。

（三）鼓励社会资本参与重点领域建设要促进政府职能转变

从当前相关部门和地方引入社会资本实践看，由于农田水利基础设施建设的投资回报相对较低，社会资本参与的意愿还有待进一步提高。因此，鼓励和引导社会资本参与土地整治建设，不能将关注点仅仅放在优化投资结构、解决资金来源上，还要在盘活存量、用好增量的同时，从促进部门职能

---

① 数据摘引自《发改委发布近 2 万亿元 PPP 推介项目》，《中国证券报》2015 年 5 月 26 日。

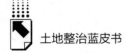

转变，提高资金使用效率和实施管理水平出发，研究如何通过创新土地整治实施管理模式，吸引各类社会资本多方位、多渠道、多方式参与高标准基本农田建设，从而形成倒逼机制，不断完善制度设计，进一步促进政府职能转变，将政府从繁复的管理事务中解脱出来，从过去的基础设施公共服务的提供者变成一个监管的角色，更好地履行指导服务和监管职能。

二　各地引导社会资本参与土地整治的主要模式

各地按照国家鼓励社会资本参与重点领域建设要求，不同程度探索开展了吸引社会资本参与土地整治建设试点，并形成以"农业经营主体先建后补"和"财政资金引导企业投资"为代表的实施模式。

（一）农业经营主体以先建后补形式开展土地整治

1. 实施方式

该模式鼓励农村集体经济组织或农民，以及符合条件的新型农业经营主体，按照批准的土地整治规划设计方案，采取自行筹资或投工投劳、以物折资等方式先行开展土地整治和高标准农田建设，根据项目实施进度或工程竣工验收后，按照政府确定的投资标准给予财政资金全额或部分补助。目前，广西、福建、重庆在省域范围，吉林、山东、河南、湖北、湖南、四川等省的部分地区推进开展了此类试点。

该模式主要适用于土地整治规模较小、土地相对分散的整治类型，具体实施方式呈现多样化特点。比如，广西以农村集体经济组织为主体，鼓励农民自发开展"小块并大块"土地整治；重庆市垫江县以联户并地方式开展土地整治，即耕地相连的5～8个农户作为单元，以1个带头人为主体开展土地整治；湖南省长沙市、株洲市以农村集体经济组织为主体，实行项目自定、资金自筹、工程自建、后期自管。在财政资金补助比例方面，主要分为按照标准全额补助和部分补助。比如，山东、广西、湖北采取规定补助范围和标准，项目建成后按照工程量核算后全额补助的方式；湖南省长沙市、甘肃省临夏县是在工程验收后，按照工程预算定额标准给予全额补助；重庆市建立了补助目录，项目验收后按照土地平整、田间道路、农田水利工程施工直接费的80%予以补助。

2. 实施成效

一是实现了"规建用管"一体化。这种模式调动了土地经营主体的积极性，相对于传统项目组织实施模式，大大缩短了工程实施时间，提高了工程建设质量，解决了项目建后管护问题。二是节约了财政资金投入。这种模式在一定程度上减少了前期工作等经费，也节省了企业施工的部分工程利润资金。比如广西实施的耕地"小块并大块"每亩节约财政资金500～700元；重庆市仅对工程直接施工费补助80%，比传统实施方式至少节省20%的投资。三是解决土地经营细碎化问题，有利于农业规模经营。集体经济组织自建、农民联户自建土地整治项目的同时也进行了土地地块归并和权属调整，促进了土地适度规模经营。比如，重庆垫江县白家镇湖滨村五社下刘家堡3个社农民实施土地整理项目，整治前87户，面积0.36亩/块，5.7亩/户，总块数1376块；整治后面积8.97亩/块，6.7亩/户，总块数65块。项目按照瓜果蔬菜基地的要求进行整治后，农民人均收入从不足1000元提高到5000元[①]。

3. 存在的问题

政府投资项目工程建设属于《招投标法》规范的范畴，由于农民集体、新型农业经营主体多数没有工程施工资质，一些地方对超过200万元的施工工程采取"借用资质"方式参与招标和进行施工，存在管理风险。

（二）以财政资金引导、企业投资形式实施土地整治

1. 实施方式

该模式以政府资金为引导，吸引社会资本配套投入，共同参与土地整治和高标准农田建设。实施该模式试点的包括湖北、重庆等省份。

---

① 数据摘引自《垫江探索农村土地整治新路径》，《重庆日报》2012年12月18日。

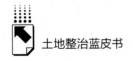

该模式主要适用于土地经营规模较大的合作社和工商资本进入农业领域形成的农业企业，根据农业产业经营、农产品深加工、农业休闲观光等实施土地整治和高标准农田建设。一般是农业企业或专业合作社与当地农业集体经济组织或农民个体商谈并签订土地流转合同后，由农业企业或专业合作社申报土地整治项目，政府按照当地亩均投入标准进行投入，企业按照不低于承诺比例配套投入部分或大部分资金，根据批复规划设计进行工程施工，土地整治行政主管部门进行监管。以湖北土地整治项目农业龙头企业和农民专业合作社自建为例，规定企业或合作社投入的资金不少于政府投入资金的15%用于土地整治。

2. 实施成效

一是提高了土地整治工程标准。农业企业或合作社往往以种植经营经济作物、蔬菜为主，有的甚至延伸到观光农业、农产品加工等，需要在土地整治项目规划设计和建设中按照经营需要增加配套建设内容，提高工程标准，因此农业企业或合作社愿意在国家财政投资的基础上自行投入资金。比如，湖北省在22个县开展了25个农业龙头企业和合作社自建试点项目，建设规模35.62万亩，预算投资6.96亿元，企业配套投入不少于1.04亿元。二是发挥了财政资金拉动社会投资作用。企业或合作社结合自身产业发展，除配套投入土地整治经费外，在农业生产设施方面也投入大量资金。比如，湖北枝江市安福寺镇秦家塝高标准农田建设项目总投资1.2亿元，其中土地整治资金2439万元，企业投入配套建设资金9561万元[①]。三是促进了现代农业发展。合作社、农业龙头企业自建土地整治项目中，普遍对土地实行机械化耕作，建设喷灌、滴灌、大棚等现代农业设施，促进了农业规模化、产业化发展。

3. 存在的问题

主要是农业企业、合作社自建土地整治项目在施工资质和招投标等方面与国家规定不符，且农民利益保障机制不健全，没有建立农民持续增收的利

---

① 数据摘引自《关于湖北省社会资本参与土地整治有关情况的调研报告》，国土资源部土地整治中心，2015年11月。

益共享机制。此外，对政府和社会资本共同投资形成的基础设施，没有划分资产归属的相关规定，在企业退出时容易产生资产权属纠纷。

三 对引导社会资本参与土地整治的思考

（一）社会资本参与土地整治符合农业农村发展和改革方向，应当积极稳妥推进

长期以来，土地整治以"财政投资、政府实施"的运作模式为主，存在政府投资和土地经营主体需求之间的错位。特别是在国家农业农村改革鼓励推进农业适度规模经营和现代农业发展的大形势下，农业新型经营主体快速发展，对土地整治工作提出新的要求。从各地"农业经营主体先建后补"和"财政资金引导企业投资"试点情况看，通过创新土地整治实施模式，实现了土地整治项目建设、使用、管护主体一体化，调动了土地经营主体的积极性，带动了部分社会投资，提高了工程效益和财政资金的使用绩效，实践证明改革探索方向正确。

党的十八届五中全会进一步提出要"藏粮于地、藏粮于技"，土地整治要把藏粮于地、确保产能作为核心目标。在财政资金投入方式改革方面，国家鼓励发挥财政的引导作用，带动金融和社会资本投向农业农村。在土地整治中鼓励和引导社会资本参与，符合国家战略要求，符合改革方向，应当在已有实践基础上继续深化探索，丰富工作形式，完善制度安排。

（二）社会资本投入土地整治原生动力不强，无法替代财政资金主渠道地位

农业现代化是"四化"同步的短板，农业农村发展是财政资金投入的重点保障领域。"十二五"期间，我国财政投入"三农"支出逐年增长，2011 ~ 2013 年，中央财政用于"三农"投入分别达 10409 亿元、12287 亿元、13799 亿元，不断创历史新高。其中用于支持农业生产的支出约占

38%。与此同时，我国农业生产面临资源环境约束、生产成本攀升、进口粮食价格挤压等多种因素制约，农业种植收益总体偏低，社会投资意愿不高。2013年全国小麦、玉米、水稻三种粮食作物的平均净利润为72.94元/亩，平均成本利润率为7.11%。

从各地情况看，以种植业为主的专业大户、农业合作社及农业龙头企业投资能力较弱，对土地的投入一般仅限于土地平整。而具有投资能力的农业龙头企业，其经营方向往往从大田种植转向高附加值的林果种植、农业观光旅游等。同时，土地整治有利于实现土地规模经营，降低生产成本，提高粮食产量和种植收益，但仍不足以吸引社会资本大规模投资。比如，湖北天门市华丰农业合作社流转土地8.1万亩种植水稻，2014年平均利润也仅为415.75元/亩。如果社会资本全额投资土地整治，以当前地方高标准农田建设平原区1500元/亩、丘陵山区2500元/亩的投入标准，静态估算需要5年以上才能收回投资。因此，当前土地整治和高标准农田建设中，社会资本可以作为财政投资的有益补充，但尚不具备大规模代替财政投入的条件。

（三）推动社会资本参与土地整治要充分发挥财政资金的引导作用，调动土地经营主体的积极性

当前，以PPP机制推进公共设施建设引起了社会的广泛关注。从高标准农田建设等农田整治项目的特点来看，其本身不具备长期经营的特点，其最终用户是农业生产的经营者，也不具备"使用者付费"的条件，社会资本无法通过项目实施后收费获得收益，在政府不配置其他资产或权益的情况下，实施PPP模式存在较大困难。因此，引导社会资本参与土地整治应以政府向社会力量购买公共服务为主要方向，着力发挥财政资金对社会资本投入的引导和带动作用，通过创新土地整治的实施方式，吸引社会资本投资、投劳，提高财政资金使用效率和土地整治效益。

根据国家财政支农资金使用方式改革的方向和地方实践做法，引导社会资本参与土地整治可优先考虑开展"先建后补"和"民办公助"两种形式的探索。其中，以补促建、先建后补的方式主要支持在土地整治规划区项目

区内有经营需求但缺乏投资能力的集体经济组织和农民、家庭农场、种粮大户等开展土地整治，经验收合格后根据核定的工程量和标准予以补助；企业投入、民办公助的方式主要支持在土地整治规划项目区内的农业龙头企业、农业合作社等新型农业经营主体出于自身产业发展需要实施的土地整治，由企业按照规定的建设标准自行投资，经验收合格后给予一定比例的补助。

（四）引导社会资本参与土地整治要守住底线，有效防范风险

引导社会资本参与土地整治是土地整治项目实施方式和投资方式的创新，应当在守住底线的前提下进行制度设计。具体包括：一是守住土地用途管制的底线。守住耕地保护的红线，引入社会资本不得改变土地的规划用途，不能破坏农业综合生产能力和农业生态环境。二是守住维护农民利益的底线。统筹兼顾政府、农民和社会资本的利益，从制度设计上维护农民的权益和长远利益，政府财政资金应以农民作为受益的主体。三是守住依法行政的底线。在法律法规的范围内创新土地整治实施方式和投资方式，并与现行土地、财政、招投标管理方面的基本要求相衔接。

社会资本参与，也会给土地资源管理带来一系列新的问题，在引导社会资本参与土地整治的工作中必须树立风险意识。一是防止助推工商资本圈占土地。工商资本长时间、大面积流转土地，在一定程度上挤占了农民就业空间，加剧了土地经营"非农化"趋势。要对工商资本形式形成的农业龙头企业、专业合作社的经营内容、经营能力进行严格的准入审查，防止以土地整治和发展农业为名圈占土地从事非农建设。二是防止政府财政资金使用的风险。在财政资金和社会资本共同投入的土地整治项目中，要公开、公平、公正选择符合条件的社会资本参与主体，接受社会监督、财政监督和审计监督等，防止以土地整治的名义变相对企业进行利益输送。

（五）引导社会资本参与土地整治也面临一些政策难点，需要深入研究

当前，深化农村改革综合性方案对如何发挥政府财政资金的引导和杠杆

作用提出方向性意见,但还没有形成系统的政策文件。现行制度下,引导社会资本参与土地整治在政策设计上面临两个方面的制约因素:一是新型农业经营主体承担土地整治项目工程实施的资格问题。财政部和国土资源部印发的《新增建设用地土地有偿使用费资金使用管理办法》(财建〔2012〕151号)规定:"有条件的地方,依据土地整治规划,可通过'以补促建'的形式,稳步推进以农村集体经济组织和农民为主体开展的土地整治。"目前新型农业经营主体已经成为现代农业经营体系建设的重要组成部分,但现行政策规定还没有把新型农业经营主体纳入支持范围。二是土地整治资金使用制度规定的限制问题。政府财政资金采取"先建后补""民办公助"等形式开展土地整治,涉及财政资金的使用方式调整,具体实施必须得到财政部门的许可。财建〔2012〕151号文件对探索"先建后补"仅有原则性意见,对"民办公助"还没有做出规定。从地方试点情况看,一些地方实施的多个农民自建土地整治项目试点以失败告终,主要原因是当地财政部门不同意财政资金直接支付给农民,导致试点工作无法深入开展。

四 引导社会资本参与土地整治的政策建议

"十三五"时期,党中央、国务院提出建设6亿亩高标准农田任务。开展土地整治大规模建设高标准农田,单靠政府投入远远不够,必须在守住底线前提下,坚持依法行政和改革创新相结合,通过营造权利平等、机会均等、规则平等的投资环境,建立健全鼓励社会资本参与土地整治的多元化投资机制,更好地发挥政府投资杠杆作用,有效增加公共产品和公共服务的供给。为此,笔者建议从以下几方面着手。

(一)在法律法规框架下推进社会资本参与土地整治

引导社会资本参与土地整治的制度设计要与现行土地、财政、招投标管理方面的基本要求相衔接,建立相应的制度和办法,加强多部门联合监管等。对地方试点中出现的问题要实事求是地分析,在法律的框架下寻求解决办法。对目前反映比较集中的土地整治项目实施主体问题和招投标问题，一是将新型农业经营主体纳入财政补助的范围。建议与财政部门协调，共同研究制定利用新增建设用地有偿使用费开展土地整治"先建后补"和"民办公助"试点的政策，明确规定家庭农场、种粮大户、农业合作社可以作为"先建后补"的试点实施主体，从事种植和粮食生产的农业企业可以作为"民办公助"试点的实施主体，允许财政资金对上述主体自建土地整治项目进行补助。二是坚持严格执行招投标法的基本规定。《工程建设项目招标范围和规模标准规定》（国家发展计划委员会令第3号）规定，施工单项合同估算价在200万元以上的应当进行公开招标。如果按照直接工程费用补助1000元/亩的标准计算，200万元可以实施2000亩土地的整治，集体经济组织、家庭农场、种粮大户的土地经营规模多数低于2000亩，不存在招标的制约问题。另外，采取先建后补方式，是在工程结束验收合格后兑付财政补助，财政资金的风险也比较小。对于农业企业和合作社实施面积较大的土地整治项目，可采取两种方式实施，由企业或合作社自主决定申请补贴费用：对于单个项目工程补助申请低于公开招标限额的，可由其组织自建；对于项目工程补助申请高于公开招标限额的，应当执行招投标的有关规定。

（二）明确引导社会资本参与土地整治的政策导向

新的国家粮食战略要求依靠自己保口粮，集中国内资源保重点，做到谷物基本自给、口粮绝对安全。据预测，到2030年我国的粮食产能需要达到6.45亿吨，提高粮食安全的保障能力仍然是耕地保护的中心任务。引导社会资本有序参与土地整治，要在把握国家粮食安全战略和农业发展政策方向的基础上，因势利导，有序推进。一是在工作目标上，落实藏粮于地、确保产能的要求，重点支持改善以种植业和粮食生产为主的农业生产基础设施条件；二是在鼓励对象上，将集体经济组织、种粮大户、农业合作社、家庭农场和从事粮食生产的农业龙头企业纳入重点鼓励和支持范围，对以农用地为依托、以观光旅游等服务业为主要经营内容的农业企业参与土地整治的，只要不改变耕地用途，也应予以一定鼓励和支持；三是在财政资金投入上，在

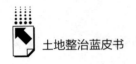

补助资金上要扣除工程利润，只补贴土地整治的工程直接成本，不介入对农业经营环节设施的补助。

（三）建立引导社会资本参与土地整治的管理规则

推进土地整治"先建后补""民办公助"要充分体现财政资金公平公正使用的原则，充分体现财政资金惠及广大农民的意图，体现财政资金的引导作用。建议以此为原则，制定项目管理的制度和政策，确立"公开标准、自主申报、竞争立项、择优支持、合同约定、自主实施、定额补助、监管跟进"的基本程序。具体包括：建立财政资金补助土地整治项目库，明确直接工程的补助范围和标准，向社会公开；所有符合申请条件的土地经营主体可按照规定要求申报，并承诺在验收达到建设标准后方可享受财政补助资金；对符合条件的申请主体进行综合评定，择优支持条件较好的项目；土地整治项目实施主体应与政府的国土资源部门签订合同，约定项目建设内容、标准，约定申请补助的条件等；对土地经营主体的工程建设进行验收后，对照补助目录库进行核拨财政补助资金；建立对社会资本参与土地整治项目实施过程的质量监理、监控机制，将实施后的项目纳入土地卫片（卫星遥感图片）执法检查，防止项目出现"非农化"问题。

（四）因地制宜试点推进社会资本参与土地整治

2008年以来，全国土地流转的比例逐年提高。据统计，截至2014年底，全国家庭承包耕地流转比例达到30.4%，其中流转入农户的占17.75%，流转入农民专业合作社的占6.66%，流转入企业的占2.92%，流转入其他主体的占3.07%。在目前家庭承包经营仍然占据主体地位的情况下，引导社会资本参与高标准农田建设不能搞"一刀切"，特别是对工商资本性质的农业企业参与土地整治要积极稳妥、因地制宜。同时，根据东中西部地区土地流转的不同情况，在制度设计上尽量做到差别化管理，建议对中西部以家庭经营为主的地区，优先考虑实施"先建后补"形式，加快改善没有投资能力的农民的生产条件；对东部地区农业龙头企业等较发达地区，应优先考虑"民办公助"的方式,鼓励企业根据自身经营需求投资土地整治,财政资金给予部分成本补贴。

参考文献

孙光辉:《关于财政融资创新之策的政府和社会资本合作模式研究》,《中国市场》2015 年第 9 期。

朱道林:《农村土地整治项目应采取产权主体申报加政府监管模式》,《中国发展》2015 年第 5 期。

李延芝:《关于加大中央财政支农资金整合力度》,中国网,2013 年 3 月 10 日。

B.15
中国农村土地整治：
从史前版过渡到现代版

——以叶屋村、南张楼村土地整治为例

徐祥临*

摘　要：　中国农业农村从传统走向现代，需要土地整治由史前版过渡
　　　　　到现代版。目前中国大部分农村的土地整治仍然处于史前版
　　　　　水平，如广东省的叶屋村。也有在现代版水平上进行土地整
　　　　　治的农村，如山东省的南张楼村。叶屋村的经验比较容易复
　　　　　制，南张楼村的经验在周边农村没有得到推广。加快中国农
　　　　　村土地整治步伐，要把这两个村的土地整治经验有机结
　　　　　合起来。

关键词：　土地整治　叶屋村　南张楼村

一　不再"靠天吃饭"是中国农民的梦想

　　中国农业和农村正处于从传统走向现代的历史性变革阶段。变革的内容
十分复杂，可以从许多角度进行观察。其中一个重要标志，就是尽可能地减
少水旱灾害等自然因素对农业生产的不利影响。中国农民称之为不再"靠

---

* 徐祥临，经济学硕士，中共中央党校经济学教研部教授，博士研究生导师，主讲农业农村经
济发展专题，主要研究方向为二元经济结构转换、农民组织化、土地问题。

天吃饭"。这是中国农民千百年来的梦想。

为了实现不再靠天吃饭的梦想，中国农民世世代代付出艰辛的努力，也取得举世瞩目的成就。淮河以南地区的水田、丘陵山区的梯田、高原地带的坝地，都是中国农民改造自然的杰作，都有上千年的历史。正是因为中国农民在不同类型地区采取了不同的工程措施，在中国广袤的地域上，从南到北，从东到西，都能够用较少的土地养活较多的人口，成为灿烂的中国古代农耕文明的重要组成部分。以今天的视角看，这就是中国古代的土地整治，其中某些领域的基本思路与技术框架至今仍不落后，比如，北方黄土高原上的农民在沟壑中打淤地坝，既防止水土流失，又形成肥沃的耕地；南方山区丘陵地带的农民在沟壑高处修筑塘堰储水，既降低了洪涝灾害，又能自流灌溉农田。

当然，中国古代的土地整治并没有彻底破解靠天吃饭难题。国土资源部的土地整治专家用 1.0 版、2.0 版、3.0 版、3.0 加强版[1]形象地划分出当今世界上发达国家创造的土地整治标准。按照这个标准衡量，中国古代的土地整治只能算是现代土地整治的史前版，其基本特点是，农民自发地凭借世代相传的经验改善土地条件，缺乏建立在科学理论基础之上的统筹规划。中国农民当然希望进行现代版本的土地整治，不仅摆脱"靠天吃饭"的局面，而且让"饭"的数量足质量好，亦即让农民生活更加富裕，让农村因美丽、环保而更加适合人类居住。这是中国农民在土地整治史前版基础上的新梦想。

二 中国农民进行土地整治的两个
案例：叶屋村与南张楼村

中国农民大规模开始现代意义上的土地整治是在新中国诞生之后，尤其

---

[1] 引自国土资源部土地整治中心副主任罗明的《中外土地整治案例》（2015 年 6 月，山东省青州市）。

是 1963 年开始的农业学大寨运动①。但农业学大寨时期的土地整治水平普遍比较低，大多数农村只能归类为史前版，小部分农村可归类为 1.0 版。1978 年农村改革之后，大多数农村的土地整治处于停滞状态，只有一部分农村开展了土地整治，这主要是由于中央政府投入了专项财政资金。所以，单纯从通过土地整治抗御自然灾害的角度进行评价，我们必须承认，三十多年来农村土地整治的成效有限，农业产量的增加主要是靠改良品种、增加化肥农药、机械投放等实现。

在上述大背景下，也有一些农村进行了土地整治，并取得明显效果。本文举出两个案例，一个是广东省清远市的叶屋村，另一个是山东省青州市的南张楼村。研究这些案例，对于推动中国农村的土地整治事业极具启发价值。

（一）叶屋村②

叶屋村是广东省清远市一个丘陵地带的小村庄，有 35 户、137 人，有可耕土地 1350 亩，其中水田 60 亩，鱼塘 210 亩，旱地 550 亩，山坡地 530 亩，属于中国农村组织体系中的村民组③。2010 年以前的叶屋村，一直延续 1982 年集体土地承包到农户的状态，即各类可耕土地分别按照肥瘠、远近等条件分散承包给各家各户，平均每户有 11 块土地。农户不论是搞种植业还是养殖业，投入的人力物力虽然不少，效益却不高，2009 年底该村的人均纯收入不到 3000 元，相当于全国平均水平的 60%。外出务工的青壮年劳动力越来越多，农业生产主要靠老人和妇女，无力精耕细作。耕地撂荒面积

---

① 大寨是山西省昔阳县的一个生产大队，原本是一个贫穷的小山村。农业合作化后，农民在山坡上修造梯田，使粮食亩产增长了 7 倍。1963 年毛泽东号召全国农村向大寨学习，从此，全国各地农村普遍开展了农田水利设施建设。很多农村当年的建设工程至今仍然发挥作用。参见李静萍《农业学大寨运动史》，中央文献出版社，2011。

② 叶屋村的资料根据笔者自 2013 年 11 月以来先后四次赴叶屋村实地考察了解到的素材整理而成。

③ 中国的乡镇政府是最基层的政权组织，在乡镇政府之下有行政村和村民组两个层次的村民自治组织。

占比在20%左右，农业生产陷入恶性循环。

干了二十多年村主任的叶时通一直把家庭经营重点放在农业上，以养鱼为主，以养猪为辅，形成猪鱼立体循环养殖模式。叶时通从3亩鱼塘起步，经过十多年的努力，规模达到11亩而且是连成片的，一般年景收入在10万元左右，比外出打工收入高得多。叶时通断定，只要本村各家各户把分散的土地资源连成片，就都可以像自家一样在某个经营项目上形成一定规模，种桑养蚕、经营果园（主要是砂糖橘），效益也同样可观。

这个想法在叶时通的脑海中翻腾了几年时间，到2008年他下决心要把这个对大家都有好处的想法变成现实。他首先说服了村理事会其他四名成员。村理事会决定按照叶时通的思路进行"土地改革"①，随后就把土地改革议案提交给全村家长会进行讨论。

虽然村民都接受叶时通讲的道理，但真正落实并不容易，最大的障碍有两个。一是土地承包到各户之后一直未做调整，但各户人口发生了很大变化，有的户人口增加了，有的户人口减少了，导致户与户之间人均土地数量差别很大。虽然两类农户都愿意让自家的土地集中连片，但也存在重大分歧：那些人多地少的农户希望按现有家庭人口重新调整承包地，也就是要增加承包地面积；相反，人少地多的农户不同意人多地少户的方案，主张仍然按照现有承包土地面积搞集中连片经营。二是由于不同地块之间道路、水利设施、土壤肥力等条件不同，各户的土地生产条件差别很大。那些占有优质土地的农户不愿意让出土地，而占有劣质土地的农户愿意得到优质土地。

于是，叶屋村围绕着土地改革议案，开展了马拉松式的讨论，核心议题有两个，一是各户之间按人平均的土地面积差距越来越大，如何解决？二是土地质量优劣问题如何解决？围绕着这两个议题，叶屋村召开了近三十次家长会，这期间既有和风细雨式的说服，也有暴风骤雨般的争吵。最终全村人取得了三点共识：一是叶屋村的所有土地资源归全体村民集体所有，不是哪一家哪个人的私有财产，人人都有同等的权利，娶进来的媳妇和新出生的孩

---

① 这是笔者实地调研时听到叶屋村农民对本村调整土地的评价。

子应当有土地，去世的老人和嫁出去的闺女应当把土地交出来。二是土地优劣是相对的，缺乏水利设施和交通条件可以依靠集体的力量进行改造。三是各家各户的土地七零八落，即使面积比别人多一些也赚不到钱，只有连片规模化经营才能出效益。

在取得基本共识的基础上，为了顺利推进土地改革，叶屋村理事会带领全体村民做了两项基础性工作：一是丈量土地，35户家长共同对全村所有地块进行丈量记录，明确了可重新发包的水田、旱地、山林的面积及位置，同时也明确了各户已种各种作物的状况。二是进行农田基础设施建设。为了尽可能使土地的灌溉条件和道路条件均等化，理事会决定并经家长会讨论通过，在落实土地重新发包方案之前，动用集体出租土地形成的集体积累，完成所有土地的通路通水工程。具体内容是，用16万元修建4公里机耕路，用13万元修建2公里农田排灌渠道，让所有水田排灌顺畅，让农业机械开进每一块土地。到2010年春天，叶屋村顺利完成了这两项基础性工作，同时，也制订了重新承包土地的详细方案。要点包括：①村集体80%的土地按照现有户籍人口重新平均无偿发包给农户；②集体留出20%的机动地用于满足农户连片经营扩大土地面积的需求，承包户向集体上交租金；③青壮年劳动力在村务农的家庭可分到一块水田和一块旱地，没有青壮年劳动力在村务农的家庭只能分到一块旱地；④家庭之间（主要是亲属之间）可以自愿调换土地。

叶屋村按照上述方案重新发包土地后，困扰了他们三十多年的土地分割细碎问题彻底解决，形成了专业化规模化经营格局，农户全部成为种植养殖专业户。砂糖橘种植面积超过20亩的有4户，鱼塘面积达到15亩、养猪超过100头的有10户，蚕桑种植面积超过10亩的有5户。即使人口少的家庭，最小一片承包地的面积也超过8亩。除各家各户都选择自身擅长的经营项目和满意地块外，全村还多出320亩旱地和20多亩鱼塘，统一连片向外出租，在原来集体出租土地收入的基础上每年增加了5万元收入。

叶屋村经过土地改革，劳动力的就业结构也发生了重大变化。以前，叶屋村常年外出务工人员有60人左右，2010年以后，有40多名青壮年劳动力把主要精力放在回村搞农业生产经营上。因为这些农民的经济账算得很明白，在村里务农比外出务工收入高得多，家庭生活也更加安定和谐。叶屋村的"土地改革"取得了预期的效果。不仅土地不再有撂荒和粗放经营现象，各家各户的收入也大幅度提高。2014 年叶屋村人均纯收入达到 30000 元，人均收入最低的农户也超过了 15000 元，已经有近一半的农户购买了家用轿车。

（二）南张楼村①

山东省青州市的南张楼村地处平原，有 1115 户 4196 人。从 1988 年开始，南张楼村在德国汉斯·赛德尔基金会的帮助下，依托土地整治与村庄革新项目，坚持"城乡等值化发展"理念，通过土地整治，改善了生产条件，提高了土地利用率；通过村庄革新，完善了村庄基础设施，提升了群众的居住生活条件，留住了农民，增加了农民收入。

由于南张楼村的"土地整治与村庄革新"经验已经有详细介绍，本文只是简单地介绍土地整治情况。

南张楼村借鉴德国土地整治经验，把全村 6308 亩农田划分成 257 块，针对土地高低不平、土路蜿蜒曲折的状况进行土地整治。基本措施是削平废弃高地，填平洼地，统一建成长 350 米、宽 300 米的大方 57 块，去掉了原来的土渠和田间小路，使土地成方成片，统一南北方向耕作，实现了机械化作业。打机井 187 眼，每方土地 3～4 眼，安装遥控装置，埋设 5 万多米地下管道，统一安装喷灌设施，实现了现代化灌溉。35 公里的田间道路全部硬化，铺设地下电线 10 万多米，既保证了农田用电，又不影响大型农业机械连片作业。通过土地整治，全村耕地不仅没有减少，反而增加了 900 亩。

土地整治为南张楼村发展现代农业创造了良好的条件。现在，该村建成了 230 亩的现代农业种植示范区，发展绿色韭菜 1000 亩，优质粮食作物

---

① 资料来源于笔者及同事 2015 年 6 月对南张楼村的实地考察。参见袁祥生编著《一个农民的德国情缘：土地整治农村发展项目纪实》，中国文联出版社，2008。

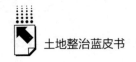

1500亩，温室蔬菜810亩，奶牛养殖小区的存栏量达到500头。工业区安置1400人就业，第三产业从业人员达到610人。2014年全村人均纯收入达到19000元。村庄规划建设井然有序。城乡等值化发展在南张楼村已经基本实现。

三　对叶屋村与南张楼村土地整治的评价

由于笔者曾亲赴叶屋村和南张楼村实地考察，因此在评价这两个案例时会综合考虑一些现场信息。

（一）叶屋村与南张楼村土地整治的共同点

共同点之一，不论南方的叶屋村还是北方的南张楼村，农民都真心实意地拥护土地整治，因为农民此前在史前版的土地整治中得到了利益，希望通过土地整治彻底摆脱"靠天吃饭"的被动局面。而且土地整治也确实能够给农民带来立竿见影的增收效果。

共同点之二，土地整治会改变原有的农户占有与利用土地资源的方式，涉及农民的切身利益。错综复杂的利益关系会使土地整治项目实施过程十分复杂，有时甚至难以推进下去。

共同点之三，在农村开展土地整治项目，依靠村里既有组织能力又能够出自公心的带头人。在叶屋村有叶时通，在南张楼村有袁祥生。

（二）叶屋村与南张楼村土地整治的不同点

不同点之一，南张楼村土地整治水平高，至少达到2.0版，而叶屋村还停留在史前版水平。这是因为南张楼村得到德国汉斯·赛德尔基金会派来的专家指导，应用了当今世界上最先进的土地整治理念和方法（当然，德国专家对南张楼的土地整治和村庄革新也有不满意之处）；而叶屋村农民还只是凭借传统经验，没有长期科学的规划，土地整治内容单一。

不同点之二，叶屋村土地整治经验容易复制，而南张楼村的经验复制性不强。2012 年清远市委市政府发现叶屋村等类似经验后，在本市农村大力推广。目前，清远市已经有类似叶屋村那样的 12095 个村民组同意开展土地整合，超过村民组总数的 60%，已整合土地 426.7 万亩，其中耕地面积 125.8 万亩，占全市总承包地面积的 31%①。实地考察过南张楼村的人士基本对"土地整治和村庄革新"经验称赞不已，但实际复制出来的农村很少，甚至在南张楼周边的农村也没有推广南张楼的经验。

不同点之三，叶屋村经验容易复制，其主要原因是土地整治由农民自发开展，以解决农民眼前生产生活难题为导向，没用外部一分钱，农民采用的是"土"办法，一般农村可以复制；南张楼村的经验是在德国专家及中国土地整治主管部门指导下创造出来的，外部给予了一定的财力支持，即使周边农民羡慕南张楼村，但当他们意识到既不可能有德国专家来村里现场指导，也不可能争取到外部资金支持时，就只能当个旁观者。

结　论

中国农村开展大规模的土地整治，功在当代、利在千秋。为了顺利推进这一伟大事业，建议把叶屋村与南张楼村的经验有机结合起来。要点有两个，一是党委政府要像清远市委市政府那样，支持农民发挥"土地集体所有"和"民主决策"这两个已有制度的作用，解决全国各地普遍存在的承包地分割细碎问题。以此为契机，必将激发农民进行土地整治的热望。通过土地整治，增加耕地数量，提高耕地质量，集体可以通过租金形式，增加集体收入，为农村土地整治版本升级奠定经济基础。二是党委政府要借鉴以德国为代表的发达国家的土地整治经验，结合各地农村的不同情况，为农民自发地进行土地整治提供理念、技术、人力以及相应的财力支持，让中国农村的土地整治尽早告别史前版本，升级到现代化的更高级别版本。

---

① 据清远市委农村工作委员会办公室向笔者提供的调研资料。

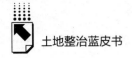

土地整治蓝皮书

参考文献

蒲坚主编《中国历代土地资源法制研究》（第 2 版），北京大学出版社，2011。

宋洪远等编著《"十一五"时期农业和农村政策回顾与评价》（第 11 版），中国农业出版社，2010。

罗明、周同、张丽佳：《中德土地整治公众参与比较研究》，《中国土地》2013 年第 5 期。

B.16
城乡建设用地增减挂钩中
土地收益分配研究

——以福建省三明市为例

严金海　汪杰　林薇*

摘　要： 增减挂钩节余用地指标收益本质是土地发展权让渡的市场价值，受指标交易市场化程度和供求关系的影响，反映出指标购入地与售出地在土地上的利益分配关系。指标收益在售出地政府与农民、各级政府间的分配关系与挂钩项目运作机制密切相关。以三明市为样本的调查分析表明，挂钩指标交易突破县域范围，有助于欠发达地区分享发达地区土地利益，但是挂钩指标收益存在与房地产市场波动关联的市场风险，与整治潜力有限关联的可持续风险，以及与轻复垦质量关联的政策风险。收益分配在县政府、乡政府和村集体与农民之间呈现出橄榄形特征，形成了新的乡政府土地财政依赖。这种分配格局与以乡为主体的运作机制相适应，是面临多维任务的地方基层政府在财政压力下的集体性的应变选择。为促进挂钩收益可持续且合理分配，相关部门应从改变指标预售机制、统筹耕地和林地指标管理、扩大农民参与、完善补偿标准等方面加以改进。

* 严金海，博士，厦门大学公共政策研究院副教授，主要研究方向为土地与住房政策；汪杰，厦门大学公共政策研究院研究生；林薇，福建省三明市国土资源局规划与耕地保护科科员。

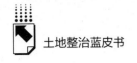
关键词： 增减挂钩 土地发展权 土地收益分配 三明市

一 问题的提出

自 2004 年国务院在国发〔2004〕28 号文件中提出"鼓励农村建设用地整理，城镇建设用地增加要与农村建设用地减少相挂钩"以来，增减挂钩政策试点已历经十年，在缩小城乡差距、统筹城乡发展中发挥了重要作用。但政策在实践中也遭遇困境，土地收益分配是最主要的问题之一，涵盖城乡、政府与农民之间收益分配不均问题。对此，国务院《关于严格规范城乡建设用地增减挂钩试点切实做好农村土地整治工作的通知》（国发〔2010〕47 号）指出，"要明确受益主体，规范收益用途，确保所获土地增值收益及时全部返还农村，用于支持农业农村发展和改善农民生产生活条件，防止农村和农民利益受到侵害"。

目前关于增减挂钩土地收益分配的研究并不多，这些研究主要从价格形成机制、收益再分配机制、"GDP 唯上"的发展观等方面进行分析。一些学者通过显化发展权价值、投入要素构建收益分配模型等方法对收益进行了测算，认为农民在收益分配中应占大部分。

总体来说，已有研究更多关注收益分配的应然结果，虽有收益再分配制度逻辑的分析，但在原因方面仍没有涉及政策背后更深层次的因素，无法对政策背离设定目标的演绎逻辑进行充分解释。本文在对土地收益形成机理和分配机制进行理论分析的基础上，以福建省三明市为样本，深入分析城乡建设用地增减挂钩中的土地收益分配现状、影响因素、形成逻辑以及内含风险，进而对促进土地收益合理分配提出政策建议。

二 城乡建设用地增减挂钩土地收益形成机理

我国通过实施土地利用总体规划和年度土地利用计划，对农用地的非农开发进行严格管制。任何一块农用地，尤其是耕地，必须同时拥有"规划指标"和"计划指标"，才可以合法转换为城市建设用地[①]。随着我国城镇化快速推进，稀缺的建设用地指标成为城市发展瓶颈。与此同时，农村宅基地存在低效利用的问题。城乡建设用地增减挂钩政策将两者连接起来。

从产权的角度看，城乡建设用地增减挂钩政策的本质是土地发展权的转移与交易。土地发展权是发展土地的权利，包括土地所有权人或使用权人变更土地用途和改变土地利用强度的权利，是一种可与土地所有权分离而单独处分的财产权[②]。发展权在让渡出的土地上作废，而在受让地块上可以与其已有的发展权累积。这样，权利接受区（或地块）就可以获得更高的土地开发强度，而权利发送区在出售或转让发展权之后，通常会受到严格的开发限制[③]。

在增减挂钩项目中，农村建设用地复垦为耕地后释放出代表发展权的建设用地指标，经过交易后指标被转移到城镇建新区。指标需求地的建设用地价值与转出地的建设用地价值之间的差额就构成了建设用地指标转移与交易的基础，使得双方都能从中获利。土地收益本质上是转移出的土地发展权的价值实现。

三 城乡建设用地增减挂钩土地收益分配机制

1. 土地收益的分配环节

在增减挂钩项目中，通过复垦释放出的挂钩指标，经过交易后落实到建新区，土地发展权经历了还原、转移的过程。土地收益分配可以界定为在复垦和交易中土地发展权价值在农民、村集体、不同层级和不同地区政府之间

[①] 汪晖、陶然：《论土地发展权转移与交易的"浙江模式"——制度起源、操作模式及其重要含义》，《管理世界》2009 年第 8 期。

[②] 朱一中、曹裕：《农地非农化过程中的土地增值收益分配研究——基于土地发展权的视角》，《经济地理》2012 年第 10 期。

[③] Tavares，A. *Can the Market Be Used to Preserve Land? The Case for Transfer of Development Rights*，European Re-gional Science Association 2003 Congress.

的分配过程。

从分配环节来看，增减挂钩中土地收益分配可以划分为收益的实现与分配两个环节。第一，在指标交易市场中，指标出售方在让渡土地指标的同时，获得了指标收益，完成了土地发展权价值在交易双方的分配。第二，在土地收益实现的基础上，土地收益要在指标生产环节的相关利益主体之间进行分配。

2. 土地收益的分配主体

土地收益分配主体主要包括不同层级的政府、农民、村集体和企业。

（1）农民。《土地管理法》规定农村宅基地归农民集体所有，农民拥有使用权。宅基地经过复垦后，在严格的土地用途管制下，农民虽可通过再分配获得农用地承包经营权，但失去了建设用地的使用权。农村宅基地是增减挂钩项目最主要的投入要素，从这个角度看，农民理应分享土地收益。

（2）政府。在增减挂钩实施过程中，政府扮演着资金投入、监督实施、项目验收、指标交易、公共物品供给等诸多角色，不同层级政府相互分工，发挥作用。必须明确的是，政府在这个过程中主要投入资金、管理要素，其中有些是政府的职责工作，另外一些投入则为其参与土地收益分配提供了依据。

（3）村集体。村集体的角色定位区别于农民和政府，它既是农村土地所有权主体，代表农民利益，又是政府的"代理人"。由于各种因素限制，政府在政策宣传、土地确权中离不开村集体的动员和组织。村民集体会议的民主程序赋予增减挂钩项目合法性，村集体还扮演复垦耕地分配者和公共物品供给者角色。

（4）企业。虽然政府主导增减挂钩项目，但在具体操作层面，如方案编写、土地整理、安置住房建设等工作上，考虑到专业性、效率、资金等因素，政府会通过招标方式引入企业或专业机构。政府对工作进行监督，同时又允许其获得特定的利润，以保持其积极性。

3. 土地收益分配的影响因素

（1）指标供给和需求关系。指标交易是基于短缺和过剩的矛盾，通过市场进行调节，受供需关系影响。从供给来看，在挖掘增减挂钩潜力基础上，政府推进力度、农民意愿等决定了供给水平。从需求来看，指标需求量取决于城市建设用地需求，与房地产、商贸服务及工业经营性用地使用情况紧密相关。

（2）指标交易的市场化程度。市场化程度影响市场参与主体和交易价格形成机制。如果以政府为主导，则指标供给与需求方需以政府为中介实现交易，政府获得主要收益。但若以更加市场化的方式，则指标交易的价格发现机制更加完善，且农民或村集体作为市场主体，获得更多的土地收益。

（3）指标交易的空间距离。如果指标流转限定在拆旧建新项目区内，指标落地可选择范围就小，且同一区域内要素禀赋相差不大，无法实现更优化的配置。通过拆旧区和建新区的分离，允许指标在更大空间范围内交易，则指标要素可流动和组合的区域更加广泛，土地级差收益的分配功能也能得到更好的实现。

（4）政府竞争、理念等因素。增减挂钩的指标额度有限，是一种稀缺资源，政府间存在相互竞争。政府通过调整土地收益分配影响实施效果，进而争取挂钩项目。此外，虽然各地挂钩项目最初都由政府主导，但随着不断深化，有些地区仍相信"有形的手"，而有些地区则实现"还权赋能"。

（5）农村宅基地和房屋产权因素。产权界定在实践中较为困难，单是房屋、土地两项，其面积、质量、来历，就各有各的特点。最受关切的核心利益，在于家家户户拆旧的老宅子及下面的宅基地，究竟能折合多少货币补偿①。产权界定是农民参与土地收益分配的依据，如何对待来源的正当性问题以及按照什么样的标准认定产权，会影响土地收益的分配。

四　土地收益分配关系实证分析

1. 福建省三明市城乡建设用地增减挂钩实施概况

2008 年，省级国土资源部门颁布闽国土资综〔2008〕44 号文件，组织

---

① 周其仁:《城乡中国（上）》（第 11 版），中信出版社，2013，第 183 页。

上报城乡建设用地增减挂钩试点地区。2010 年，闽政〔2010〕4 号和闽政办〔2010〕43 号文件对增减挂钩试点县、镇工作进行指导。此外，省还出台补充意见（闽政〔2011〕21 号、闽政办〔2011〕197 号），并规范资金使用（闽财建〔2011〕180 号）。

三明市位于福建省中西北部，全市总面积 2.29 万平方公里，2015 年，全市地区生产总值 1713.05 亿元，人口 253 万。三明市国土资源局出台了明国土资〔2011〕203 号、明国土资〔2012〕122 号等文件，对增减挂钩工作进行指导。三明市实施增减挂钩潜力较大，为沿海地区发展所必需的土地要素提供新的来源，同时，增减挂钩也加大福州、厦门对口帮扶三明、南平的力度①。

（1）项目流程与特点

三明市城乡建设用地增减挂钩工作有六个环节：第一步是前期调查摸底。乡镇和村进行实地调查，签订拆迁安置补偿协议书。第二步是编制项目实施方案。乡镇政府委托有资质的单位进行具体项目实施方案的编制。第三步是方案审批和立项。县级国土资源部门组织有关部门与专家及乡镇、村有关人员对方案进行评审，通过后由乡镇招标确定施工单位。第四步是审核上报并进行指标交易。省级国土资源部门先行核定后，将指标录入全省交易平台进行交易。第五步是资金拨付与项目实施。县与乡镇设立资金专户，启动拆迁补偿和复垦工程。第六步是竣工验收与指标结算。村和乡镇在自验后申请县级初验，再由市级验收和省级抽查，通过后进行指标结算。

三明市增减挂钩政策在实施中具有以下特点：第一，拆旧和建新分离。与国家实施拆旧和建新区捆绑、县域封闭运行模式不同，农村拆旧与城市建新在时间和空间完全脱离，指标突破行政区域限制。第二，指标纳入年度建设用地计划。福建省规定经营性用地占用耕地必须使用增减挂钩指标，但仍然列入年度建设用地计划指标，防止城市盲目扩张。第三，允许预售，即先

---

① 王永珍：《福建出台深化山海协作八条意见》，http://www.fjsen.com/c/2012 – 10/24/content_ 9664628_ 2. htm，2012 年 10 月 24 日。

行核定指标后进行交易，为农村拆旧复垦工作筹措启动资金，然后进行复垦验收结算。

（2）增减挂钩实施概况

截至 2016 年 2 月底，三明市共编制 440 个农村土地整治项目实施方案，涉及农户 21742 户，项目规模 2.62 万亩，拟拆除旧宅基地 2.45 万亩，预计可新增耕地 2.4 万亩。目前已经拆旧 15855.8 亩，已复垦 14700.72 亩，已验收 264 个项目，规模为 11642 亩。省级国土资源部门已核定指标 17216.13 亩，交易 15245.67 亩，总金额 48.42 亿元，其中对外地市交易 11125.86 亩，金额 39.3 亿元。

三明市在土地收益分配方面并没有统一标准，但总体来说，收益分配在县、乡镇和农民间呈"橄榄形"特征。县一般只留取少量管理费，农户获得货币或住房安置补偿，乡镇政府获得大部分指标交易收益。

2. 尤溪县若干典型案例土地收益分配现状

尤溪县位于三明市东部，全境 3463 平方公里，约有 35.5 万人。2015 年，尤溪县实现生产总值 188.09 亿元，财政总收入 10.09 亿元。尤溪县自 2010 年开始实施增减挂钩，以各乡镇为主体推进增减挂钩工作。

（1）洋中镇：增减挂钩推动高山村民城镇化

洋中镇是福建省"小城镇综合改革建设试点"和"镇级小城市培育试点"镇，全镇总面积 363 平方公里，约有 2.9 万人。2015 年，洋中镇地区生产总值为 40.8 亿元，其中工业总产值 32.9 亿元，财政收入为 1950 万元，位列各乡镇第一名。

由于洋中镇地处高山丘陵地，不少村交通、教育、卫生等基础设施落后，生产和生活不便。不少村民自发搬离山村，出现较多"空心村"和"空心房"。洋中镇以此为契机，通过全面放开落户限制，促进农业人口向城镇集聚。补偿主要采用货币方式，对符合"造福工程"的项目支持住房安置。比如镇区一处安置房项目，涉及 660 户高山村民，村集体依托补偿资金进行招标建设，农户以 750 元/平方米低价购买。镇政府帮助进行房屋设计和基础设施建设，并对每人给予 6000 元补助。

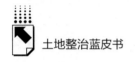

从2010年开始到2015年底，洋中镇分三个批次共实施10个项目，总规模为1301.08亩，已竣工验收562.02亩。截至2015年底，洋中镇实现土地增减挂钩指标交易773.74亩，指标交易专项资金收入21412.131万元。在土地收益分配方面，县级政府留取2%的管理费，招标的企业进行工程设计、施工和监理工作，收取1.3万元/亩~1.5万元/亩费用，获得约5%的收益。对于村集体和村民，按照8万元/亩拨付给村集体，由村两委组织进行拆迁补偿和安置工作，这部分约占总额27%。其余66%由镇进行统筹安排，用于小城镇综合改革建设、新农村基础设施建设和改善农民生产生活等。

（2）联合乡：增减挂钩助力灾后重建工作

联合乡位于尤溪县北部，全乡159平方公里，约有2.2万人。2015年，联合乡地区生产总值4.4亿元，其中农林牧渔占77.3%，财政收入为2388.8万元。

联合乡是地质灾害频发地，为福建省16个地质灾害重点地区之一。2010年6月18日，下云村发生重大地质灾害泥石流，为进行灾后重建工作，联合乡在下云村开展土地增减挂钩。复垦工作于2014年完成，拆除121户，复垦84.18亩。政府对农民实施住房安置，农民以低价（套房474元/平方米，独立楼499元/平方米）购买。同时，联合乡引进社会资本，实现土地经营权向农业公司流转，既解决了安置区群众就业问题，也通过种植高经济价值作物提高了农业产值。

目前联合乡仅实施了这一项目，省国土资源厅先行核定指标65亩，交易金额1950万元，作为项目实施资金。住房安置建设占用耕地11.59亩，最终结算指标72.59亩，结余指标7.59亩尚未交易。若按照前期30万元/亩价格统一计算，联合乡预计可获得土地收益2177.7万元。其中，项目实际拆迁补偿455万元，旧村复垦121.6万元，乡政府获得大部分的土地收益。这些收益部分以安置区基础设施配建的方式返还给农户，部分以乡镇统筹使用的方式返还给社会。

3. 土地收益分配存在的问题与成因分析

（1）土地收益分配存在的问题

三明市城乡建设用地增减挂钩政策在拓宽城镇化建设资金渠道、保护耕地及调整城乡建设用地结构中发挥了重要作用，但土地收益分配还存在一些问题，主要表现在以下方面。

第一，"预售"模式可能导致与轻复垦质量关联的政策风险。增减挂钩采用"先交易后造地"方式，由省先行核定指标后进行交易，利用交易资金实施项目。这种模式可能导致作为实施主体的乡镇片面追求指标收益，而忽视复垦工作。具体表现为拆迁复垦进度缓慢或者只进行简单复垦，未配套水利灌溉设施与客运壤土，导致复垦耕地在质量上不达标。

第二，补偿标准的科学性与公平性有待提高。各乡镇在房屋拆迁补偿和土地价值确定中主观性较强，采用的标准不尽相同，缺乏统一的依据和科学的规范。此外，乡镇获得大部分土地收益，压缩了对村集体和农民的补偿，导致村干部和村民积极性不高。在现有货币补偿标准下，部分经济条件困难的村民无法建新房。

第三，土地收益分配中农民的知情权与参与权有限。当前政府是增减挂钩政策的制定者，主导项目实施并进行指标交易。在土地收益分配过程中，农民知晓并参与的仅是土地收益再分配环节，无法知晓指标交易机制、价格及收益总体分配等信息。因此，农民一般以不信任甚至敌对的态度对待政府，政府需加大工作力度，并发挥示范效应，才能获得农民支持。

第四，新形式"土地财政"的可持续风险与指标交易的市场风险。分税制改革以来，地方政府逐步走出一条土地、财政、金融"三位一体"的生财之道①。三明市各乡镇依靠土地要素获得财政收入，但随着"空心村"、"空心房"等可利用资源越来越少，各乡镇增减挂钩潜力不断下降。此外，指标交易市场易受宏观经济形势及房地产市场波动影响，进而对交易价格和交易量产生影响。

（2）土地收益分配存在问题的成因分析

第一，"预售"模式引起的政策风险与机制设计有关。增减挂钩项目实施

---

① 谭明智：《严控与激励并存：土地增减挂钩的政策脉络及地方实施》，《中国社会科学》2014 年第 7 期。

需要投入大量资金，"预售"模式使乡镇在实质复垦前便可获得资金，最大限度解决资金不足问题。但这种模式对于复垦工作约束力不足，先行核定的比例越高，约束力越小，上级政府更多只能通过验收工作对乡镇进行监督。

第二，在补偿标准科学性方面，农用地、房屋补偿标准的制定是一项专业性较强的工作，统一的标准意味着必须细致考虑各种可能性。面对各地区错综复杂的情况，形成统一的标准难度很大。在此情况下，市、县政府倾向于放权，让主导实施的乡镇政府根据地区具体情况确定补偿标准。

第三，农民收益分配公平性及知情权、参与权问题，与乡镇为主体的运作机制密切相关。为保证项目快速实施，政府以最实际的方式进行宣传，告知农民利益最相关部分。收益分配中，政府为了"老百姓的长远利益"，倾向于统筹使用资金。此外，政府需考量提高补偿标准对已实施和准备实施项目、其他县域以及征地补偿标准产生的多方面影响，防止各类补偿标准的全面提高。

第四，乡镇对增减挂钩资金依赖根源于财政赤字。事权上收、工资统发作为税费改革的后果或者配套措施，使得乡镇财政变得越来越"空壳化"[1]。近年来开展的美丽乡村、新型小城镇建设等项目，需要乡镇给予配套资金支持，这给各乡镇带来了极大的财政压力。增减挂钩为乡镇开辟了新的巨额财政收入来源，乡镇的财政饥渴得以满足并迅速形成依赖。

总体而言，乡镇行为在多维目标中权衡变动。乡镇在财政收入不足情况下，会努力增强财政能力以实现发展。但是，地方政府并不必然是具有道德污点的不可信任的"代理人"，当其实现了考核的主要指标，并且有足够的财政能力的时候，就会转向下一个目标，如积极地投入民生工程[2]。事实上，实施增减挂钩的洋中镇和联合乡，大多数农民生活得以改善，乡镇对于民生的投入也明显增加。

① 周飞舟：《从汲取型政权到"悬浮型"政权——税费改革对国家与农民关系之影响》，《社会学研究》2006 年第 3 期。
② 李元珍：《央地关系视阈下的软政策执行——基于成都市 L 区土地增减挂钩试点政策的实践分析》，《公共管理学报》2013 年第 3 期。

五　改善城乡建设用地增减挂钩
土地收益分配的政策建议

三明市挂钩指标收益在县、乡镇和农民之间的分配呈"橄榄形"特征，乡镇获得大部分收益，这种分配格局与以乡镇为主体的运作机制相适应。乡镇利用指标收益积极推动城镇化、灾后重建和扶贫工作，但土地收益分配也存在轻复垦质量的政策风险、标准欠合理性、财政依赖可持续和交易市场风险等问题。这些问题与现有机制设计有关，也和复杂的现实情况相联系，是基层政府面临多维任务的权衡结果。针对这些问题，可以考虑从以下方面着手解决。

第一，改进分配程序，增强项目监督。改变先行核定并交易获取资金，再启动项目的程序，先实施项目，待竣工验收后再进行指标交易，以此增强对各主体的约束力。如果缺乏启动资金，可在现行程序基础上，降低先行核算比重，满足拆迁补偿和复垦的资金需求，待验收通过后再进行剩余指标交易。同时加强监督，组织人员实地检查，对未能在规定期限内完成复垦和验收的，不予审核上报新的项目实施方案。

第二，调整收益分配，保障农民利益。补偿标准涉及多方利益，应该寻找合理的平衡点，既要保障农民利益，又要维持政府积极性。省应对耕地质量、农民损失等建立一系列科学的价值评价体系，同时对一户一宅与一户多宅、住房安置与自建房等情况进行区分，下级政府在弹性空间内操作。政府应保证资金首先用于项目区基础设施建设，同时积极引进农业公司，发展特色产业，拓宽农民增收渠道。对于愿意融入乡镇的农民，应该给予户籍、就业和社保等方面的配套支持。

第三，公开项目信息，引导农民参与。改变项目运行较为封闭的特点，通过公开增减挂钩项目的相关信息，如增减挂钩项目的面积、补偿标准测算依据、宅基地整理支出明细、指标交易价格等，使项目的进展、土地收益使用得到监督。同时引导农民参与项目方案编制、项目审核、复垦等工作，提

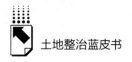

高农民参与度，使农民主动参与到增减挂钩项目中。

第四，进行合理规划，扩大政策范围。政府应结合城市规划、农业发展等因素，对地区增减挂钩潜力进行详细的调查分析以及长期的规划。对于因耕地偏远、水土流失和生产效益低而被抛荒的耕地，政府可通过树立"大农业"思想，按照"宜林则林、宜园则园、宜耕则耕"原则，将增减挂钩政策扩大至建设占用林地、园地范围。对于废弃工业用地，如果有条件开垦成耕地且不影响耕种的，也可考虑纳入增减挂钩，以此扩大政府财政收入范围。

参考文献

贺雪峰：《城乡统筹路径研究——以成都城乡统筹实践调查为基础》，《学习与实践》2013 年第 2 期。

李孟然：《本质是优化利用空间——中国农业大学教授郝晋珉谈"增减挂钩"》，《中国土地》2010 年第 6 期。

王权典、吴次芳：《城乡统筹视阈中建设用地增减挂钩"土地新政"之法治检讨》，《社会科学战线》2013 年第 5 期。

张鹏、刘春鑫：《基于土地发展权与制度变迁视角的城乡土地地票交易探索——重庆模式分析》，《经济体制改革》2010 年第 5 期。

杨俊、王占岐、柴季、蓝希：《中国山区城乡建设用地增减挂钩项目合理性辨析》，《地理经济》2015 年第 2 期。

周飞舟、王绍琛：《农民上楼与资本下乡：城镇化的社会学研究》，《中国社会科学》2015 年第 1 期。

杨飞：《反思与改良：地票制度疑与探——以重庆地票制度运行实践为例》，《中州学刊》2012 年第 6 期。

尹珂、肖轶：《农村土地"地票"交易制度绩效分析——以重庆城乡统筹试验区为例》，《农村经济》2011 年第 2 期。

黄美均、诸培新：《完善重庆地票制度的思考——基于地票性质及功能的视角》，《中国土地科学》2013 年第 6 期。

伍学林：《成都市城乡建设用地增减挂钩试点的经验与启示》，《软科学》2011 年第 5 期。

王振波、方创琳、王婧：《城乡建设用地增减挂钩政策观察与思考》，《中国人口资源与环境》2012 年第 1 期。

姜绍静、安菁蔚：《城乡建设用地增减挂钩政策反思》，《农业经济》2015 年第 5 期。

马文君：《基于土地价值的城乡建设用地增减挂钩收益分配研究——以福建省为例》，《现代农业科技》2012 年第 12 期。

齐丽、靳洪武、于淼、边振兴、韩影：《城乡建设用地增减挂钩中土地增值收益分配研究——以东港市为例》，《农村经济与科技》2015 年第 10 期。

张传伟、石常英：《增减挂钩中增值收益分配研究——以辽宁省大洼县为例》，《中国土地》2014 年第 11 期。

夏柱智：《增减挂钩项目收益再分配制度的性质及其原因》，《广东土地科学》2014 年第 3 期。

北京大学国家发展研究院综合课题组：《还权赋能：奠定长期发展的可靠基础》，北京大学出版社，2010。

科技发展篇

Scientific and Technological Development

B.17

耕地等级野外监测技术研究

王洪波　张蕾娜　程 锋　郧文聚*

摘　要： 本文针对国土资源管理中耕地质量等级结构变化和等级布局变化监测缺失的问题，构建了区域 - 应用示范 - 监测样区多个尺度上的耕地等级变化野外监测网络。项目研发了硬件、软件、技术标准、技术指南等一系列成果，在国土资源部部署开展的耕地质量等别年度监测评价工作中得到应用，对夯实耕地数量质量并重管理的科技基础具有支撑作用。

关键词： 耕地保护　耕地质量　监测监管　土地评价

---

* 王洪波，农学博士、博士后，国土资源部土地整治中心研究员，主要研究方向为土地评价；张蕾娜，地理学博士，国土资源部土地整治中心研究员，主要研究方向为地理学；程锋，农学博士，国土资源部土地整治中心副处长、研究员，主要研究方向为土地评价；郧文聚，农学博士，国土资源部土地整治中心副主任、研究员，主要研究方向为土地规划、土地评价、土地整治、土地管理。

一　耕地等级变化野外监测项目总体设计

（一）设置共性技术

综合考虑技术研究同耕地质量管理充分结合的需求，设计监测网络布设技术、监测指标诊断技术、监测信息快速识别技术、县级示范区建设标准和技术装备集成以及等级监测系统研发五项共性技术。确定了 15 个监测应用示范区，采用首先提出技术，然后在示范区应用，不断完善技术，最后扩大应用的研究思路。

耕地等级变化野外监测网络及布控技术。从满足耕地等级变化野外监测示范区选择的典型性、代表性和经济可行性要求出发，以农用地分等确定的十二个国家一级指标控制区作为国家级耕地等级监测示范区选择的基本控制区，研究提出耕地等级野外监测示范区的空间监测分区以及监测样区布设技术方法。

耕地等级变化野外监测指标及其诊断技术。从监测工作的可控性、快速性、经济性、适应性出发，拟定全国共性的和典型地区耕地等级变化监测指标的遴选标准，并在土壤条件、基础设施条件以及耕地投入产出水平等方面遴选监测指标，研究提出耕地等级变化的诊断技术。

野外监测技术装备集成研究。根据《农用地质量分等规程》和全国农用地分等所建立的国家级、省级农用地分等标准样地及其数据库，建立野外监测示范区建设标准，编制示范区耕地等级变化监测技术手册，研发一种便携式等级监测装备。

耕地等级变化信息快速识别和整合技术。根据耕地等级变化监测指标的表现形式，研究提出耕地等级突变区域快速识别方法；研究田间道路、灌溉、排水等耕地基础设施及其变化信息快速获取方法，并对各种耕地等级变化信息进行整合。

耕地等级变化野外监测系统研发。设计研发耕地等级变化信息采集系

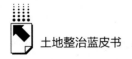

统，主要负责耕地变化信息的野外采集输入功能；设计研发耕地等级监测信息管理系统，主要负责耕地变化监测信息导入更新、诊断及耕地等级变化分析等相关功能。

（二）选取示范区

通过全国农用地分等工作的前期基础研究，课题组确定了12个国家一级指标控制区（标准耕作制度分区），将其作为国家级耕地等级监测示范区选择的基本控制区。从满足我国12个标准耕作制度分区监测示范区选择的代表性、典型性和经济可行性的耕地等级变化监测技术需求出发，在耕地等级变化野外监测分区技术指导下，依据以下两个基本原则选取示范区：分东中西部和国家标准耕作制度一级区分别选取；优先从116个基本农田保护示范区选取。

在总结分析全国农用地分等成果的基础上，课题组重点考虑了各省对待此项工作的行政推动力度及技术力量，初步选定了15个省的15个县级单位作为耕地等级变化野外监测示范区。经过示范，最终建立了15个耕地等级变化野外监测示范区：北京市大兴区、江苏省东海县、浙江省慈溪市、福建省建瓯市、广东省化州市、黑龙江省海伦市、吉林省农安县、河南省禹州市、湖北省公安县、江西省吉安县、内蒙古达拉特旗、陕西省凤翔县、重庆市丰都县、云南省陆良县、新疆维吾尔自治区阿勒泰市。

二　耕地质量等级监测网络布控技术

（一）耕地等级监测基本思路

监测网络布控技术是项目研发的首要核心技术，其目的是构建区域 - 示范基地 - 监测样区多个尺度上的耕地等级变化野外监测网络，为建立国家耕地等级监测体系提供技术支撑。针对区域突变耕地和缓变耕地的质量变化特点，在继承农用地分等及指标区划分方法的基础上，创新提出耕地质量监测网络布控技术方法：从上到下划分全国监测分区－选取监测县－县内划定监测控制区－控制区内布设监测样区；从下到上：采集监测样区数据－监测控制区内质量变化－监测县内质量变化－全国监测分区内质量变化－全国耕地质量变化。将全国划分为41个监测分区，确定了200个静态监测县，围绕静态监测县确定动态监测县，静态县每年监测，动态县每五年轮换一次。

（二）县域内划分监测类型区的方法

县域耕地质量监测类型区的划分方法为：县域内影响耕地质量差异的气候、地质、地貌、水文、土壤、生物等自然要素，它们相互联系、相互作用、相互制约，以不同方式，从不同侧面，按不同程度，独立或综合地影响着土地资源的综合特征，因此根据气候、地貌、土壤等自然因素，划分耕地自然质量控制区；影响耕地利用水平的因素有种植业结构、主要作物产量水平、农田基础设施及土地整治工程等，在农用地分等中，耕地利用水平由种植作物的产量直接反映，土地利用系数是耕地分等单元作物实际产量与耕作制度区域内最大粮食产量的比值，是耕地利用水平的直接量化指标，因此根据土地利用系数划分利用水平控制区；影响耕地收益水平的因素有种植业投入—产出和效益等，土地经济系数是耕地分等单元的"产量—成本"指数与耕作制度区域内最大"产量—成本"指数的比值，是耕地收益水平的直接量化指标，根据土地经济系数来划分经济等值区。对自然质量控制区、利用等值区和经济等值区进行空间叠置，并按不打破村界的原则对其进行优化，形成县域耕地质量监测类型区。

三　耕地质量等级监测指标诊断技术

（一）监测指标最小数据集确定

首先对所有指标的取值矩阵做 PCA，为了最大限度地降低数据冗余，课题组选取特征值≥1 的主成分；然后选出每个主成分中载荷≥0.5 的指标作为一组；根据每个变量的主成分上的荷载和主成分特征值，计算每个变量在特征值≥1 的主成分上综合荷载，即矢量常模（Norm），然后选择每组中 Norm 值最大的一个指标进入 MDS；同时对每组内选出的指标进行相关分析，检查是否有明显的数据冗余现象，如果高度相关（≥0.5），则选取 Norm 值最大的指标进入最终的 MDS，对于不相关的指标，则全部进入 MDS。最后，对确定的 MDS 中的指标进行相关性分析，进一步检查数据冗余度问题。

不同的地貌类型，监测指标集不同。通过主成分分析，海伦市平原区得到的特征值 >1 的主成分为 4 个（共解释总方差的 66.01%），山地区得到的特征值 >1 的主成分 3 个（共解释总方差的 63.48%）。

将每一主成分中荷载系数 >0.5 的分为一组，根据主成分所分组与相关系数，选择每组中 Norm 值高的，且在组内与其他变量相关性高的指标进入最小数据集。最后得到海伦市平原区耕地质量监测指标 MDS 为土壤 pH 值、有机质含量、障碍层深度和盐渍化程度，山地区指标 MDS 为表层土壤质地、坡度和土壤 pH 值（见表1）。

表 1　耕地质量监测指标的 MDS 指标选取

县/市	地貌类型	监测指标	分组	Norm 值	最小数据集
黑龙江省海伦市	平原	黑土层厚度	1	3.25	有机质含量,土壤 pH 值,障碍层深度,盐渍化程度
		有机质含量	1	3.32	
		表土质地	1	3.29	
		pH	2	3.44	
		障碍层深度	3	3.77	
		排水条件	4	2.97	
		盐渍化程度	4	3.66	
	山地	黑土层厚度	1	3.74	表层土壤质地,坡度,土壤 pH 值
		有机质含量	1	4.18	
		表土质地	1	4.42	
		坡度	2	4.16	
		障碍层深度	2	4.09	
		pH	3	3.82	

（二）监测指标的监测周期

耕地质量等别监测指标的监测周期依据指标变化的时间尺度及其因素类型加以确定。不同的监测层次或不同监测尺度，其耕地监测目标、方法及内容具有明显差异，因此监测周期应与监测工作的层次与空间尺度相协调。

根据耕地质量等别监测范围和程度不同，监测周期分为三大类。

定期监测：对区域范围内引起耕地等别变化的各类指标进行全面监测评价，参考土壤性质在自然状态下的 CRT 值，确定其监测周期。

年度监测：对"增、减、建"过程中因各类工程措施引起的耕地等别变化的各类指标进行监测评价，1 年监测一次。

实时监测：对因不可预期的自然、人为破坏等原因引起的耕地等别发生突变的各类指标进行监测评价。

具体监测指标周期参见表 2。

表 2　耕地质量等别监测指标监测周期

指标类别	监测指标	监测周期
地形地貌	地形坡度、地表岩石露头度	—
土壤	有效土层厚度、表层土壤质地、土体构型、土壤有机质含量、土壤酸碱度（pH 值）、障碍层距地表深度、盐渍化程度、土壤侵蚀、土壤砾石含量	5 年/次
	养分状况（碱解氮、有效磷、速效钾）	1 年/次
环境健康状况	土壤重金属元素（汞、镉、砷、铜、铅、铬、锌、镍）含量，农药残留、灌溉水源水质指标、微量元素（F、I、Se）含量	1 年/次
基础设施条件	排水条件、灌溉保证率、灌溉水源、田块平整度、田块大小、田块形状、田间供电、田间道路通达度、林网化程度	3 年/次
土地利用状况	耕作制度、经营规模、利用集约度、人均耕地、种植制度	3 年/次
物质投入	种子、化肥、农家肥、农药、地膜、水电、农机具等	1 年/次

四　野外监测技术装备集成研究

（一）耕地土壤剖面诊断扫描仪的研制

借鉴瑞典生产的螺纹式树木生长锥的基本原理，以及现代医学上普

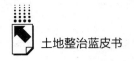

遍运用的穿刺针（puncture）采集人体微量组织的基本原理，研制出一种结构简单、便于携带的便携式土壤剖面诊断扫描仪，其壳体为空心柱状，侧壁上纵向设有透明窗；壳体内纵向设有控制杆，控制杆上设有能上下移动的土壤剖面扫描装置。可以通过透明窗对土壤剖面进行扫描诊断，结构简单、便于携带，该技术已获得国家发明专利授权。

（二）美国农部制土壤粒级与土壤质地沙盘的研制

借鉴在学术交流过程中获得的荷兰生产的土壤水蚀过程中泥沙粒径比对沙盘的原理与理念，在东部五个基地进行广泛的土壤调查与采样，在具有国家技术监督局"计量认证"的专业性实验室——环境模拟与污染控制国家重点联合实验室（北京师范大学）、北京师范大学分析测试中心，进行多种土壤样品的粒度分析与提取，分别提取并分离出美国农部制的黏粒（$\Phi \leqslant 0.002$ mm）、粉粒（$0.002 < \Phi \leqslant 0.05$ mm）、极细砂（$0.05 < \Phi \leqslant 0.10$ mm）、细砂（$0.10 < \Phi \leqslant 0.25$ mm）、中砂（$0.25 < \Phi \leqslant 0.5$ mm）、粗砂（$0.5 < \Phi \leqslant 1.0$ mm）、极粗砂（$1.0 < \Phi \leqslant 2.0$ mm）、砾石（$\Phi > 2.0$ mm）的标样，按照美国农部制土壤质地三角形的指标，配制黏土、黏壤质、粉黏壤质、粉黏土、粉壤土、粉土、壤土、沙黏土、砂黏壤土、砂壤土、壤砂土、砂土等16个土壤质地类型标样，研制出美国农部制土壤粒级比对沙盘和土壤质地类型比对沙盘，并获得国家专利两项。

五 耕地等级变化信息的快速识别和整合技术

（一）基于小波变分模型的线状地物提取

变分法将图像看作一连续的能量场便于将各种方法有机结合。表现图像灰度值变化的梯度、散度以及表现图像边界信息的曲率都可以表示为连续的微分算子纳入图像处理变分模型中；表现图像区域信息的目标区域灰度均值也可以作为驱动边界演化的动力纳入能量泛函。这样，去噪和保持边界，精确分割和排除噪声影响都将变成现实。

变分模型经变分处理后可得到偏微分方程，变分模型中的参数可结合偏微分方程的数值求解方法动态选择，有利于得到理想的图像处理效果。比如求解偏微分方程的多尺度小波数值方法，在每次迭代求解时需要对不同时刻的图像进行小波变换。小波变换系数是自适应配点选取的依据，同时基于不同尺度得到的小波系数可以作为判断清晰区域和模糊区域边界的依据，避免了传统方法阈值选取固定值的缺陷。

基于变分的图像的分割几何活动轮廓模型引入水平集理论，将边界曲线嵌入三维连续函数－水平集函数中，这样避免了跟踪演化曲线位置带来的困难，只需按照一定规律更新水平集函数即可，而水平集函数在更新过程中始终保持为简单函数，可以很好地处理曲线拓扑结构的变化，部分克服了参数轮廓模型的缺点。

（二）耕地等级变化监测指标地面快速调查技术

该技术主要是结合《农用地质量分等规程》技术要求和课题实施方案，基本完成"野外耕地变化信息采集系统"的需求分析工作，形成了需求分析文档。

进行采集流程分析。分别就耕地自然质量调查和利用经营状况调查的流程进行了分析，研究采集系统在整个调查流程中所能发挥的作用，为确定采集系统的功能提供支持。

确定采集系统与野外耕地变化信息管理系统之间的数据传输和交换模式。两系统间可以通过文件方式实现数据的导入和导出功能，在网络条件和数据安全措施允许的情况下，可实现网络方式进行传输和交换。

确定采集系统所支持的调查内容。分析了各耕地质量等级影响因素的实时采集特点，哪些是可以现场采集得到、哪些是需要通过后期分析化验得到，确定采集系统的采集数据项具体内容。

确定采集系统功能。包括实现耕地自然质量数据项采集、利用和经营状况数据项采集等主要功能，以及路径导航、本底和先期数据导入、调查结果

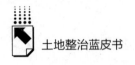

导出等辅助功能。

明确了系统的配置要求。结合系统功能要求和目前的技术和数据现状，确定了硬件和操作系统的配置要求，主要支持 Android 等操作系统及相关的移动设备，所有底图均统一采用 Shape 格式、西安 80 坐标系，另外，软件还支持根据区域特点配置采集数据项。

六 耕地等级监测项目取得的主要成果

（一）新材料、新装置、计算机软件等8项

具体名称：基于 Android 的耕地质量野外调查系统 V1.0（登记号：2013SRBJ0439）；基于 RTU 的农田环境信息快速获取系统 V1.0（登记号：2013SRBJ0548）；基于 Android 的移动终端地图服务系统 V1.0（登记号：2012SRBJ1481）；基于 Android 的空间信息采集编辑系统 V1.0（登记号：2014SRBJ0476）；耕地质量等别指标诊断系统 V1.0（登记号：2014SR005993）；耕地等级监测基础数据管理系统 V1.0（登记号：2013SRBJ0319）；耕地等级评定系统 V1.0（登记号：2013SRBJ0320）；耕地等级变化监测数据汇总分析系统 V1.0（登记号：2013SKB10486）。

（二）获得专利授权5项，其中发明专利2项

获得授权专利名称：基于 SEBAL－HJ 模型的农作物生物量反演方法（ZL201210147296.0）；基于 RTU 的无线耕地保墒保温能力监测一体机装置（ZL201420211312.2）；美国农部制土壤质地类型比对样板（ZL201320049537.8）、美国农部制土壤粒级比对样板（ZL 201320049338.7）；便携式土壤剖面诊断扫描仪（ZL 200910079732.3）。

（三）主要成果资料清单

便携式土壤剖面诊断扫描仪（硬件类）；耕地质量等级监测无线传感器网

络设备（硬件类）；研发耕地遥感监测指标快速识别算法（软件类）；耕地等级变化信息采集系统（软件类）；耕地等级监测信息管理系统（软件类）；耕地等级变化诊断平台（软件类）；耕地等级变化野外信息采集终端系统（软件类）；耕地质量等级变化监测技术规程（送审稿）及研究报告（标准类）；相对完善的国家–省–县–样区四级监测网络体系（监测体系）；耕地等级变化监测样区布控技术指南（技术文档）；耕地等级变化"主导因素–因子–可测量指标"技术规定（技术文档）；耕地等级空间布局变化的评价技术指南（技术文档）；耕地等级变化监测实施细则（技术文档）；耕地等级变化监测实用技术筛选与集成报告（技术文档）；发表唯一标注学术论文 67 篇。

参考文献

王洪波、程锋、张中帆：《中国耕地等别分异特性及其对耕地保护的影响》，《农业工程学报》2011 年第 11 期。

相慧、孔祥斌、武兆坤：《中国粮食主产区耕地生产能力空间分布特征》，《农业工程学报》2012 年第 24 期。

孙亚彬、吴克宁、胡晓涛：《基于潜力指数组合的耕地质量等级监测布点方法》，《农业工程学报》2013 年第 4 期。

杨建宇、汤赛、郧文聚：《基于 Kriging 估计误差的县域耕地等级监测布样方法》，《农业工程学报》2013 年第 9 期。

余建新、魏巍、廖晓虹：《土地整治项目区农用地质量分等方法的修正》，《农业工程学报》2013 年第 10 期。

B.18

土地复垦监测监管研究

罗明 周伟 王军*

摘　要：　土地复垦是协调矿产资源开发与土地持续利用、推动生态文明建设的重要举措，我国土地复垦工作与发达国家相比差距较大，土地复垦的全面推进依赖于有效的土地复垦监测监管。本文阐述了土地复垦监测监管必要性，在归纳总结国外发达国家土地复垦监测监管的制度与措施、我国在该领域的相关措施与技术现状的基础上，提出了开展土地复垦监测监管的五条建议：一是补充完善土地复垦监测监管领域的技术标准；二是加强各部之间以及委部内部各部门之间的联动，形成协同监管制度，协调各利益相关诉求；三是构建专业化、层级化的监管机构，明确各层级监测监管侧重点；四是强化土地复垦的信息化监测监管；五是创新监管方式。

关键词：　土地复垦　监测监管　生态文明建设　技术规范

一　土地复垦监测监管的必要性

党的十八届五中全会提出要加快建设资源节约型、环境友好型社会，形

---

* 罗明，博士，国土资源部土地整治中心副主任、研究员，主要研究方向为土地整治和土地管理；周伟，博士，中国地质大学（北京）教授，国土资源部土地整治重点实验室主要研究人员，主要从事土地利用工程、资源环境遥感与信息工程等方向的教学和科学研究工作；王军，博士后，国土资源部土地整治中心研究员，主要研究方向为土地整治、景观生态学与土地可持续利用。

成人与自然和谐发展的现代化建设新格局，推进美丽中国建设。要筑牢生态安全屏障，必须坚持保护优先、自然恢复为主，开展山水林田湖生态保护和修复工程，实施国土绿化行动。我国是一个矿业大国，矿产资源开发为国家社会经济发展做出了巨大的贡献。据测算，矿产资源提供了超过80%的能源、原材料和农业生产资料。但矿产资源的开采对一些区域的土地资源和生态环境造成了持久而严重的负面影响。矿产资源开发是一项巨大的人类工程活动，从矿山建设—矿石采掘—交通运输—加工处理每一个过程都在影响和改变着矿区及其周围的土地资源，包括采矿活动占用的土地、为采矿服务的交通用地、采矿排弃的废弃物所占用的土地，以及矿山开采沉陷的土地。据测算，中国大陆目前有超过666.67万公顷的生产建设项目和自然灾害造成的损毁土地未得到复垦，且每年新增损毁土地约26.67万公顷，其中60%以上是耕地或其他农用地，严重威胁着中国的粮食安全和生态安全。土地复垦与生态重建成为统筹矿产资源开发与土地资源保护、推动生态文明建设的重要措施。

虽然我国的土地复垦工作在20世纪50年代就已经开始萌发，但是到70年代末仍处于自发探索的阶段。由于政策、技术、经费及管理方面的因素，当时的工作处于零星、分散、小规模、自发的状态。直到20世纪80年代，我国开始重视土地复垦工作，从原来的自发、零散的状态逐步转变为一种有目的、有组织、有计划、有步骤的工作；1988年颁布，1989年1月实施的《土地复垦规定》标志着中国土地复垦迈入法制化轨道，此后国家计委、煤炭部等相关部委在国内一些区域开展了试验示范工程。2006年是我国土地复垦事业发展的一个里程碑，国土资源部和国家发改委等7部委（局）颁发《关于加强生产建设项目土地复垦管理工作的通知》，将土地复垦纳入开采许可和建设用地审批的程序。据测算，20世纪80年代初，我国土地复垦率在1%左右；经过近十年，到80年代末期，土地复垦率在2%左右；90年代初，土地复垦率在7%左右；到1994年土地复垦率提升为13%左右；2010年，初步统计土地复垦率在25%左右。但与欧美等发达国家相比，我国土地复垦率还位于较低水平。由于严格的监管制度，发达国家土地

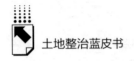

复垦率已在 70% 以上，且复垦的土地安全稳定，达到可持续利用水平，我国仅有部分示范工程项目能够达到此标准。

2011 年国务院颁布《土地复垦条例》，2012 年国土资源部发布《土地复垦条例实施办法》，标志着我国土地复垦制度化、规范化、法制化建设迈上了新的台阶。《土地复垦条例》规定了土地复垦的监管主体，即"国务院国土资源主管部门负责全国土地复垦的监督管理工作。县级以上地方人民政府国土资源主管部门负责本行政区域土地复垦的监督管理工作。"同时规定"县级以上地方人民政府国土资源主管部门应当建立土地复垦监测制度，及时掌握本行政区域土地资源损毁和土地复垦效果等情况"。强化后期监管，要求"复垦为农用地的，负责组织验收的国土资源主管部门应当会同有关部门在验收合格后的 5 年内对土地复垦效果进行跟踪评价，并提出改善土地质量的建议和措施"，要求未来我国土地复垦工作需要加快建立健全土地复垦监督管理制度和土地复垦监测制度。

二　国外土地复垦监测监管的相关制度和措施

土地复垦监管包括监督和管理，是行政主管部门对土地复垦义务人实施依法、科学、有效监督管理的一系列政策、技术、措施、方法、机制、制度的总和，既包括国家在土地复垦监管方面实施的行政架构、体制、机制、法律、行政和经济等措施，也包括与之配套的法律法规体系、监管内容、标准体系、监测方法、评价标准以及监管信息披露等。

世界发达国家非常重视土地复垦的监督和管理工作。澳大利亚作为矿业大国，坚持"开采与保护并举、损毁与复垦并重"的原则，加强矿山土地复垦的过程管理和监控，主要包括：（1）加强土地复垦年度计划制订与管理、实施动态监控。政府要求企业在采矿前根据矿业开采方案和土地复垦方案编制可行的年度开采计划和土地复垦计划；（2）在开采过程中，要按照土地复垦年度计划进行损毁土地复垦，并对土地复垦效果进行动态跟踪监测，及时向环境保护部门提交土地复垦实施评价报告，提供具体的监测数据和监测结果，根据监测结果完善复垦方案提出的复垦目标、复垦标准及相关技术参数，整个土地复垦过程都在相关权利人的监督之下，全面保障了复垦土地的质量。美国土地复垦管理工作由内政部牵头，具体由内政部露天采矿与复垦执法办公室负责实施监管，内政部的其他部门也依法参与。环境保护署、矿业局和土地局是核心，同时建立了采矿拟损毁土地复垦和已损毁土地复垦的露天矿复垦标准。对煤矿开采地区的土地复垦与生态重建监测有一个全面的生态恢复或重建演替而设计的监测方案。该方案强化对复垦矿区生态恢复或重建植被动态演替的变化过程监测，定期会对植被覆盖度的变化、丰富度、生物量、土壤中的 C、N、K 和微生物量的变化开展调查并做详细记录，然后提出一个详尽的生态监测报告，一直到矿区土地复垦和生态恢复与重建结束。根据监测内容将监测周期划分为短期监测和长期监测。短期监测一般为 1~5 年，监测内容有评估矿山废水排泄系统、地貌整形和工程措施以及水文地质、土壤理化分析、物种选取等。长期监测一般为 6~100 年，指标有生物多样性动态变化、土壤发育变化、土壤植物和动物动态变化、植物群落和依赖植物群落的动态变化等。芬兰在矿山土地复垦方面有许多可借鉴的经验。芬兰要求矿区土地复垦工作结束后，为确保所采取的复垦措施有效，矿业管理部门要求开展复垦土地的监测活动。监测计划一般包含：①明确监测内容和监测指标；②如何实施监测（在监测过程中所用的采样和分析技术）；③监测方案制订；④监测周期（取样间隔的确定和时机）；⑤监测持续时间，有的矿区监测活动可能长达 30 年；⑥监测的责任单位（谁将从事监测工作并确保遵守法律法规）等。

三 我国土地复垦监测监管的相关措施与技术

土地复垦监测内容涉及复垦土壤、复垦植被覆盖、复垦土地利用以及复垦效益等方面的监测与评价等，我国的土地复垦监测监管还在初期阶段。一些学者从矿山土地复垦监测机制、土地复垦方案监测评价、矿区土地复垦监测体系、矿区土地复垦遥感动态监测、煤炭矿区土地复垦

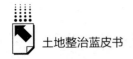

监测指标、黄土高原矿区复垦土地土壤监测分析等理论和学术角度进行了探讨，但尚未形成完整的技术体系。近年来国内开展的耕地土壤监测、退耕还林监测评价以及耕地质量等别监测等方面的工作能为土地复垦的监管提供有益参考。

（1）耕地土壤质量监测。为落实耕地质量保育和耕地地力建设，1984年开始由全国农业技术推广服务中心和各级土肥站负责实施我国耕地土壤的体检工作，摸清土壤的基础地力、基本理化性状及环境特性等。监测指标有土壤肥力监测、气象调查、植株样采样分析、作物产量测定、施肥和耕作情况记录。监测的指标包括机械组成、有机质、容重、碳酸钙、酸碱度、交换量、全氮、碱解氮、有效磷、全磷、全钾、速效钾、缓效钾、速效铜、速效锌、速效锰、速效铁、速效硼、速效钼和植株的全氮、全磷、全钾等，监测周期可分为 5 年 1 次长周期和 1 年 1 次短周期两种。5 年 1次的取样在常规施肥区采集耕层和亚耕层的土样中进行，1 年 1 次的仅采集耕层土样。

（2）退耕还林还草监测。形成了国家级、省级、县级和农户级的 4 级监测层次，采用遥感监测、样地调查、走访调查、流域调查和小斑调查等监测方法，对造林种草任务完成数量、质量以及政策兑现情况等 70 个指标进行监测，还对还林还草的生态、经济和社会三大效益进行评价。2013 年国家林业局印发了《退耕还林工程生态效益监测评估技术标准与管理规范》进一步明确了生态监测建设技术标准、监测指标、监测方法、评估方法、组织运行等，并对其分别做出了详细规定，管理规范更加明细。

（3）耕地质量等别监测。我国耕地质量等别监测工作由国土资源部耕地保护部门统一组织领导，具体监测工作的实施则由各省市土地整理机构指导或承担。监测工作采用重点区域与一般区域监测相结合、点状监测与面状监测相结合、定位监测与随机抽样监测相结合的原则，采取"以点控面"的监测思路，通过采样、调研等方法手段对监测周期内耕地因"占、毁、调、退、补"造成的面积和位置变化进行监测，监测指标包括农用地分等中的海拔高度、坡度、梯田状况、耕作层土壤质地、土壤 pH 值、土壤有机质含量、灌溉保证率和土层厚度等以及土地整治过程改变的水源类型、排水方式、灌溉方式、道路通达度、田块规整度等多个指标。易变指标按照1年，相对稳定指标按照2~3年的周期进行监测。

（4）全国土地变更调查与遥感监测。自1999年以来，国土资源部以新一轮国土资源大调查为依托，基于国内外高分辨率遥感数据源，开展了全国50万以上人口城市、国家级开发区、城乡接合带等重点区域土地利用动态的遥感监测。监测成果在土地利用总体规划以及修编、土地利用变更调查、耕地保护、土地执法检查和土地督察等管理业务领域发挥了重要作用。现将全国划分为四类遥感监测区：一类区为经济快速发展、土地利用变化频繁区域；二类区为一类区所辖县级社会经济发展较快区域；三类区是除一、二类区以外的中、东部及西部重点县级区域；四类区为西部戈壁、沙漠和藏北无人区等土地利用变化较缓的区域开展全覆盖的土地利用变更调查监测与核查工作。近年来，国土资源部也开展了基于高分辨率光学遥感、微波遥感和探地雷达技术的土地整治项目监测。

（5）已形成与土地复垦有关的多项技术标准规范。主要有《土壤环境质量标准》（GB 15618 - 1995）、《沙化土地监测技术规程》（GB/T 24255 - 2009）、《农用地质量分等规程》（GB/T 28407 - 2012）、《土壤环境监测技术规范》（HJ/T 166 - 2004）、《场地环境监测技术导则》（HJ 25.2 - 2014）、《耕地质量监测技术规程》（NY/T 1119 - 2012）、《土壤检测》（NY/T 1121 - 2006）、《耕地地力调查与质量评价技术规程》（NY/T 1634 - 2008）、《农田土壤环境质量监测技术规范》（NY/T 395 - 2012）、《水土保持监测技术规程》（SL 277 - 2002）、《水土保持遥感监测技术规范》（SL 592 - 2012）、《土地利用动态遥感监测规程》（TD/T 1010 - 1999）、《第二次全国土地调查技术规程》（TD/T 1014 - 2007）、《地表水和污水监测技术规范》（HJ/T 91 - 2002）、《工业固体废物采样制样技术规范》（HJ/T 20 - 1998）等国家和行业标准。土地复垦仅有《土地复垦方案编制规程》（TD/T 1031 - 2011）、《土地复垦质量控制标准》（TD/T 1036 - 2013）和《生产项目土地复垦验收规程》（TD/T1044 - 2014）三项行业标准。

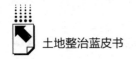
四　开展土地复垦监测监管的相关建议

　　土地复垦是统筹矿产资源开发与土地资源保护、推动生态文明建设的重要举措，而土地复垦率的提高和复垦质量的提升则依赖于严格的土地复垦监管和有效的监测技术。鉴于目前管理、技术、机制等方面存在的问题，借鉴国外发达国家土地复垦监测监管的经验，建议如下。

　　一是补充完善土地复垦监管领域的技术标准。标准是国家和行业管理的一项十分重要的基础性制度，行业的标准化在推进国家治理和治理能力现代化过程中发挥着基础性和战略性作用，与法制建设有着同等重要的地位和作用。近年来我国国土资源标准体系初步形成，为国土资源行政审批、监测监管、定额预算、质量评价、成果应用推广提供了有效支撑，但土地复垦监测监管技术标准不足仍是土地复垦监管面临的主要问题。亟须从调查、规划、设计、预算、施工、监测等专业序列加快研制土地复垦实施与监管系列标准，全面规范监管主体和监管对象的土地复垦技术行为，提高行业标准化水平。

　　二是加强各部委协同和部门之间的联动，形成土地复垦协同监管制度。"九龙治水"导致水灾，土地复垦涉及采矿、工程、地质、土壤、生物等许多学科和专业门类，而且与公路、铁路、水利、电力等行业建设项目和煤矿、铁矿等生产项目息息相关，但这些行业隶属不同的部门管理。因此国土资源、发展改革、财政、铁道、交通、水利、环保等相关部门依据共同但有区别责任原则加强联动，按照责权对等，分级分层建立总体责任、主体责任、监管责任、协管责任和企业社会责任的"五位一体责任制度"，全面监管土地复垦工作。

　　三是构建专业分级的监管机构，明确总体责任、主体责任、监管责任和、协管责任和企业社会责任监管重点和监管内容。国土资源主管部门、大中型矿山企业要成立土地复垦监管专门机构和人员配备，复垦任务重的地方人民政府应当设立土地复垦监管专门机构。同时，土地复垦监管需要建立部、省、市、县之间的分级分责管理模式。随着国民经济的发展和生态文明建设的需求，国家、社会对土地复垦监管要求日益提高，社会对土地复垦监管日益增长的需求与土地复垦监管能力发展的相对滞后形成了明显的矛盾。按照政府职能转变和监测市场化发展趋势，土地复垦监测活动应尝试由有资质的社会第三方监测机构承担，及时向土地复垦监管部门提供监测数据和评价报告。

四是依靠科技力量加强土地复垦的信息化监测监管。要构建"国家 – 省 – 市 – 县 – 企业"的五级和"方案编报 – 复垦计划 – 年度报告 – 阶段验收 – 总体验收 – 管护评价"从勘探到闭矿全生命周期的土地复垦监管体系，实施土地复垦层级信息报备制度；根据国土资源综合监管平台和"一张图"，构建土地复垦信息化监管平台，服务于国家、省、市、县四级国土资源主管部门和生产建设单位；运用"3S"和物联网等现代信息技术手段，研发土地复垦远程监控与数据传输系统，实现动态、实时的土地复垦监测与管控能力。

五是创新监管方式。合理、适当的监管方式，对保证依法监管、提高工作效率和实现监管目标有重要影响，可借鉴相关行业监督检查的做法成功经验，土地复垦可采用例行监管、重点监管和调研监管等几种主要方式开展。例行监管属于经常性监管方式，对一定区域和一定时期内的土地复垦进行全面的监督管理，具有全面性、客观性、主动性和治本性。例行监管可将土地复垦监管延伸到市、县、村，加大政府对土地复垦管理的力度，有利于保障复垦监管的独立性和可问责性；对涉及耕地和基本农田、自然保护区的生产建设项目土地复垦，从中央到地方按要求进行重点监管；针对当前土地复垦管理机构建设不完善，人员编制不到位，土地复垦法律法规不健全等实际情况，通过组织专门调查、分析、评估和研究，提出完善土地复垦管理的制度、标准规范和监测监管的对策和建议。

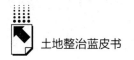
参考文献

戴建旺、张定祥、左玉强等：《土地利用规划实施监管研究进展与体系框架建设构想》，《中国土地科学》2012 年第 7 期。

高世昌：《中国土地开发整理监管研究》，《资源与产业》2008 年第 5 期。

贺振伟、白中科、张继栋等：《中国土地复垦监管现状与阶段性特征》，《中国土地科学》2012 年第 7 期。

何金祥、刘伟：《芬兰的矿山关闭与矿山复垦》，《国土资源情报》2013 年第 10 期。

罗明、胡振琪、李晶：《土地复垦法制建设任重道远——从中美土地复垦制度对比视角分析》，《中国土地》2011 年第 7 期。

罗明、王军：《双轮驱动有力量——澳大利亚土地复垦制度建设与科技研究对我国的启示》，《中国土地》2012 年第 4 期。

刘志勇、胡辉、战鹰等：《国产卫星在全国土地变更调查监测中的应用》，《国土资源信息化》2015 年第 3 期。

马梅、严金明、夏方舟：《国土资源标准体系：发展梳理与建设导向》，《科学经济社会》2015 年第 4 期。

马建辉、吴克宁、赵华甫等：《我国耕地质量监测指标体系的构建》，《广东农业科学》2012 年第 21 期。

周伟、曹银贵、白中科等：《煤炭矿区土地复垦监测指标探讨》，《中国土地科学》2012 年第 11 期。

周妍、白中科、罗明等：《中国土地复垦监管体系问题与对策》，《中国土地科学》2014 年第 2 期。

B.19
关于土地整治科技创新的思考

王军　高世昌*

摘　要： 当前，土地整治处于重要的发展机遇期，在国家实施创新发展战略的大背景下，科学技术越来越成为土地整治事业发展的重要动力源泉。本文系统阐述了土地整治科技创新的主要成果与成效，分析了土地整治科技创新面临的机遇与挑战，最后提出开展土地整治科技创新的建议：一是加强土地整治重大科技创新研究，积极争取国家重点研发项目；二是建立土地整治科技创新长效机制，激发各类主体科技创新的积极性；三是推进土地整治科技创新平台建设，形成支撑科技创新的平台和技术服务体系；四是加强土地整治学科建设与人才培养，夯实科技持续创新的基础，以期为我国土地整治科技创新提出科学依据和决策参考。

关键词： 土地整治　科学技术　主体创新　学科建设　人才培养

　　1998 年的《土地管理法》赋予土地整理以法律地位，2008 年党的十七届三中全会决定提出："大规模实施土地整治，搞好规划、统筹安排、连片推进。"这是中央第一次正式提出"土地整治"，土地整治已经上升为国家

---

* 王军，博士后，国土资源部土地整治中心研究员，主要研究方向为土地整治、景观生态学与土地可持续利用；高世昌，博士，国土资源部土地整治中心研究员，主要研究方向为土地管理制度和土地整治实施监管。

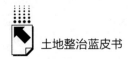

战略，成为统筹城乡发展的重要平台。伴随着土地整治事业的快速发展，土地整治科技创新也取得了长足进步，在"五化"同步发展和生态文明建设的大背景下，亟须加大科技创新推进土地整治工作和事业发展。

一 土地整治科技创新主要成果与成效

经过近 20 年的努力，我国土地整治领域科技创新持续推进，科技支撑能力和水平日益提高，有力推动了土地整治事业健康发展。

一是初步构建了土地整治规划、规范和技术标准体系。确立了全国、省、市、县 4 级土地整治规划体系，形成了《农用地质量分等规程》和《高标准农田建设　通则》等 4 项国家标准，以及以《土地开发整理规划编制规程》和《土地整治项目验收规程》等 17 项行业标准为主（截至 2015 年底）、地方标准为补充，涵盖土地整治全过程的技术规范和标准体系。二是完成了一批土地整治技术攻关项目。在国家科技支撑计划的支持下，各级土地整治机构、有关高校、科研院所和企业联合攻关，取得一批应用成果。特别是盐碱地暗管改碱、旱改水消碱、砒砂岩造地、低碳生态整治、损毁土地复垦等土地整治关键技术攻关项目取得重大突破，填补了国内空白，使部分盐碱地、毛乌素沙地成为生态粮田，资源获得有效利用，拓展了资源利用空间。三是研发了一批新材料和新装备。湖南、福建和山东等多个省份结合土地整治和高标准农田建设实际，开发了农田道路非硬底化、生态型渠系、生态护坡、土壤改良剂等新材料、新工艺，着力研发土地整治工程装备，将开沟埋管机、激光平地机、野外移动数据采集终端、便携式土壤剖面扫描仪等设备运用到土地整治中。四是初步建立了土地整治科技创新平台与技术服务体系。建立了土地整治、农用地质量与监控和退化及未利用土地整治工程等 4 个部级重点实验室，福建建阳和山西平朔等 7 个部级野外研究与观测基地，以及河北、浙江等 12 个省级科研工作站，初步形成了以实验室、科研工作站和野外研究基地为平台的土地整治协同创新网络，并与美国可持续发展基金会、德国汉斯·赛德尔基金会等国际机构建立了稳定的交流平台。五是培养了一批土地整治科技创新人才。通过科研项目协作研究、联合攻关、交流培训等方式，集聚了300多名专家和1000余名研究人员。

在国土资源部有关司局统筹协调、土地整治中心统一组织，相关部门、院校和科研单位共同努力下，目前已经初步搭建起了涵盖技术创新、技术服务、监测监管、学科队伍建设等多个领域的科技创新框架体系，形成了国家科技计划有支持、关键技术有突破、成果转化有成效、科技创新有平台的基本格局，土地整治科技创新能力和水平不断提升。

二 土地整治科技创新面临的形势

推进"五化"同步发展和生态文明建设，必须着力破解土地资源利用难题和环境污染问题，必须统筹经济社会发展、资源利用保护与环境承载能力，必须不断发挥科技创新的作用。当前，党中央、国务院确立了创新驱动发展战略，做出国家创新体系建设决策部署，土地整治科技创新迎来新的机遇。同时，我们也感到土地整治科技创新仍然面临一些亟待解决的问题。

一是通过科技创新推动土地整治事业发展的认识有待进一步提高。长期以来，土地整治工作往往是任务导向型，对土地整治技术、方法、装备等研究缺乏整体布局，对各类科研机构和社会力量开展科技创新引导不够，存在研究与实践脱节，成果转化率低等问题。二是土地整治科技创新平台建设有待进一步加强。我国每年实施土地整治项目超过3万个，分布在2700多个县，整治规模超过1亿亩，工程类型复杂多样，问题千差万别，目前的实验室、科研基地和科研工作站数量少且布局不尽合理，不能满足持续现场监测、创新研究、示范应用的需要。三是土地整治科技持续创新机制有待进一步改进和完善。尽管这些年来，开展了国际科技合作、国家级、省部级等五十余项科研任务，但目前尚未建立根据实际开展科学研究、技术攻关、成果推广应用的工作机制，存在政策碎片化、资金投入不稳定、激励机制缺乏、社会力量参与有限、高端人才较为匮乏等问题，影响了科技创新工作的持续开展。

三 推进土地整治科技创新的思考与建议

根据党中央、国务院的决策部署，按照中央关于推进生态文明建设及农业现代化发展等文件要求，以经济社会发展、国家粮食安全和生态文明建设对土地整治的需求为导向，以土地整治规划为依据，以实施国家重点研发计划和开展不同区域典型技术研究为抓手，以完善土地整治科技创新制度为保障，以构建科技创新网络平台为支撑，激发土地整治机制体制的创新活力，推进创新驱动发展战略实施，大力提升土地整治对经济社会发展、国土资源管理的支撑能力和水平，具体建议如下。

一是加强土地整治重大科技创新研究，积极争取国家重点研发项目。近年来，在年度中央部门预算中安排了"土地整治实施监管与绩效考评"和"全国农用地质量等级更新调查评价与监测"两个专项，部署开展了土地整治有关技术标准规范和科技创新研究，较好地支撑了土地整治工作的开展。根据国家科研体制改革要求，将分散在各部门的中央财政科研项目整合至国家自然科学基金、国家科技重大专项、国家重点研发计划、技术创新引导专项、基地和人才专项五个大类，建议积极争取申请立项国家重点研发计划，进一步发挥科技创新重点研发项目对土地整治事业发展的推动作用。

二是建立土地整治科技创新长效机制，激发各类主体科技创新的积极性。探索建立土地整治工作部署与科技创新相结合的工作机制，在土地整治和高标准农田建设中，根据当地实际情况，同步部署开展技术标准、新材料、新工艺等有关科技创新研究工作；建立促进科技成果转化机制，及时总结宣传、推广应用成熟技术，促进科技创新成果的转化应用；探索建立科技创新的激励机制，鼓励有关科研机构、社会力量参与土地整治科技创新，激发各类主体创新活力。

三是推进土地整治科技创新平台建设，形成支撑科技创新的平台和技术服务体系。在充分发挥现有部级重点实验室、野外研究与观测基地作用的基础上，根据土地整治不同区域、不同类型和不同问题，逐步按区域设立土地整治科技创新基地，构建多核心大网络的开放型协同创新体系，凝聚社会力量，开展跨部门跨学科全链条的协同研发，为科技创新提供有利条件。

四是加强土地整治学科建设与人才培养，夯实科技持续创新的基础。确立一批高校、科研院所和有关社会团体，积极推进土地整治学科建设，以重大科研项目为载体，开展有关基础理论研究和重大科技攻关，培养一批科技创新团队和科技领军人才，为事业发展提供人才保障。

参考文献

《高标准农田建设　通则》（GB/T 30600 – 2014），中国标准出版社，2014。

《农用地定级规程》（GB/T 28405 – 2012），中国标准出版社，2012。

《农用地估价规程》（GB/T 28406 – 2012），中国标准出版社，2012。

《农用地质量分等规程》（GB/T 28407 – 2012），中国标准出版社，2012。

《土地整治项目验收规程》（TD/T 1013 – 2013），中国标准出版社，2013。

《暗管改良盐碱地技术规程》（TD/T 1043.1 ~ 2 – 2013），中国标准出版社，2013。

王军：《土地整治：推进生态文明建设美丽中国的平台》，《中国土地》2012 年第 12 期。

赵凡：《土地整治综合优化高效生态——"十一五"国家科技支撑重点项目"土地整理关键技术集成与应用"》，《科技成果管理与研究》2012 年第 7 期。

地方特色篇

Local Characteristics

B.20

广东以"三旧"改造促
转型升级的实践探索

宁晓锋　田光明　谢　昊*

摘　要：　"三旧"改造作为建设用地整理的地方实践探索，已成为广
东实现城市更新、促进转型升级的重要工具。本文对广东
"三旧"改造实施以来形成的经验和做法进行总结，分析政
策创新成果和体系架构，并结合"十三五"总体形势判断，
提出推进低效用地再开发的思考和建议。

关键词：　"三旧"改造　转型升级　城市更新

---

* 宁晓锋，硕士，广东省土地开发储备局局长、高级工程师，长期从事土地整治领域相关研
究；田光明，博士、中改院博士后，广东省土地开发储备局高级工程师，主要研究方向土地
制度、土地整治及资源经济可持续利用；谢昊，博士，广州市房地产研究中心主任、高级经
济师，长期从事土地利用与管理、城市更新等领域相关工作。

"三旧"改造是对旧城镇、旧村庄、旧厂房进行改造的简称，是广东省推进节约集约示范省建设的重点工作之一。自 2009 年以来，"三旧"改造工作取得重要阶段性成果，并逐步形成一套政策体系和技术方法。"三旧"改造已成为广东省全方位促进节约集约用地、增加建设用地有效供给、推进产业转型升级、改善城乡发展环境、实现城市更新的重要工具。进入"十三五"以后，要适应新常态，站在新的历史起点，新的治国理念和发展思路将赋予该项工作新的使命、新的机遇和挑战。

一 形势判断

（一）"三旧"改造面临重要机遇期

改革开放以来，经济高速增长背后是耕地资源过度消耗和建设用地无序扩张与低效利用。广东省现有 25% 的县级单位建设用地规模突破了 2020 年土地利用总体规划建设用地指标控制范围①，珠三角地区许多市县土地利用强度已超过 50%，资源承载力已经逼近"天花板"。进入新常态，"红线"倒逼与经济转型升级迫切需要加快存量建设用地再开发的步伐，这也给"三旧"改造带来重要历史发展机遇。

（二）"三旧"改造成为产业转型升级和城市功能提升的重要工具

"三旧"改造源起于解决珠三角地区早期就地城市化和就地工业化过程中形成的"城中有村、村中有厂、城厂村相互交织"城市形态及特殊的土地利用问题。党的十八大以来，以适应新常态为导向，以及"创新、协调、绿色、开放、共享"发展理念的提出，生态文明、绿色发展逐步深入土地利用和管理的各个环节。以功能提升为导向的多目标"三旧"改造将成为重点。从

---

① 数据来源：陈耀光，《探索创新土地利用机制促进经济社会科学发展——在国土资源部广东省人民政府节约集约用地政策创新座谈会上的发言》，2012 年 5 月。

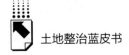

"三旧"改造到城市更新，"三旧"改造已经开始转向推进转型升级、提升城市品质、改善人居环境等多种功能导向的政策工具和实施工具。

（三）"三旧"改造制度体系的完善需放到全面深化改革的大环境中统筹考虑

广东"三旧"改造政策以及一系列的支撑体系都是在现有制度框架特别是土地制度框架下构建形成的，在一些方面已突破现有制度框架。但随着多目标功能导向的转变，"三旧"改造将承载更多功能和作用。"三旧"改造不仅涉及土地问题，同时还涉及城市发展、城市建设、环境保护、房屋管理、社会稳定、基层治理、行政审批、财税支撑、招商引资等诸多方面的问题和政策，需要融入全面深化改革的大环境中进行统筹考虑，需要形成综合性的政策及制度体系框架。

二 运行机制与政策支撑

"三旧"改造的本质在于利用市场机制和土地增值的杠杆作用，通过对土地利用空间结构、用途功能和综合效率的提升，带动改造区域内的产业升级、公共设施完善和环境的改善，从而实现片区综合效益的提升。其中机制创新与政策支撑体系是关键。

（一）三大机制创新是"三旧"改造实施的核心

一是创新市场化运作机制。鼓励原土地权利人自行实施改造或与其他社会力量合作开发建设；原农村集体经济组织可自行改造或与有关单位合作开发建设；允许市场主体收购相邻地块，申请合并归宗后集中实施改造；拆迁、安置建设等与拟改造土地使用权一并打包出让予实施主体。二是收益分配与利益共享机制。政府收回后公开出让的，按不高于土地出让收益60%的比例返还（国有企业，集体经济组织）；现有工业用地改造后，不改变用途，提高容积率的，不再增缴地价款。三是政府引导和管控机制。规划先行,科学编制专项规划,落实规划管控与引导;成立跨部门的领导机构,对"三旧"改造项目实施集中审批;加强数字化监管,"三旧"用地必须在规划图、现状图、影像图进行标注,没有入库的不得享受政策;对于完善手续、协议出让、补缴地价等关键环节,明确要求地方政府事先制定公布统一的操作细则,纪检监察、审计等部门全程参与项目审批。

(二)政策突破是"三旧"改造得以落地实施的关键

一是完善历史用地手续。对于无合法手续的存量建设用地,允许按照用地发生时的土地管理法律政策落实处理(处罚)后按土地现状完善用地手续,降低历史用地的使用成本。二是创新供地方式。对于原土地权利人自行实施改造的,可以采取协议出让方式完善供地手续;"毛地"出让,拆迁、安置等打包出让。三是集体经济组织可申请将集体土地转为国有。四是简化有关程序。简化征地、"三边地"处理、分散归宗等有关手续。

三 典型案例与运行模式

(一)城市核心区转型升级的猎德模式

猎德村位于广州天河区珠江新城中央商务区范围,是广州市启动改造的首个城中村。改造前的猎德村是广州"城中村"的典型缩影,"脏、乱、差","握手楼""贴面楼"比比皆是,违建问题突出、消防隐患严重、治安环境复杂、卫生条件恶劣。2007 年 5 月猎德村整体改造工作正式启动,2008 年 1 月复建安置房工程正式动工。2010 年 9 月 28 日复建安置房工程建设工作完成,目前村民基本回迁到复建安置区,猎德村整体改造工作全面完成。

猎德村改造是以"市、区政府主导,以村集体为实施主体"的自主改造模式。猎德村按照"三三制"原则将整个改造区域划分为安置区、商业区、集体经济发展区三个部分,其中,1/3 地块申请转为国有后按价值最大化进行拍卖融资（9.3万平方米）用于发展商业，获得土地出让资金 46 亿元全部用来满足整村改造资金平衡；其他两部分用作村民的安置区（13.1万平方米）和集体经济发展用地（修建一座星级酒店 3.3 万平方米，支撑集体经济）。在项目具体运行中，通过股份制改造成立村经济实体（猎德经济发展有限公司），由村自有公司进行组织运作，通过地块融资平衡和民主决策，猎德村实现了整村整治的猎德模式。猎德村改造除拍卖商业地块转为国有土地外，其他均保持集体土地所有。

猎德村通过改造，绿地率由原来的不到 5% 提高到 30%，建筑密度由原来的超过 60% 降低到 28.1%，改造区域增加绿化面积 1 万多平方米，市政道路 1 万多平方米。节地面积约 247 亩，节地率达 52%，原先分散村民居住点得到集中安置，低档的二、三产业实现升级提档，实现了充分发挥土地利用效益，节约集约利用土地的目的。该改造案例的特点为：一是地段优势使得土地价值的融资获利足以支撑整个村的改造；二是该村改造过程恰巧与广州亚运会基础设施建设同步开展，政府力推与村民自愿促使猎德村改造顺利完成。

（二）实现片区功能提升的广佛国际商贸城综合整治模式

广佛国际商贸城改造项目是佛山市南海区"三旧改造"重点项目之一。区域面积约 1837 亩，扣除市政规划路和河涌后，可开发土地约 1562 亩，分属沥东、联滘、沥中、雅瑶和平地 5 个居委会的 15 个村民小组所有。改造前，区内共有厂企 639 个，占地面积 1462 亩，厂房建筑面积约 100 万平方米，辖区内绝大部分土地以集体出租收取租金的经营模式为主。租户以回收废旧塑料和有色金属的企业加工场为主，建筑物多为简易厂房甚至露天堆场，存在严重污染环境、无证照违法生产经营、厂容厂貌脏乱差、城市服务功能欠缺、单位用地产出效益低下等问题。

该项目改造模式为：政府主导、社会资金参与土地整合，统一规划实施改造，即由"镇政府征用及租赁居委会农村集体土地，统一规划开发"。具体做法为：镇政府组建项目公司（广佛商贸城发展有限公司），统一开发项目区内土地，自行承担开发风险。将项目区内 200 亩村集体土地征为国有，其余的 1264.229 亩村集体土地由政府项目公司以租赁的方式收回并进行统一开发。该项目实施特点为：通过实施对区内的旧厂房、旧物业进行连片改造和土地整合，统一规划、统筹布局，全面提升片区功能。

（三）历史文化传承与保护的佛山祖庙东华里旧城改造模式

佛山祖庙东华里片区位于佛山禅城区老城区中部，总占地面积 63.9 公顷，居民 9635 户 3 万多人。片区内共有各级文物保护单位 22 处，其中佛山祖庙和东华里古建筑群为国家级文物保护单位，简氏别墅为省级文物保护单位。该片区是佛山文物古迹分布最密集，规模最大，传统风貌保存较完整的历史文化街区。改造前片区内分布着住宅、工厂、商场等，是佛山市区中心主要的生活、生产区域。2007 年 11 月，该区开始实施改造。按照总体规划，祖庙东华里片区改造项目净用地面积 51.7 万平方米，总建筑面积 150 万平方米，预计总投资超过 250 亿元，计划分五期开发建设，到 2016 年基本建成。

该项目以"捆绑出让、净地移交"的方式探索利用社会资金参与"三旧"改造模式，由政府将需拆迁安置的土地使用权以招拍挂方式出让确定改造主体。改造项目与国有土地使用权一起挂牌出让成交，项目的国有土地使用权由瑞安房地产有限公司旗下的 8 家公司以人民币 75.1 亿元的成交价联合竞买取得。根据实施要求，改造主体将在统一规划下对片区内部分建筑拆除重建，对文保建筑和历史建筑进行修复加固，采取修旧如旧的方式妥善加以保护和利用，恢复传统历史文化街区的风貌；政府负责拆迁补偿和安置，改造主体承担相关费用和改造开发任务。

改造后该片区将打造成融合岭南民俗文化，具有禅城时代特色和现代商业文明，辐射珠三角，影响华南地区集文化、旅游、商业、休闲、居住为一体的综合性街区，成为佛山市的城市中心和城市标志。祖庙东华里片区整体改造完成后，极大带动周边区域的经济发展，促进商业、旅游、文化创意产

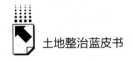

业、餐饮、旅店业等第三产业的提升，巩固和提高祖庙东华里传统商圈的商业价值，城市功能得到优化，城市品质得到极大提升。

四 取得的成效与面临的问题[①]

（一）取得的主要成效

"三旧"改造通过借助土地增值的利益驱动和土地整合的功能重组，不仅实现节约集约用地，而且在调整优化产业结构、推动城镇化健康发展、保障和改善民生等方面都具有明显的成效。

1. 提升用地效率，拓展发展空间

据统计，2008年以来，通过"三旧"改造腾挪增加可利用土地面积占已完成改造土地面积比重为45.26%，节约用地约7.13万亩。通过开展"三旧"改造，有效开发存量建设用地，推进土地循环利用，优化用地布局，提升土地利用效率，一定程度缓解土地供需矛盾，有力地保障了科学发展的用地需求。

2. 优化用地布局，促进产业结构调整

据统计，在已改造项目中，属于产业结构调整的项目共1998个，占65.19%，其中，属于淘汰、转移"两高一资"项目423个，引进现代服务业和高新技术产业项目394个，投资超亿元项目323个。这批项目改造后当年期实现产值（营业收入）比改造前增长了1.23倍。"三旧"改造在优化用地布局的同时促进了产业结构调整，既淘汰落后产能，实现腾笼换鸟，又推动战略性新兴产业发展与现有支柱产业做大做强。

3. 完善基础设施，优化城乡人居环境

据统计，在已完成的改造项目中，建设城市基础设施和公益事业项目929个，涉及用地4.29万亩，新增公共绿地6700多亩；保护与修缮传统人

---

① 本章数据来源于广东"三旧"改造成效统计。

文历史建筑 772.92 万平方米。"三旧"改造，进一步完善了城市基础设施和公共服务功能，推动"城中村"改造，推进了社会主义新农村建设，优化了城乡宜居环境。

4. 共享增值收益，增加居民福祉

据统计，通过项目改造，进一步优化第二、三产业就业结构，就业人口增加了 1.71 倍，旧村庄实施改造后，村集体收入增长了 1.56 倍。在实施"三旧"改造工作中，政府注重让利于民、还利于民，使群众实实在在地分享到改造的成果。同时，通过"三旧"改造，妥善处理了一批历史遗留问题，明晰了土地产权关系，化解了矛盾纠纷，消除了一批影响社会和谐的不稳定因素。

（二）面临的主要问题

1. "三旧"用地数量多，涉及利益广，改造难度大

据统计，目前，广东省纳入"三旧"改造标图建库的"三旧"用地面积有 416 万亩，已实施的改造面积（正在改造面积与完成改造面积之和）仍仅占纳入标图建库"三旧"用地的 8.8%，近三年完成"三旧"改造面积分别为 2.77 万亩、1.06 万亩、0.68 万亩。"三旧"改造是一项复杂的系统工程，项目开发成本高、资金投入大、实施时间长，并且项目实施涉及利益群体多、牵涉面广，利益均衡成为关键。在项目实施过程中，一旦发生改造主体经营不善、资金链断裂等特殊情况，改造项目将被迫停止甚至烂尾，形成许多新的历史遗留问题。因此，一方面需要进一步完善政策、技术支撑体系；另一方面"三旧"改造实施进度要依照市场需求有序推进。

2. "三旧"改造制度政策体系有待进一步完善

首先，"三旧"改造政策有些规定突破了现行法律法规，由于缺乏法律支撑，存在一定的行政风险。比如允许经营性用地协议出让、历史用地完善手续，土地权利人分享土地出让纯收益等，作为试点省份政策风险由国土资源部和省政府承担，但一些地方政府仍然有所担心，政策执行大打折扣。其次，"三旧"改造用地涉及对原土地、房屋权利人的补偿安置问题，其开发利用成本通常高于新增建设用地，因此亟须通过相关方面的配套政策或优惠

措施有效降低改造成本，但目前这方面政策尚未出台或不充分。比如，缺少解决拆迁矛盾纠纷的有效手段，司法途径不顺畅，机关与对于拆迁矛盾纠纷尤其是"钉子户"问题常常束手无策；缺乏税收方面的优惠政策，现行税收政策没有考虑"三旧"改造的特殊情况，有的改造项目存在不合理征税现象，如对返还的土地出让纯收益征收个人所得税、对收购后拟拆除房屋的补偿款征收营业税、对于尚处于拆迁重建阶段的改造用地征收土地使用税等。对于通过集体建设用地流转方式实施改造的，在税收标准方面仍然存在许多需要进一步明确的方面。此外，现行规划管理制度无法满足存量土地的管理需要。城市控规与改造规划之间的衔接性不够，且调整程序复杂。

3. 相关技术规范和标准有待进一步完善

"三旧"改造实践已取得阶段性成果，需要根据现实需求、总结经验，进一步完善相关的技术规划和标准等，推进该项工作的标准化、规范化。比如对于需要改造的项目地块、项目区域发展、产业发展状况、综合效益的综合评估等工作尚未形成规范性的评估标准，而是采取由地方政府进行上报等方式入库，相关操作程序有待进一步完善。同时，在产业转型升级的产业选取和甄别、市场的评估和预测、项目实施的监督管理等方面都需要根据实践情况进行总结梳理，形成规范化的技术标准体系。

五　以提质增效为导向推进"三旧"改造升级

（一）多目标导向的转型与升级：从"三旧"改造到城市更新

土地利用、产业形态以及城乡发展有其自身的发展规律，伴随着宏观经济背景变化、工业化城市化水平的提升、产业结构的调整以及人口结构的变化而逐渐演变。经济进入新常态，"三旧"改造需要从"以主要获取土地发展空间促经济发展"为导向转变为"以全面提升城市功能促进转型升级"为导向，工具导向需全面升级。广东从"三旧"改造到城市更新，目标导向的变化亟须进一步建立健全运行机制、创新实施模式、规范运行程序并提供制度政策保障。

（二）建立健全公共决策机制

实现更新改造"自上而下"和"自下而上"两种方式的有机结合，逐步形成通过公平协商、公开听证、投票表决等方式确定改造方案、改造模式和补偿标准等，充分尊重土地权利人的意愿。建立集体土地纠纷仲裁机制，对极少数妨碍集体利益实现的应采取仲裁方式解决。

（三）规范运行程序和标准体系

进一步优化更新改造的审批程序，简化更新改造项目入库、年度计划申报程序，实行实时申报制度，按照"简政放权"原则适当下放审批权限，缩短审批时间。同时需要进一步建立健全更新改造中不同环节的技术标准和规范体系。一是逐步建立更新改造前的评价标准体系规范；二是逐步建立更新改造规划编制技术规范；三是逐步建立更新改造中淘汰落后产能和产业升级的技术标准；四是逐步建立城乡统一的土地价格评估标准；五是逐步建立更新改造后的监测监管体系和规范等标准体系。

（四）培育和创新运行模式

充分利用现有政策支撑体系，探索多种运行模式推进更新改造。综合运用"三旧"改造、集体建设用地入市、棚户区改造、危旧房改造等多种政策，结合区域特征和项目现实情况，引导土地产权所有人或使用人探索形成不同的运作模式，从而有效平衡利益矛盾、实现改造综合效益。可在融资模式、空间激励、保障性住房、捆绑联动等方面积极探索，形成多元化运作模式和实现机制。

（五）完善制度政策保障体系

逐步建立存量和增量建设用地差别化的政策体系框架，重点针对存量建设用地开发中的土地占用、开发、处置、收益等多方面的特殊性和差异性，形成适应新常态下推进存量建设用地更新改造的政策体系框架。重点包括：

一是产权的处置问题，除目前需进一步明晰所有权、使用权外，还可探索发展权问题，以发展权引导空间布局；二是市场体系建设问题，重点是对更新改造中市场主体、客体、交易形式等方面进行规范，充分考虑存量开发的特殊性，突破现有市场交易框架及形式；三是规划管理问题，形成更新改造单元规划、片区策划方案、衔接控规等规划管理制度体系；四是公共决策问题，形成决策主体、决策依据和实现形式等公共决策的机制和政策体系。

六　结论与建议

"三旧"改造已成为广东推进产业转型升级、提升城市品质、改善人居环境等多种功能导向的重要工具。进入"十三五"，适应新常态，充分发挥市场在"三旧"改造实施中的决定性作用，让该项工作趋于常态化、规范化、法制化，已成为重点任务。需要从存量和新增土地开发两个角度全面完善现有制度体系框架和有关技术标准体系。因此建议：一是继续推进并扩大全国城镇低效用地再开发试点工作，及时总结工作经验，找准差异和方向；二是在试点基础上，加大对适宜于存量建设用地再开发的政策和制度体系的研究力度；三是推进立法的研究起草工作，实现有关更新改造工作程序的规范化、标准化和法治化。

参考文献

《关于推进"三旧"改造促进节约集约用地的若干意见》（粤府〔2009〕78号）。

陈耀光：《探索创新土地利用机制促进经济社会科学发展——在国土资源部广东省人民政府节约集约用地政策创新座谈会上的发言》，2012年5月。

中国土地勘测规划院：《城镇低效用地再开发政策分析报告》，2012年5月。

《广州市城市更新办法》，广州市人民政府令第134号，2015年12月。

田光明、宁晓锋等：《广东"三旧"改造实现机制与国际比较》，《广东土地科学》2014年第2期。

B.21
土地整治助推湖北绿色发展

陈新华 吴 鹏 谢晓鸣 刘文俊*

摘 要： "十二五"以来，湖北省在实施土地整治中，树立绿色、生态理念，坚持多规合一、整合资金，采取试点引导，强化标准建设，在保障国家粮食安全的同时，围绕优化国土生态空间格局、维护和治理生态环境，探索出一条土地整治助推绿色发展的新路。"十三五"时期，湖北土地整治将围绕生态立省战略实施，以人与自然和谐发展为目标，以绿色发展为主线，坚持保护优先、统筹规划、综合施策，不断提升土地整治服务绿色发展的能力，开创湖北绿色发展新局面。

关键词： 土地整治 生态保护 绿色发展

节约资源和保护环境是基本国策，党的十八大将生态文明建设纳入"五位一体"总体布局，并将其放在突出的战略位置。湖北省委、省政府高度重视生态文明建设，提出"绿色决定生死、市场决定取舍、民生决定目的"三维纲要，把绿色发展放在首位。土地整治作为国土资源管理一项基础业务和重要政策工具，在优化国土生态空间格局、维护和治理生态环境上具备天然优势。"十二五"以来，湖北土地整治工作紧紧围绕服务生态文明

* 陈新华，湖北省国土资源厅党组成员、国土整治局局长，主要研究方向为土地整治规划与实施管理；吴鹏，湖北省国土整治局总工程师，主要研究方向为土地整治实施管理；谢晓鸣，硕士，湖北省国土整治局办公室主任，主要研究方向为土地资源管理；刘文俊，湖北省国土整治局副主任科员，主要研究方向为土地整治实施管理。

建设目标，深化体制机制改革，积极主动探索实践，在助推湖北绿色发展上取得明显成效。

一 取得的主要成效

"十二五"以来，湖北省依托南水北调土地整治重大工程、农村土地整治示范工程、丹江口库区移土培肥及配套坡改梯工程等三个国家级土地整治重大工程，结合"绿满荆楚"行动、"美丽乡村"建设等地方发展战略，大力实施土地整治，建成高标准农田2241万亩，新增耕地85万亩。其中，平整土地285.24万亩，建成沟渠45万公里、农用桥18000余座，新建、修复排灌泵站10300余座，修建水闸（坝）34000余座，配套输变电线路4000余公里，修建生产路、田间路21万余公里，栽种各类防护树木2292余万株[1]。建成了一批具备生态景观功能的高标准、成规模的基本农田，打造了一批城市休闲观光现代农业走廊，恢复了一批历史传统文化古村落，复绿了一批资源枯竭地区的矿山开采区。在保障国家粮食安全的同时，充分展现了优美的自然风光。"看得见水、望得见山、记得住乡愁"的城乡发展新格局，在湖北已初现雏形。

（一）结合生态治理理念，发挥高标准基本农田建设生态景观新功能

在深入推进高标准基本农田建设中，湖北始终将生态理念贯穿项目规划设计、实施建设全过程。一方面，始终重视增加耕地数量、提高耕地质量等高标准农田建设的基本功能；另一方面，充分考虑乡村自然优美的田园风光，通过土地整治，实现"农田成方、路渠配套、排水畅通、绿化成网"的大农业生态景观。江汉平原腹地的沙洋县，紧紧依托高标准农田建设项目，规划万亩连片油菜地。一方面，项目区实施整治后农业机械化率在80%以上，生产能力提高10%～20%，生产成本降低5%～15%[2]；另一方

---

① 数据来源：《湖北省国土整治项目监测监管系统》。
② 吴鹏：《实施农村土地整治助推现代农业发展》，湖北省国土整治局，2014年中国土地学会学术年会交流材料，2014年12月9日。

面，初春时节，项目区满眼尽是舞动的金色海洋，满载收获喜悦的同时，也收获了美的享受。罗田县充分利用2012年度九资河圣人堂等村土地整治项目，一方面加强农田基础设施建设，有效改善项目区农业生产条件，提高农田生产能力，降低农业生产成本；另一方面，结合圣人堂村生态画廊建设，打造"春来山花烂漫，夏至飞瀑流泉，秋日红叶似火，冬季银装素裹"的乡村整体景观，农村面貌焕然一新，乡村旅游开展得如火如荼。

（二）结合现代农业发展，打造城乡生态休闲观光旅游新高地

充分发挥土地整治项目的平台、底盘作用，促进资金、资源整合和高效利用，推动现代农业和生态旅游发展，在促进农民增收致富、维护区域生态平衡、农业可持续发展上，探索出一条新路子。十堰市武当山特区在丹江口至土城公路沿线，科学规划土地整治项目，将原来高低不平、零星、低产的耕地整理成高标准农田，配套河堤、路、桥，种上紫薇、樱花、桃花、香樟、桂花、杜鹃、月季等花卉苗木，形成一条以自然生态为背景，融人文风貌于一体的休闲观光现代农业走廊。襄阳市襄城区依托欧庙等两个镇南水北调汉江沿线土地开发整理重大工程，建成占地1000公顷的专类植物园——中华紫薇园，形成以银杏园、林秀湖北、荷塘月色、薇香谷为主的四大组团精品区及以二十多个专类植物园为辅的特色小园区，并打造现代科技农业基地，开展现代科技农业生产实验。此外，还建成紫薇慧谷、紫薇广场、紫薇水街、婚庆广场、林秀湖北、农业采摘园、垂钓园、户外拓展园、阳光沙滩等多个休闲旅游场所，打造集旅游观光、生态娱乐、山林度假、休闲养生为一体的旅游胜地。

（三）结合历史文化村落保护，推进"美丽乡村"建设新进程

作为荆楚文化的发源地，湖北省历来注重对历史文化街区的保护，在对传统村落、历史文化名城进行整治过程中，着重对地方特色建筑的保护，避免大规模拆旧建新对古城历史风貌的破坏，深入挖掘文化内涵，延续历史文脉，保持原有的景观特征。广水市桃源村于2014年列入湖北省第三批传统

村落名单，是一个山清水秀、古朴典雅的小村。在土地整治规划阶段，桃源村就注重在农村居民点整治中融入当地特色建筑文化；在对田、水、路、林建设改造中，尽可能地维护原有景观特征，体现良好的生态景观特征。项目建成后，历史印迹和文化底蕴隐现于村落的建筑、民俗、生活等各个方面，土地整治规划设计、施工工艺与原生态的自然景观格局交相辉映，真正体现了"修旧如旧"、"让农村更像农村"的初衷。

（四）结合工矿废弃地复垦和矿山复绿，促进资源枯竭型城市转型发展

为有效化解矿区开采等各类生产建设活动对生态环境破坏的问题，解决资源枯竭城市发展滞缓问题，"十二五"以来，湖北省全面开展工矿废弃地复垦以及矿山复绿行动，历史遗留损毁土地复垦率在50%以上。大冶市按照"乡村型、生产型、增值型"要求，在茗山乡、殷祖镇、刘仁八镇沿线整合各方资金1.9亿元，采取土壤污染治理、植被恢复和复耕等生物工程技术措施，积极开展工矿废弃地复垦，既有效恢复了生态环境，又推进了生态农业发展。新建的乡村果蔬园艺博览园以生产无公害、绿色有机农产品为主，兼顾农业现代化、农副产品开发、生态观光旅游和果蔬园艺知识普及为一体，探索出一条矿业城市转型发展的新路径。武汉市积极开展矿山复绿行动，对"三区两线"（重要自然保护区、景观区、居民集中生活区；重要交通干线、河流湖泊直观可视范围线）可视范围内的54座破损山体（破损面积约893公顷）实施集中整治。2013年以来，通过争取国土资源部专项资金、市级财政投入以及引导社会资本参与等方式，累计投入资金近6亿元，已完成40座破损山体（面积约583公顷）[1] 整治修复工作，不仅有效治理了历史遗留的矿山迹地、消除地质灾害隐患，还整理出一批绿化用地和建设用地，极大改善了自然生态景观和空气质量。

---

① 数据来源：《武汉市矿山地质环境治理示范工程实施方案（大纲）》。

二 形成的主要经验

（一）坚持规划先行，突出多规合一

湖北省在土地整治建设过程中，始终坚持先规划后建设，将生态景观理念贯穿土地整治项目规划设计始终，注重对生态格局、景观功能和文化价值较高的区域进行特殊保护。省人民政府制定了《关于实行最严格节约集约用地制度的通知》（鄂政发〔2014〕24 号），依据"全域规划、全域设计、全域整治"原则，明确提出建立以土地利用总体规划为支撑的"多规合一"政策体系，注重发挥各部门的整合功能，建立项目实施建设联动机制，实行多部门联合治理，调动多方力量，打造项目区完整的内部联动系统，实行统一规划，将土地的利用、景观的塑造与功能的交叉等不同目标诉求整合为一个整体的规划方案。

（二）坚持政策创新，突出试点引导

绿色决定生死，山水林田湖是一个生命共同体，土地整治服务绿色发展，必须立足对整个生态空间进行综合整治。"十二五"以来，湖北省有计划、有步骤地选择符合条件的县（市、区），以多规划统筹协调、优化土地利用结构和空间布局为目标，依托现有土地整治平台，统筹城乡建设用地增减挂钩、地质灾害环境修复、低效用地再开发、工矿废弃地复垦利用等多种政策工具，在确保耕地数量不减少、质量有提高、建设用地规模不增加的前提下，从构建区域生态安全和粮食安全格局的高度，推进高标准农田整治、生态用地整治和城乡建设用地整治等综合整治试点，实现生态安全和粮食安全双重保障，打造了一批土地整治服务绿色发展的示范工程，在全省形成示范效应。

（三）坚持齐抓共管，突出资金资源整合

按照"各炒一盘菜，共办一桌席"的思路，湖北以土地整治为平台，

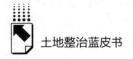

整合发改、财政、水利、交通、旅游、村庄建设等涉农资金，充分发挥资金的聚集、放大效应，有效提高土地整治建设标准，提升土地整治服务绿色发展能力。实施国土生态治理和矿山复绿工程，全面开展矿山地质环境调查评价，统筹规划矿山地质环境保护与综合治理，聚合各类财政资金和矿产资源开发收益，提升工矿废弃地综合整治效益。拓宽土地整治融资渠道，创新土地整治建设模式，深入推进农业龙头企业、农民专业合作社自建和农民自建"以奖代补"工作试点，合理引导社会资本参与土地整治，发挥政府公信力和企业的财力。

（四）坚持技术支撑，突出标准建设

土地整治技术发展的总体趋势是工程技术化、技术工程化和工程技术与标准的深度融合，由单一技术向多目标综合技术发展，分地域分类别细化土地整治对象，注重新装备、新材料、新工艺等现代装备技术的研发与应用。按照绿色发展、生态文明建设的要求，"十二五"以来，湖北省不断加强对土地整治技术的探索，深入研究"三维实景""互联网＋""大数据应用"等最新技术手段在土地整治规划设计中的应用；进一步完善沟渠的生态护砌技术、生态保护型道路设计技术、生态护坡技术、农田渍水净化系统设计及生物通道、生物栖息地规划设计等技术标准；因地制宜地创造移土培肥、筑台拉网、客土喷播、缓坡造林、燕窝造林及鱼鳞坑等绿化模式，有效提升了土地整治改善区域生态环境、优化生态格局、服务绿色发展的能力。

三 "十三五"展望

"十三五"期间，湖北围绕贯彻落实"创新、协调、绿色、开放、共享"五大发展理念，提出全面推进绿色发展，大力实施生态立省战略，为土地整治带来重大机遇和挑战。湖北省将把土地整治作为优化城乡空间格局、维护与治理生态环境的重要平台和抓手，以人与自然和谐发展为目标，

以绿色发展为主线，坚持保护优先、统筹规划、综合施策，不断提升土地整治服务绿色发展的能力，开创湖北绿色发展新局面。

（一）着力打造粮食生产核心整治带

抢抓国家实施长江经济带建设战略机遇，争取国家实施长江经济带江汉平原国家级土地整治重大工程。按照全域规划、全域设计、全域整治的设想，力争在"十三五"规划期内，沿长江33个涉农县（市、区）建设高标准农田500万亩，新增耕地10万亩①。同时，利用长江经济带优质岸线资源，发展高产、优质、高效、生态、有机农业，打造生态农业走廊，建设旱涝保收的高产稳产现代农业，建立稳定可靠的绿色农产品生产基地。

（二）着力打造绿色都市整治圈

按照湖北省主体功能区确定的"一主两副多极"的城市化战略格局，对重点城市及周边城市群，利用划定永久基本农田构筑城市开发实体边界。结合开展城郊基本农田整治，加强生态景观功能建设，把农田与河流、湖泊、山体、森林等融为一体，推进绿道网建设，连接城乡绿色空间，构建城市生态屏障，提升城乡环境质量和土地承载能力。

（三）着力打造美丽乡村建设示范区

在大别山革命老区、秦巴山区、武陵山区等传统文化保留较好的区域，结合精准扶贫脱贫工程，有计划、有步骤地开展农村土地综合整治，以改善农村生产生活条件和人居环境为目的，提升农村基础设施水平，保留农村文化传承，重构农村土地利用格局，促进城乡生活等值化、公共服务均等化，加快美丽乡村建设步伐。

---

① 数据来源：《湖北省国土资源节约集约示范省创建工作方案》，2015年12月29日经国土资源部批复。

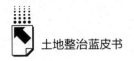

（四）着力打造生态建设整治区

在神农架林区、丹江口库区等生态功能型地区，重点开展水土流失、荒漠化、石漠化和生物多样性维护整治，强化土地退化地区、生态脆弱地区绿色基础设施建设，强化山体、水体、湿地等生态修复，改善土地生态环境，提高土地生态系统服务能力。对能源与矿产资源开发集中地区，重点开展废弃地复垦和矿山地质环境恢复治理，修复损毁土地的生态环境。

参考文献

《中共湖北省委关于制定全省国民经济和社会发展第十三个五年规划的建议》，中共湖北省委十届七次全体扩大会议，2015 年 12 月 28 日。

中共湖北省委、湖北省人民政府：《关于加快推进生态文明建设的实施意见》（鄂发〔2015〕23 号），2015 年 11 月 3 日。

国土资源部土地整治中心调研组：《土地整治实施模式创新的探索和实践——来自湖北、浙江的调研报告》，《土地整治动态》2014 年 7 月 16 日。

陈新华、吴鹏、刘文俊等：《湖北省"十二五"土地整治工作调研报告》，湖北省国土整治局，2015 年 9 月。

B.22
上海土地整治助推建设用地减量化

顾守柏 龙腾 王海 严宽*

摘　要： 建设用地减量化管理作为国家战略举措，是转变农村粗放发展方式、调整经济结构的重要途径。结合国家战略要求和自身发展实际，以破解土地利用瓶颈为问题导向，上海构建了"一张蓝图三种路径"的土地整治助推建设用地减量化的新机制，在建设用地规划目标缩减、年度工业用地负增长、引导农民相对集中居住、生态空间营造等方面成效显著，并构建了未来基于建设用地减量化战略的土地整治新格局。

关键词： 土地整治　建设用地减量化　上海

随着我国进入增长速度换挡、结构调整转型、发展动力转换的经济发展新常态，上海作为国家"一带一路"和长江经济带发展战略的交汇点，其外部环境和自身发展阶段性特征变化尤为深刻。土地资源稀缺和利用方式粗放的现状已不能适应城镇化发展需求，以土地利用方式转变倒逼经济发展转型迫在眉睫。2015年，《生态文明体制改革总体方案》和《中共中央关于制定国民经济和社会发展第十三个五年规划的建议》明确指出"实施建设用

---

* 顾守柏，硕士，上海市建设用地和土地整理事务中心主任，高级工程师，主要研究方向为土地利用政策与土地整治；龙腾，上海市建设用地和土地整理事务中心工程师，主要研究方向为土地整治规划；王海，硕士，上海市建设用地和土地整理事务中心工程师，主要研究方向为土地整治规划；严宽，硕士，上海市建设用地和土地整理事务中心工程师，主要研究方向为土地整治规划。

地总量控制和减量化管理"和"建设用地总量和强度双控行动",建设用地减量化管理正式上升为国家战略举措。而中央城市工作会议提出"坚持集约发展,框定总量、限定容量、盘活存量、做优增量、提高质量",推动城市发展由外延扩张式向内涵提升式转变。上海于 2014 年出台"土地新政",发布了《关于进一步提高本市土地节约集约利用水平若干意见》,首次提出"五量调控"即"总量锁定、增量递减、存量优化、流量增效、质量提高"的土地利用新策略,强调通过转变土地利用方式促进发展方式转变,提高土地利用质量和效益。结合国家战略要求和自身发展实际,上海市以土地整治为平台开展了建设用地减量化的探索与实践。

一 上海市土地利用的"困局"

(一)粗放低效利用与土地资源紧缺的矛盾

改革开放 30 年以来,上海城市发展和土地利用以外延式扩张为主,消耗了大量不可再生的土地资源。从规划约束视角来看,至 2014 年底建设用地总规模 3124 平方公里,接近 2020 年土地利用总体规划所确定的"天花板"(3226 平方公里)。可用增量空间仅为 102 平方公里,远小于未来六年已确定重大工程、公益基础设施类 195 平方公里的新增用地需求[①]。从自身发展视角来看,上海建设用地占陆域面积的 45%,远高于大伦敦、大巴黎、东京圈等国际大都市(30% 左右)的水平,不符合全球城市、宜居城市的目标定位。

从用地结构来看,第一,工业用地占比较高。工业生产用地中,用地总量为 748 平方公里,占建设用地的 23%,与对标城市相比,是东京、首尔等城市的 2~3 倍。第二,集建区外工业用地分布散、效率低。位于集中建

---

① 3124 平方公里系地籍变更调查数据,3226 平方公里来源于《上海市土地利用总体规划 (2006~2020 年)》,195 平方公里系内部调查统计数据。

设区外的现状工业用地，面积大约为 198 平方公里。这些工业用地不仅分布零散，其土地利用绩效水平也不高。"198"工业用地约占全市工业用地面积的 26%，但工业总产值占比不到 10%①。第三，农村居民点规模小布局散、闲置现象普遍。5 户以下的居民点约占 84%，与天津、北京相比较，单个居民点的规模偏小。

（二）耕保形势严峻与健康产能建设的矛盾

耕地面积的持续减少，是上海土地利用变化的显著特征。一方面，1978～2012 年近 34 年，耕地面积从 36.01 万公顷减少至 19.9 万公顷，面积减少了16.11 万公顷，减幅达到 45%，年平均减少面积为 0.47 万公顷②。另一方面，上海补充耕地来源主要靠滩涂围垦和土地整理，其中全市陆域土地资源基本被利用，据统计目前全市陆域的未利用土地不足 0.1%，而滩涂资源现仅为全市总面积的 5.12%③。这也意味着耕地后备资源严重不足。

各区县的耕地质量等级差异不一，部分区域差异较大。优质耕地主要分布在崇明县、奉贤区、浦东新区、青浦区，而松江区、闵行区的优质耕地比例则较低。因此，耕地质量进一步提升的空间仍然存在。同时，有机农药的施用和工业"三废"的排放，导致部分区域的有机物污染物和重金属含量明显呈上升趋势。由于土壤资源的多功能性以及人们对其需求的多样性，加之其不可再生性和不可移动性，通过土壤修复、土壤资源动态配置提高耕地地力、保护土壤生态刻不容缓。

（三）生态空间不足与绿色游憩需求的矛盾

发达国家城市森林覆盖率一般在 40%～60%，全国森林覆盖率为21.63%，而上海市森林覆盖率 2013 年统计仅为 10.74%。上海只有北京的1/3 左右，也低于长三角 16 个地级以上城市中的杭州、宁波、南京、无锡

---

① 《上海推进建设用地减量化破解土地资源紧约束》，《经济日报》2015 年 12 月 14 日，第 12 版。
② 数据来源于《上海市统计年鉴（2013）》。
③ 数据来源于上海市第二次全国土地调查的数据结果。

等城市。上海市生态用地空间急剧衰减，生态环境空间占比过低①。

上海 2014 年末常住人口 2425.68 万，与 2000 年相比增加 817.08 万，年均增长率 2.98%，远超全国水平（约 0.55%）②。一方面，人口绝对数量的快速增加客观要求拓宽生态生活空间，提高宜居性；另一方面，作为国际化大都市，其集聚的人口往往具有相对更高的学历和素质，这些人群对生态环境、休闲游憩有着更高的需求。他们居住在城市，同时渴望到乡村田野中去，回归自然、休闲度假、体验农业文化。二者相结合，带来了强劲的生态系统服务功能需求。

（四）村落空心消亡与乡村风貌留存的矛盾

上海农村在 1990～2014 年的户均人口从 3.68 人减少至 2.76 人③。24 年间，农村户均人口数量不断降低，这意味着农村村落中的居住人口正在减少、空心化程度正在提高。从郊区老龄人口的分布情况来看，中远郊的新市镇 60 岁以上人口占比相对较高，占比大于 30% 的共 10 个④，多数位于崇明三岛地区，老龄化问题非常突出，劳动力流失情况严重。

上海的传统村落与行政村的比例为 1000∶3，这些江南传统村落是我国重要的物质文化遗产和农业文化遗产。然而上海 1661 个行政村，入选传统村落目录的仅为 5 个⑤。由于城镇化的发展和商业旅游开发，部分传统村落的风貌已发生较大改变，部分村落不断消亡。在经济快速发展的背景下，乡村风貌、农耕文化的精神文化传承意义与价值越来越得到公众的重视，留住乡愁，保护传统村落，让村落景观与人文内涵共生、历史遗存与当代生活共融是当前土地管理工作中亟须解决的难题。

---

① 本段数据来源于《中国统计年鉴 2015》，系第八次全国森林资源清查（2009～2013 年）资料。
② 数据来源于《中国统计年鉴 2015》和《上海统计年鉴（2015）》。
③ 数据来源于《上海统计年鉴 2015》。
④ 数据来源于近五年不同年份的 9 个郊区县的统计年鉴。
⑤ 刘士林、王晓静：《长三角"中国传统村落"调查报告：再不保护就悔之莫及了》，《光明日报》2015 年 2 月 27 日，第 5 版。

（五）城乡二元结构与农村发展滞后的矛盾

上海总体上已进入以城带乡的后工业化时期，原有的城乡二元结构使得农村资源要素流失问题突出、公共资源配置不合理问题突出、城镇化与农民市民化相脱节问题突出，农业基础薄弱、农村发展滞后、农民增收困难的局面长期存在。这表现在毗邻中心城的新市镇生产总值及财政收入较高，中远郊新市镇生产总值、财政收入普遍偏低。当下，通过资源配置、最大限度整合区域优势和优化生产力布局，发展现代农业，延伸农业产业链和价值链，是激发农村活力、乡土重建复兴的迫切要求。

二 上海市土地整治的"破局"

要破解上述诸多矛盾和多重困境，关键就是要以建设用地减量化战略为指导开展土地整治。建设用地减量化的内在要求是优化空间布局和调整产业结构，外在表现还包括规划、建设、管理三大环节的统筹和政府、社会、市民的互动。土地整治以规划引导、工程建设、公众参与等形式实现"十分珍惜和合理利用土地"，促进区域经济转型发展、乡村有机更新，它是"调结构，优布局"的重要平台。因而，土地整治助推建设用地减量化的内涵包括三方面：一是复兴乡村，秉持有机更新和谨慎更新的理念，从规划和建设上推动产业布局、生活居住、公共服务、生态文明等乡村功能融合显化；二是以人为本，以保障和提升农民生活质量和收入水平为基础，推动优质资源资产向郊野延伸，不断增强群众幸福感；三是高效运行，以后期管护、服务为重点强调农田多功能复合利用，促进传统产业向价值链中高端发展，推进一、二、三产业融合协调发展。

基于"三个集中""宅基地置换"等多年来有益的尝试和经验积累，凭借制度创新、科技创新，上海选择并走上了一条以"一张蓝图三种路径"实施建设用地减量化战略道路，以土地利用规模减小和布局结构优化，促进产业结构调整和发展方式转变，提高乡村的核心竞争力。"一张蓝图"是指多规合一的郊野单元规划，包含乡镇层面的农用地整治、建设用地整治和专项规划统筹等内容，不仅优化了存量空间格局，还成为推进新型城镇化、城乡统筹发展和美丽乡村建设的有效载体。"三种路径"是从管理项目分类的角度出发，形成具有上海本地特色的"198"工业用地减量化项目、市级土地整治项目和郊野公园建设项目。"198"工业用地减量化项目是指针对"198"区域的工业用地，建立立项－审批－拨付资金绿色便捷通道的区县建设用地整治项目。市级土地整治项目由市级财政安排专项资金，在本市基本农田保护区等重点生态保育区投资建设一批高标准示范性的土地整治项目。郊野公园是指位于城市郊区，有良好的自然景观、郊野植被及田园风貌，在提升农业综合生产能力及农林水生态功能的基础上，挖掘整合文化风貌资源，补充服务设施，打造形成农耕为特色的休闲游憩生态空间。

（一）统筹布局安排郊野单元规划，以土地整治谋划郊野地区发展

郊野单元规划以郊野单元为基本框架，以郊野公园创新土地利用方式、打通生态廊道，形成规划、建设、利用、管护、服务全过程、全要素参与的新思路。规划发挥土地综合整治的平台作用，以提升郊野地区生态效益和用地效率为首要目标，对乡镇层面的农用地整治、建设用地减量化及增减挂钩进行统筹安排，特别是对"198"区域建设用地包括地块位置、规模、四至、经济状况、权属主体等现状情况进行摸底并登记册，形成信息全面丰富的"一地一档"档案集。另外，在规划中统筹布局安排减量规模，落实了上海实现建设用地负增长目标任务的分解。此外，郊野单元规划有效整合城市规划、土地、建设、农业、产业、基础设施建设等各相关专业规划，注重整体政策设计（类集建区、拆三还一、造血机制），为发挥土地综合整治政策融合、资金叠合、项目集合综合平台作用奠定基础。

自2013年郊野单元规划试点启动以来，截至2015年12月，104个郊野单元中参与规划编制的共计97个，其中上报50个，38项获得批复。同时，区县积极推动规划建设用地目标"负增长"，将全市2020年规划建设用地总规模从原来的3226平方公里调减到3185平方公里。目前，规划指导的成

效正在逐步显现，一方面充分指导了土地整治项目可研和规划设计、增减挂钩等下位规划的编制；另一方面则直接作为土地开发、整理、复垦项目立项、验收的重要依据，科学布局、统筹谋划郊野地区发展。

（二）大力推进"198"工业用地减量，以土地整治倒逼城乡经济转型提升

为有效保障和推进建设用地减量化工作，上海市建立新增建设用地计划与建设用地减量化关联机制，一般经营性用地和工业用地必须使用减量化产生的用地指标；为保证急需项目落地，又形成建设用地指标周转制度，根据减量化进展情况可先行借用；同时，完善了国土资源部城乡建设用地增减挂钩内涵，允许周边指标在区县范围内适度流转；特别针对"198"区域的减量化工作提供市级减量化专项扶持性资金；以及建立了集体经济组织和农民长效增收机制，并把减量化工作纳入区县政府领导干部政绩考核体系等多项配套措施，形成落实减量化特别是"198"工业用地减量化工作的制度框架。

2015年上海市下达工业用地减量化任务700公顷，全年立项建设用地减量项目规模为1840公顷，其中工业用地减量1550公顷，已落实2015年减量任务的221%。全市已落实的"198"工业用地减量化总量超过市、区两级工业新增建设用地总量，连续两年实现了年度工业建设用地的实质性负增长。上海在力促郊区现状低效建设用地减量化的同时，全面落实了耕地保护和生态建设任务，上海还将"198"建设用地减量化与产业结构调整工作并行，在松江、青浦等多个产业结构调整试点区域效果显著，在有效淘汰低端、污染产业的同时，还采用带条件出让土地的方式异地置换物业，实现了镇村集体经济组织资产和农民收益增加的总体目标。

将减量化复垦项目与建设用地耕作层土壤剥离相结合，实现耕作层土壤的有效利用，保证补充耕地的质量。开展黄浦江上游金泽水库耕作层土壤剥离再利用集成示范工程，实现了建设用地和耕地布局的"双优化"。剥离优质土壤达13.4万方，就近用于项目区附近的建设用地复垦减量化项目、农

用地整理项目和中低产田改造等项目，再造优质耕地 383.5 亩，其中农地整理项目约 227 亩，建设用地减量化复垦项目 92 亩，改造中低产田 64.5 亩。

（三）发挥市级项目示范引领作用，以土地整治助力城乡统筹发展

上海市市级项目通过田、水、路、林的综合整治和村、厂减量，促使耕地的生产条件和居民的生活条件得到较大的改善，促进农业规模化经营、人口集中居住、产业聚集发展。上海在 2011 年底启动了市级土地整治项目，分三批共有 8 个市级土地整治项目，总投资近 13.68 亿元，预计新增耕地 780 公顷，搬迁农户 2961 户，涉及建设用地减量 154.62 公顷。市级土地整治项目多为整村整镇推进模式，其中的减量化工作与农用地整治、生产服务配套设施改善、农民居住环境提升效用并举，激活并发挥出土地整治价值的最大化水准。

利用城乡建设用地增减挂钩工具和宅基地置换政策，注重城乡发展的公平性，促进郊区农民相对集中居住，引导农民到新型社区和城镇来生活生产，全市面上形成了一批可供推广、借鉴的多种新型土地整治范例，如城乡统筹式的镇区上楼安置型外冈项目、乡村复兴式的村内安置型庄行项目、风貌保护式的跨村近镇安置型廊下项目等。

2015 年，市委市政府还划定了包括奉贤庄行、松江新浜、崇明三星在内的 11 个生态环境综合整治区片，其中四大区片同市级土地整治项目区域重叠。土地整治则成为环境综合整治的重要抓手，在减量减排、有效改善生态环境的同时，还能推进耕地集中连片，发挥规模经济效应，同时挖潜休闲观光等农业三产功能，为区域农民增收致富、健康生活指明了道路。

（四）积极推动郊野公园建设，以土地整治打造宜人郊野生态空间

为缓解大都市生态空间紧张的现状，根据《上海市基本生态网络规划》，遵循"聚集游憩功能、彰显郊野特色、优化空间结构、提升环境品质"的基本思路，上海在本区域内选址建设 21 个郊野公园。从建设内容来看，郊野公园通过综合整治区域范围内的田、水、路、林、村、厂，在提升

农业综合生产能力及耕地生态功能的基础上，整合地方文化、风貌资源，完善休闲游憩设施，配套商业功能性设施，打造以农耕为特色的市民休闲游憩生态空间。从资金投入来看，郊野公园以市级土地整治资金为基础，配套区县资金，整合如经信、环保、水务、农业、林业、体育等相关部门资金，辅助建新出让的土地出让金等政策性资金，引导社会资本共同投入。

郊野公园是全市推进生态文明建设的重大民生项目。2012 年首批 5 个郊野公园启动建设（浦江、嘉北、青西、松南、长兴），投入市级资金 42 亿元。2014 年上海又新增 2 个郊野公园（廊下、广富林）。7 个郊野公园规划总面积 130 平方公里，其中一期面积约 50 平方公里，涉及减量化的搬迁企业 516 家。从公共服务的角度出发，土地整治与公共服务相结合，使得郊野公园正成为与上海大都市发展相适应的新型郊野游憩休闲空间，实现城乡等值化、公共服务均等化，为市民提供了更多的农业观光旅游新去处。廊下郊野公园已于 2015 年 10 月底正式开园，设置在整治项目区内的半程马拉松赛吸引了全国 25 个省市近 3000 名跑步爱好者参加，而占地 300 亩的"枫叶岛"区域在开园后两周时间内接待游客数量超过 20 万人，为当地农户和农业企业带来了较大的经济收益。

三 未来发展的新"格局"

"一张蓝图三种路径"的核心目标是优化空间布局、提升产业能级、放大经济增量、改善乡村环境、提高生活品质。在供给侧结构性改革、新型城镇化的背景下，实施"198"工业用地减量化项目，建设土地整治项目和郊野公园等基础设施，不仅在短期内有助于扩大社会总需求，而且在中长期也有助于改善总供给，既能提高公共部门的投资效率，也能提升私营部门的劳动生产率，为上海的经济增长和社会治理注入新动能。

面向未来，面向"十三五"，坚持建设用地减量化战略对上海来说既是机遇，也是身为"排头兵""先进者"的使命所在！将创新、协调、绿色、开放、共享的发展理念落实到行动中，完善基于建设用地减量化的土地整治

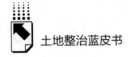

新格局，形成人与自然和谐发展的新局面。

在整治目标上，更加注重乡村价值的发现。土地整治要成为乡村价值的"培养基"，以建设促保护，以保护助发展，让堆砌在库房里的农具、散布在老房子里的桌椅、陈列在广阔大地上的遗产都活起来……

在整治方向上，更加注重乡村复兴的引领。土地整治要成为乡村复兴的重要载体，营造整洁、舒适、绿色的生产生活环境，恢复乡村绿地系统、河流水系的生态功能，将都市郊野地区打造成为城乡居民的共同家园。

在整治思路上，更加注重发展短板的补齐。土地整治要成为"补发展短板"的突破口，结合区域环境综合整治，突出统筹协调、市区合力，减去沉重的"环境负债"，清退工业企业、拆除违法建筑、治理农业面源污染……

在整治动力上，更加注重科技创新的作用。土地整治要依靠科技创新提供不竭动力，运用机制创新、政策创新、技术创新，优化镇村体系布局、调整产业空间布局、锚固生态空间、改善公共服务和基础设施、保护历史文化风貌。

在整治手段上，更加注重综合平台的搭建。土地整治要成为乡村发展的新平台，整合艺术、运动、摄影、文化等各类资源，打造"土地整治+"新模式，依托"互联网+"，转变农村生产生活方式，建设国际大都市的美丽乡村。

参考文献

戴燕燕：《上海农村宅基地退出研究》，《上海国土资源》2013 年第 2 期。

顾守柏、丁芸、孙彦伟：《上海"198"区域建设用地减量化的政策设计与探索》，《中国土地》2015 年第 11 期。

刘静、黎而力、张正峰：《上海市土地整治战略研究》，《上海国土资源》2013 年第 2 期。

庄少勤：《"新常态"下的上海土地节约集约利用》，《上海国土资源》2015 年第 3 期。

管韬萍、周甬涛主编《中国耕地质量等级调查与评定（上海卷）》，中国大地出版社，2010。

B.23
重庆"地票"助推精准扶贫

许金刚　莫建兵　陈　鑫　李晓刚*

摘　要：　2009 年国务院印发《关于推进重庆市统筹城乡改革和发展的若
干意见》（国发〔2009〕3 号），明确提出："设立重庆农村土
地交易所，开展土地实物交易和指标交易（地票交易）试验"。
自此，重庆市启动了地票改革试验。随着地票市场的发展，地
票在优化城乡建设用地配置、显化农村土地资产价值等方面的
功能日益显现，并成为重庆市推进精准扶贫的一项重要抓手。
本文从人口－土地－资金三种资源要素耦合角度，阐明了地票
制度助推精准扶贫的具体做法、关键点及实践效果。

关键词：　地票　精准扶贫　重庆　成效

重庆市集大城市、大农村、大库区、大山区和民族地区于一体，有国家
级贫困区县 14 个、市级贫困区县 4 个、202 万贫困人口，在全国属于欠发达
地区。为贯彻落实精准扶贫要求，重庆市先后出台了《关于集中力量开展扶
贫攻坚的意见》和《关于精准扶贫精准脱贫的实施意见》以及 13 个方面的配
套政策和实施方案，确定到 2017 年底，辖区内 18 个扶贫开发工作重点区县全
部"摘帽"，1919 个贫困村整村脱贫，165.9 万农村贫困人口绝大部分越过扶

---

*　许金刚，硕士，重庆市国土房管局副局长，重庆市农村土地整治中心主任，主要研究方向为
耕地保护和农村土地整治；莫建兵，重庆市农村土地整治中心副主任、高级工程师，主要研
究方向为农村土地整治项目管理；陈鑫，硕士，重庆市农村土地整治中心高级工程师，主要
研究方向为农村建设用地复垦技术和项目管理；李晓刚，硕士，重庆农村土地交易所交易部
副部长，主要研究方向为地票改革。

贫标准线，基本完成扶贫攻坚任务。其中，明确提出 2015～2017 年向城镇转移人口 20 万；实施高山生态扶贫搬迁 30 万人（其中建卡贫困户搬迁 21.3 万人）。在推进精准扶贫过程中，地票作为统筹城乡发展的制度工具，通过人地挂钩实现农民土地财产价值，助力重庆市精准扶贫取得显著成效。截至 2015 年底，地票交易 17.29 万亩 345.66 亿元，变现土地财产收益 280 亿元，增加耕地 15.78 万亩[①]，共 14.12 万建卡贫困户参与复垦和地票交易。其中，3.3 万建卡贫困户通过地票交易，获得财产收入 19.21 亿元[②]，改善了生活生产条件。

一 地票助力精准扶贫的典型做法

（一）摸清家底，宣贯政策

贫困区县组织驻村领导、大学生村官、驻村工作队、各村（社）"四职"干部等进村入户走访每户建卡贫困户村（居）民，填写"贫困户精准信息核实及脱贫规划调查表"，详细记录贫困家庭的基本情况、产业发展情况、致贫原因、需求及扶持措施，建立"一户一档"。在调查的同时，广泛宣传复垦和地票制度，对有意向参加复垦的建卡贫困户发放《政策须知》，并详细解读复垦流程、地票收益分配政策，引导建卡贫困户主动参与该项改革试验。

（二）开辟通道，优先实施

对贫困区县和建卡贫困户搬迁宅基地复垦项目实行优先备案入库、优先实施复垦、优先地票交易、优先直拨价款的做法。2015 年全市完成黔江、巫溪等 14 个贫困区县地票交易 1.88 万亩、涉及金额 35.18 亿元，占同期地票交易额的 89.6%；向酉阳、彭水等 16 个贫困区县直拨地票价款 41.3 亿元，占同期价款直拨额的 80.8%[③]。同时设立 5 亿元建卡贫困户复垦周转

---

① 数据来源：重庆农村土地交易所。
② 数据来源：贫困区县收集统计。
③ 数据来源：重庆农村土地交易所。

金，建卡贫困户复垦项目在重庆市国土房管局入库备案后，按2万元/亩预先拨付区县推动项目实施。从受理复垦到申请地票交易，时间控制在1年以内，建卡贫困户能快速获得复垦收益。

（三）创新金融渠道，保障资金

创新地票收益权质押融资制度，使用地票类农村建设用地复垦项目备案通知书进行收益权质押贷款。通过商业银行、区县政府认可的一般类平台公司、重庆市农村土地整治中心、重庆农村土地交易所签订四方协议，保证资金封闭运行，到期归还。融资贷款专项用于建卡贫困户复垦预付款和贫困区县复垦工作投入等支出，从而资金周转上由"政府统筹"过渡到"市场融资"。2015年重庆市通过银行对贫困区县地票类项目授信107亿元，实际发放贷款75亿元[①]，有力推动了贫困区县快速实施项目。

（四）落实周转指标，保障安置点用地

在严格执行建设用地选址规定的前提下，合理规划高山生态扶贫搬迁安置点1735个。其中，贫困区县规划安置点1653个，占安置点总数的95%。根据建卡贫困户拆旧和建新一一对应的关系，2015年，对贫困区县下达高山生态扶贫搬迁用地周转指标1.44万亩，保障了1477个[②]安置点用地规模，加快了建卡贫困户搬迁步伐。建卡贫困户复垦后扣除建新面积，仍有节余的指标还可申请地票交易，既保障了安置点用地指标，一定程度上也为建卡贫困户筹集了资金。

二 实践中的关键控制点

（一）以人为本，维护权益

其一，充分保障农户自愿参与复垦的权利。在符合规划、住有所居的前

---

① 数据来源：重庆市农村土地整治中心。
② 数据来源：重庆市国土房管局。

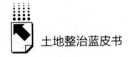

提下，由农户自愿提出申请，任何组织和个人不得强迫农户参加复垦。复垦前，询问农户"四个愿不愿意"：愿不愿意复垦，由农户说了算；愿意以哪种方式复垦，由农户选择；愿不愿意参与复垦施工，由农户决定；愿不愿意接受现行价款分配方式，由农户表态。其二，通过信息公开保障农户的监督权。在复垦和地票交易过程中，实行信息"三公示"（复垦前现状测绘面积公示、复垦后验收面积公示、拨款前价款拨付公示），并开通电话咨询、投诉、举报和网上地票交易及价款查询通道，接受各方面特别是复垦户的全程监督。在项目规划设计过程中，坚持实行项目公示和设计的公开论证，充分征求复垦户对工程布设的意见。在项目实施中，实行"农民代表监理"制度，由村社推荐责任心强的复垦户作为项目工程施工现场监督代表，加强对工程监理单位和工程建设的监督。

（二）收益归农，价款直拨

宅基地复垦产生的地票收益，农户与农村集体经济组织按85∶15的比例分配，实现集体土地使用权与所有权收益的量化分割。复垦形成的耕地所有权不变，仍归农村集体经济组织所有，主要仍由原农户承包使用和管护。在价款拨付方式上，重庆市采取直拨的方式。地票交易完成后，由重庆农村土地交易所委托银行直接将复垦户应得款项注入其账户，避免发生资金被截留、挪用等风险。同时，地票交易设立最低保护价，即复垦户所得收益不低于12万元/亩、农村集体经济组织所得收益不低于2.1万元/亩。

（三）严格要求，保护耕地

耕地保护是地票制度的生命线，重庆市先后出台《重庆农村土地交易所管理暂行办法》《重庆市农村建设复垦项目管理规定》等六十余个政策性文件和12个技术性文件，2015年底又以市政府规章颁布《重庆市地票管理办法》，为落实耕地保护提供了制度支撑。实践中，按照"以权证为建设用地合法性依据，以二调图斑为复垦范围控制依据，以验收实测数为指标确认依据"的要求实施复垦，严格把握复垦验收标准（土壤厚度大于40厘米；

耕地平均台面坡度小于 15 度；农业生产设施配套；田埂、土石坎结构坚实美观；管护与利用良好），保证复垦形成耕地数量真实、质量可靠。实践表明，通过复垦产生新增耕地占地票面积 90% 以上，而地票落地使用时耕地仅占地票面积（征地范围）的 60% 左右，地票落地占补平衡平均省出 30%[①]左右的耕地，实现了"先补后占、少占多补"。

（四）配套产业，稳定脱贫

地票支持扶贫搬迁，既要搬得出，又要稳得住。一是通过复垦资源条件较好的宅基地，将其产生的耕地与周边农用地连成一片，配套产业，实现规模化经营；二是在建卡贫困户搬迁安置点，通过引导、聚合地票和其他涉农资金，整体推进田、水、路、林、湖综合整治和高标准农田建设，全面改善农业生态经营条件，并结合重庆巴渝新居建设，打造农村观光旅游。2015年贫困区县结合产业布局配套实施土地整治项目 93 个，投入资金 8.92 亿元。其中，在 97 个贫困村安排专项土地整治项目 97 个，投入资金 0.94 亿元[②]。建卡贫困户通过参与项目务工和承包土地流转，户均每年可获得稳定收入上万元，拓展了增收渠道，促进了农民脱贫致富。

三　取得的成效

（一）实现农村土地财产变现，增加农民和农村集体经济组织收入

第一，地票直接增加了贫困户收入。重庆农村户均宅基地及其附属用地面积 0.7 亩，通过地票交易，复垦户可一次性获得 10 万元左右的财产性收益。部分在外务工的贫困户带着地票收益已进城购房落户，成为真正意义上的城镇产业工人。比如彭水县保家镇的一个建卡贫困户，在地票交易中获得

---

① 数据来源：重庆农村土地交易所。
② 数据来源：重庆市农村土地整治中心。

7.8 万元收益，据此实现了在小城镇购房的愿望，并进入工业园区企业工作，每年工资收入近 4 万元①，直接实现了稳定脱贫。第二，地票壮大了贫困地区集体经济组织的经济实力。已交易地票中有 13.08 万亩来源于 18 个贫困区县，占交易总量的 75.6%②，在增加农民收入的同时也增加了集体经济组织的收入。以国家级贫困县城口县为例，参与复垦的 170 个村居（社区）集体经济组织在地票交易中平均获得收益 75 万元③，大大增强了该县集体经济组织造血功能和组织贫困户脱贫的能力。

（二）改善农村基础设施，促进新农村建设

农村集体经济组织获得的收益，与部分农民所得的收益一起被投入新农村建设，有力改善了农村生产生活条件。截至 2015 年，贫困区县农村集体经济组织已使用地票价款收益 29 亿元④，主要用于新农村建设、高山生态扶贫搬迁、农村危旧房改造等项目配套。比如秀山县使用地票交易获得的农村集体经济组织价款 4.08 亿元建设美丽乡村成效显著。2011 年以来与财政性投入相配套累计建设公共服务中心 30 个、敬老院 4 所、农民新村 23 个、村卫生室 10 所，建成沼气池 12 个、垃圾池 1559 个；在农田水利建设方面，整治堰渠 70 条、河堤 73 处、山坪塘 82 口，建成人畜饮水工程 46 个；在道路桥梁等交通设施建设方面，新建、改建便民桥 61 座，维修村级道路 322 条，配套硬化农村公路 860 公里⑤，部分村实现了"社社通"。

（三）推进城乡资源流动，促进区域协调发展

全市已交易地票中 72% 来源于渝东北、渝东南地区，这两个区域既是重庆主要贫困区域，也是在全市发展中承担着生态涵养和生态保护功能的重

---

① 地区企业科普能力指标体系构建和评价实证研究。
② 数据来源：重庆农村土地交易所。
③ 数据来源：城口县国土房管局。
④ 数据来源：贫困区县收集统计。
⑤ 数据来源：秀山县国土房管局。

要区域，其发展定位是引导超载人口转出，实现"面上保护、点上开发"。而地票的使用97%①落在了承担人口、产业集聚功能的都市功能区及城市发展新区，这一区域正是重庆市规划的城镇化、工业化主战场。通过地票以市场化方式引导人地挂钩，实现建设用地"人走地减"，优化了区域建设空间布局，建立了区域补偿渠道，促进了区域协调发展。

（四）提升法治意识，助推农村产权制度改革

地票改革让农民成为农村土地市场的主体，引导农民逐步树立起土地财产价值观念。同时对农村集体建设用地使用权和所有权按照85∶15的比例分配收益进行了有益的探索。从地票改革试验来看，农民对于农村宅基地及附属设施用地的利用和管理观念发生了很大变化，更加重视权证办理，更加珍惜农村土地房屋财产，更加注重对集体内其他成员使用宅基地的监督。同时，农民对土地财产权的重视反过来也促进了政府进一步完善农村宅基地审批管理，以精细化为目标加强农村土地权籍管理，以城乡一体化发展为指导加快推进农村土地利用规划编制，不断深化、推动农村产权制度改革。

参考文献

重庆地票改革试验相关调研成果，国家发改委体改司调研组，2015。

《重庆市国土房管局关于实行农村建设用地复垦项目收益权质押工作的通知》（渝国土房管〔2011〕149号）。

《重庆市国土房管局关于调整地票价款分配及拨付标准的通知》（渝国土房管发〔2011〕170号）。

《重庆市国土房管局关于支持高山生态扶贫搬迁工作的意见》（渝国土房管〔2013〕456号）。

《重庆市国土房管局关于精准实施贫困区县建卡贫困户宅基地复垦和地票交易的通知》（渝国土房管〔2015〕584号）。

---

① 数据来源：重庆农村土地交易所。

附　录

Appendix

B.24

2015年土地整治大事记[*]

1月

1月8日 湖北省政府召开全省土地整治专项治理行动视频会议，要求按照《关于开展全省土地整治专项治理行动的通知》（鄂政办电〔2014〕136号）要求，重点清理查处土地整治中存在的工程招投标、资金管理使用、工程质量与进度三个方面突出问题。

1月11日 由全国肥料和土壤调理剂标准化技术委员会与上海化工研究院土壤环境修复工程技术中心共同主办的首届全国农田土壤环境综合治理发展战略论坛在北京召开。来自全国人大、国家发改委、环保部、国土资源部、工信部、农业部等相关部门和台湾地区、日本的专家参加了会议。

---

* 大事记整理：张燕，管理学硕士，国土资源部土地整治中心高级工程师，主要研究方向为土地资源管理、土地整治实施监管。

1月14日 由美国规划协会组织的美国大学生代表团到访国土资源部土地整治中心开展学术交流，中国科学院生态环境研究中心傅伯杰院士等专家受邀做学术报告。

1月14日 安徽省国土资源厅、审计厅联合印发《安徽省领导干部耕地保护责任离任审计办法（试行）》，明确将土地整治项目实施情况、土地专项资金（包括新增建设用地土地有偿使用费、耕地开垦费、土地复垦费、用于农业综合开发的土地出让金等）收支情况列为重点审计内容。

1月20日 国土资源部土地整治重点实验室在北京召开2014年度学术委员会暨学术交流年会。中国科学院生态环境研究中心傅伯杰院士和《中国土地科学》冯广京副主任受邀做学术报告。来自国土资源部科技与国际合作司、国土资源部土地整治中心、中国地质大学（北京）和重点实验室学术委员会二十余位领导专家出席。

1月21～22日 甘肃省委书记王三运指导省国土资源厅领导班子民主生活会、考核领导班子政绩和党风廉政建设情况时，对实行易地补充耕地方法和规范开展城乡建设用地增减挂钩试点工作给予充分肯定。

1月28日 贵州省国土资源厅、财政厅联合印发《关于整合实施高标准基本农田建设的指导意见》（黔国土资发〔2015〕2号），提出采取"党委领导、政府统筹、项目搭台、各业共建、群众参与、整体推进"的工作机制，由县级人民政府负责统筹，聚合资金共同投入高标准基本农田建设。

2月

2月1日 中共中央、国务院印发《关于加大改革创新力度 加快农业现代化建设的若干意见》（中发〔2015〕1号），要求"统筹实施全国高标准农田建设总体规划"，"全面推进建设占用耕地剥离耕作层土壤再利用"，"有序推进村庄整治"，"推进山水林田路综合治理"，"节水供水重大水利工程建设的耕地占补平衡实行与铁路等国家重大基础设施项目同等政策"。

2月6日 由国土资源部土地整治中心和中国农业大学联合组建的"国土资源部农用地质量与监控重点实验室"建设通过国土资源部组织的专家

验收，正式挂牌运行，为履行耕地质量管理职能提供了重要的科技支撑。

2月11日 国土资源部部长姜大明主持召开第4次部长办公会议，审议做好下放国有未利用土地开发用地审批权的后续监管事项。会议强调，要进一步加快转变职能，做好下放行政权审批事项的落实和衔接工作，切实加强后续监管，真正做到"把权力和责任放下去，把服务和监管抓起来"。

2月12日 浙江省国土资源厅办公室印发《浙江省土地整治补充耕地质量等级评定办法（试行）》（浙土资办〔2015〕18号），规定由国土资源管理部门负责土地整治补充耕地质量等级评定，土地整治专门机构承担具体工作。

2月19日 习近平总书记、李克强总理对加强耕地保护和耕地占补平衡监管做出重要批示；2月21日和23日，张高丽副总理、汪洋副总理分别做出重要批示。5月26日，国土资源部、农业部、中农办联合召开贯彻落实习近平总书记、李克强总理等中央领导批示切实加强耕地保护规范土地流转视频会。

2月28日 全国首个"城市更新局"在广州挂牌成立。广州市城市更新局在原市"三旧"改造工作办公室的基础上，增加了完善城市基础设施公建配套、改善人居环境、提升城市功能的内涵要求。

3月

3月5日 李克强总理在第十二届全国人大第三次会议政府工作报告中指出："坚守耕地红线，全面开展永久基本农田划定工作，实施耕地质量保护与提升行动，推进土地整治，增加深松土地2亿亩。""坚持节约集约用地，稳妥建立城乡统一的建设用地市场，完善和拓展城乡建设用地增减挂钩试点。"

3月5日 青海省国土资源厅印发《青海省城乡建设用地增减挂钩指标与经营性建设用地指标统筹配置实施方案》（青国土资〔2015〕68号）。《实施方案》明确由青海省土地统征整理中心建立建设用地指标有偿使用配置平台，并在省域范围内建立两项指标统筹配置制度。

3月8日 6位全国两会代表委员应邀走进国土资源部农用地质量与监控重点实验室，参加"加强农村土地管理促进黑土资源保护与利用"座谈会，以关注黑土地退化为切入点，深入探讨耕地质量保护与提升的具体实现途径。

3月9日 广东省人民政府印发《2015年省政府重点工作实施方案》（粤府函〔2015〕36号），将高标准基本农田建设列为省政府重点工程督办项目。

3月16日和4月9日 新疆生产建设兵团国土资源局在门户网站相继发布《兵团土地整治、高标准基本农田建设项目2014年从业单位考核情况》《兵团土地整治、高标准基本农田建设项目2015年从业单位登记备案情况》两则公告，实现了新疆生产建设兵团在"简政放权、放管结合、优化服务"新形势下，对土地整治行业监管方式的创新。

3月 辽宁省土地整理中心组织启动2012年以来已验收高标准基本农田建设和农村土地整治项目全面检查工作，重点检查项目档案管理、工程建设质量、工程监理、项目管理方式、资金拨付、实施成效等内容，共涉及土地整治项目653个，建设规模47.5万公顷。

4月

4月3日 国土资源部办公厅印发《关于规范开展建设项目节地评价工作的通知》（国土资厅发〔2015〕16号），进一步改进和规范建设项目用地审查报批工作，落实土地使用标准控制制度，促进超标准、无标准建设项目节约使用土地，切实提高节约集约用地水平。

4月4日 新疆维吾尔自治区土地整治项目招标首次采用有限数量制——以摇号方式确定投标人资格。对通过合格性审查且投标人超过15家的标段，通过投标人代表现场抽号、随机摇号的方式，现场公布取得投标资格的15家投标人名单。

4月10日 广西壮族自治区国土资源厅印发《关于进一步加快实施整县推进高标准基本农田土地整治重大工程管理有关问题的通知》（桂国土资

发〔2015〕24号）。11月26日，广西壮族自治区国土资源厅、财政厅在南宁召开全区整县推进高标准基本农田土地整治重大工程现场推进会。

4月17日 黑龙江省委办公厅、人民政府办公厅联合印发《黑龙江省亿亩生态高产标准农田建设规划（2013～2020年）》（黑办发〔2015〕18号）。8月17日，黑龙江省发布实施地方标准《亿亩生态高产标准农田建设标准》（DB23/T 1671.1–2015）。

4月21日 江西省国土资源厅分别印发《江西省旱地改造为水田土地整治项目建设标准（试行）》（赣国土资字〔2015〕23号）和《江西省旱地改造为水田项目立项和验收指南》（赣国土资字〔2015〕24号）；4月28日，江西省旱地改为水田现场会在鹰潭召开。

4月22日 国土资源部发布《2014中国国土资源公报》。《公报》数据显示，2013年，全国因建设占用、灾毁、生态退耕、农业结构调整等因素减少耕地面积35.47万公顷，通过土地整治、农业结构调整等增加耕地面积35.96万公顷；2014年，中央累计下达土地整治资金245.9亿元，通过土地整治新增耕地25.56万公顷。

4月23日 国土资源部部长姜大明主持召开第9次部长办公会，审议并原则通过《2015年全国国土资源信息化工作要点》。会议强调，要更加平衡地推进简政放权和放管结合工作，切实加强和创新事中事后监管，切实加强对地方的指导和监督，防止管理脱节和出现管理盲区，确保该管的管住管好管到位；要高度重视监管能力建设，进一步完善和用好国土资源综合信息监管平台，确保能够及时监测、发现和解决实际问题。

4月24日 国土资源部土地整治中心与英国剑桥国际土地学院在北京签署《中华人民共和国国土资源部土地整治中心与英国剑桥国际土地学院关于土地资源管理领域的合作谅解备忘录》。

4月25日 中共中央、国务院印发《关于加快推进生态文明建设的意见》，明确提出，加快推进国土综合整治，强化山水林田路综合治理，开展污染治理、生态修复等领域关键技术攻关，加大退化、污染、损毁农田改良和修复力度，加强耕地质量调查监测与评价，落实耕地占补平衡，确保耕地数量不下降、质量不降低。

4 月 26 日 国土资源部办公厅印发《关于部署开展 2015 年全国耕地质量等别调查评价与监测工作的通知》（国土资厅发〔2015〕17 号），全面部署开展全国耕地质量等别年度更新评价与年度监测评价工作，年度监测评价工作由试点转向常态化。

5月

5 月 4 日 辽宁省国土资源厅印发《关于加强新增耕地质量等别评定工作的通知》（辽国土资发〔2015〕66 号），决定自 6 月 1 日起，各地在申请耕地占补平衡和增减挂钩归还指标省级技术复核时，要提交项目耕地质量等别评定报告。

5 月 12 日 广东省国土资源厅印发《关于严格控制非农业建设占用高标准农田的通知》（粤国土资耕保发〔2015〕103 号），明确对确实无法避免占用高标准农田的，要按照"谁占用、谁补建""建设面积不减少、建设标准有提高"的原则，由建设用地单位按当地耕地开垦费标准缴纳补建费用。

5 月 13 日 广西壮族自治区国土资源厅选定 24 个土地整治项目列入 2015 年区人民政府为民办实事工程基本农田整治项目。

5 月 15 日 国土资源部印发《关于开展"十三五"土地整治规划编制工作的通知》（国土资发〔2015〕68 号），全面部署启动"十三五"各级土地整治规划编制工作。

5 月 18 日 江西省人民政府办公厅下发明电《关于开展全省高标准农田上图入库工作的通知》（赣府厅明〔2015〕59 号），对高标准农田建设上图入库工作提出明确要求。随后江西省又出台《高标准农田上图入库技术规范（试行）》。

5 月 20 日 农业部、国家发展和改革委员会、科学技术部、财政部、国土资源部、环境保护部、水利部、国家林业局联合印发《全国农业可持续发展规划（2015～2030 年）》（农计发〔2015〕145 号），提出"开展土

地整治、中低产田改造、农田水利设施建设，加大高标准农田建设力度，到2010年建成集中连片、旱涝保收的 8 亿亩高标准农田"。

5 月 20 日　土地整治蓝皮书（2015 版）《中国土地整治发展研究报告（No. 2）》公开发布。

5 月 21 日　山西省国土资源厅、财政厅联合出台《山西省耕地开发周转基金管理暂行办法》（晋国土资发〔2015〕144 号），由省级财政出资 30 亿元建立政策性基金，专项用于全省"十二五""十三五"期间经济发展用地的占补平衡。

5 月 22 日　国土资源部土地整治重点实验室、农用地质量与监控重点实验室积极响应倡议，举办实验室建设成效和研究成果展览，受到科技部全国科技活动周组委会办公室的表彰。

5 月 26 日　上海市发展和改革委员会、财政局联合印发《关于调整本市耕地开垦费标准的通知》（沪发改价督〔2015〕8 号）。调整后的耕地开垦费征收标准为每平方米 120 元（每亩 8 万元）。

5 月 26 日　国土资源部副部长张德霖在澳大利亚访问期间，见证了国土资源部土地整治中心与澳大利亚昆士兰大学可持续矿物学院矿山土地复垦中心签署新一期合作谅解备忘录。

5 月 26 ~ 27 日　国土资源部部长姜大明赴宁夏调研，实地视察平罗县城关镇和贺兰县立岗镇土地整治重大工程项目，对自治区国土整治工作给予肯定。

5 月 30 日　浙江省国土资源厅印发《关于做好建设项目"占优补优"耕地占补平衡工作的通知》（浙土资函〔2015〕48 号）。12 月 16 日，印发《关于贯彻落实建设项目"占优补优"耕地占补平衡工作的补充通知》（浙土资函〔2015〕78 号），明确"补改结合"方式落实耕地占补平衡方法。

5 月初　中国科学技术协会授予国土资源部农用地质量与监控重点实验室"全国科普教育基地（2015 ~ 2019 年）"称号；10 月 9 日，在中国农业大学举行挂牌仪式。

6月

6月5日 《湖北省土地整治工程质量检测技术管理规范》（DB42/T 1071 - 2015）发布，8月1日正式实施；9月15日，《湖北省土地整治工程量清单计价规范》（DB42/T 1081 - 2015）发布，10月1日正式实施。

6月24日 广西壮族自治区国土资源厅在桂林市临桂区召开全区非农建设占用耕地耕作层土壤剥离及利用工作现场会，提出利用2~3年时间在全区14个地级市全面开展耕作层土壤剥离再利用试点，并将其纳入各级政府耕地保护责任目标考核。

6月25日 由中国地质调查局、浙江省人民政府共同主办的全国土地质量地质调查服务土地管理现场会在浙江嘉兴召开。中国地质调查局在会上发布《中国耕地地球化学调查报告》（2015年）。

7月

7月8日 四川省第十届委员会第六次全体会议通过《关于集中力量打赢扶贫开发攻坚战 确保同步全面建成小康社会的决定》，提出"用好城乡建设用地增减挂钩、土地整治、生态移民等政策，解决部分搬迁资金"。7月9日，省人民政府办公厅印发《关于优化城乡建设用地增减挂钩试点改革的意见》（川办发〔2015〕69号）。8月4日，省国土资源厅印发《四川省跨县级行政区域设置城乡建设用地增减挂钩试点项目区管理规定》（川国土资发〔2015〕53号）。

7月13日 福建省国土资源厅、财政厅联合印发《关于进一步加强耕地质量建设的通知》（闽国土资综〔2015〕226号），进一步强化耕作层剥离利用、高标准农田建设、旱改水等耕地质量建设工作。

7月13~15日 国土资源部土地整治重点实验室在山西朔州召开土地整治领域国土资源部野外科学观测研究基地建设进展交流会，环渤海土地利用-河北沧州等6个野外基地代表人做汇报，部科技与国际合作司对基地建设提出进一步要求。

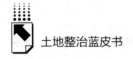

7月21日 上海市重大工程黄浦江上游水源地金泽水库耕作层土壤剥离再利用示范项目顺利开工，这是全国首个对耕作层土壤实施"审批—剥离—存储—利用"的全流程集成示范工程。12月24日，金泽水库耕作层土壤剥离再利用示范项目通过验收。

7月22日 国土资源部重点实验室网站公布2014年度部重点实验室十大优秀年度工作报告，土地整治重点实验室成为唯一入选的土地领域重点实验室。

7月29日 2015版《中华人民共和国职业分类大典》颁布，土地整治工程技术人员作为首个土地类职业正式列入国家职业，并标注为"绿色职业"。

7月30日 2014年度新增耕地核查工作全面完成。对全国31个省份（新疆生产建设兵团纳入新疆维吾尔自治区统筹开展）1624个县的406025个新增耕地图斑共421万亩新增耕地进行核查标注，对全国2014年度验收在农村土地整治监测监管系统备案的1.24万个项目295万亩新增耕地开展了上图核查。

7月中旬 广东省省长与各地级以上市市长分别签订"2015年度耕地保护目标责任书"，将高标准基本农田建设任务完成情况纳入考核范围，明确各级人民政府负总责，政府主要负责人为第一责任人。

7月中旬 新疆维吾尔自治区质量技术监督局批准发布新疆地方标准《土地整治工程建设标准》（DB65/T 3722 – 2015）。

8月

8月3日 《历史遗留工矿废弃地复垦利用试点管理办法》（国土资规〔2015〕1号）颁布，对规范推进历史遗留工矿废弃地复垦利用试点工作提出明确要求。

8月21日 浙江省财政厅印发《浙江省农业发展投资基金管理暂行办法》（浙财农〔2015〕166号），决定由省政府主导设立农业发展投资基金，土地整治被列入投资重点方向。

8月26日 江苏省国土资源厅、发展和改革委员会、农业委员会、农业资源开发局联合印发《江苏省高标准农田上图入库工作方案》（苏国土资发〔2015〕298号），加快推进高标准农田信息化建设，实现高标准农田数字化管理。

9月

9月1日 《内蒙古自治区土地整治项目数据库标准（试行）》（内国土资字〔2015〕415号）发布实施，为实现土地整治项目实时动态监测和信息化、规范化管理提供基础支撑。

9月3日 重庆市国土房管局、财政局联合印发《重庆市农村土地整治"先建后补"项目实施方案（试行）》（渝国土房管〔2015〕705号），"先建后补"纳入市政府28项民生改革内容。

9月4日 国土资源部土地整治中心与俄罗斯联邦国立土地管理大学在莫斯科签署新一期《中华人民共和国国土资源部土地整治中心与俄罗斯联邦国立土地管理大学关于土地管理领域的合作谅解备忘录》。

9月7日 青海省人民政府办公厅印发《青海省耕地占补平衡指标交易暂行办法》（青政办〔2015〕181号）。《办法》的出台为保障省域内耕地占补平衡、规范开展耕地占补平衡指标交易提供了依据。

9月10日 "上海市建设用地和土地整理事务中心—上海财经大学"房地产专业校外实践教育基地正式揭牌成立，成为上海首个土地整治领域地校合作实践教育基地。

9月11日 中共中央政治局召开会议，审议通过《生态文明体制改革总体方案》。《方案》提出，树立山水林田湖是一个生命共同体的理念，要整体保护、系统修复、综合治理；完善基本农田保护制度，将基本农田落地到户、上图入库；要加强耕地质量等级评定与监测；完善耕地占补平衡制度；完善矿山地质环境保护和土地复垦制度；对领导干部实行自然资源资产离任审计。

9月14日 国土资源部发布《关于第25个全国"土地日"主题宣传周活动有关情况的通报》。《通报》指出，由国土资源部土地整治中心组织策划的"中央人民广播电台《政务直通车》栏目访谈"被评为优秀宣传项目，在 15 个优秀项目中排名第三，国土资源部土地整治中心也被评为"优秀组织单位"。这是土地整治中心连续第三年同时获得这两项荣誉。

9 月 16 日　湖北省国土资源厅、财政厅联合印发《湖北省土地整治资金管理暂行办法》（鄂财建发〔2015〕250 号），规定项目资金预算通过省对下专项转移支付下达到项目所在地；12 月 28 日，联合印发《关于推进土地整治项目资金统筹使用的通知》（鄂土资发〔2015〕26 号），规定对省级财政从新增建设用地土地有偿使用费中安排的土地整治项目资金，实行跨年度、跨项目统筹使用。

9 月 19 日　国土资源部土地整治中心在北京召开"十二五"高标准农田建设综合成效评估培训部署会，正式启动新一轮综合成效评估工作。全国 31 个省（区、市）和新疆生产建设兵团整治机构业务骨干参加了培训会。

9 月 20 ~ 21 日　国土资源部土地整治中心与德国汉斯·赛德尔基金会共同举办的土地整治与农村发展国际研讨会在山东青州召开，王世元副部长代表国土资源部出席会议并做重要讲话。9 月 21 日，召开 2015 年省级土地整治机构负责人座谈会，国土资源部耕地保护司司长刘国洪参加会议并讲话。

9 月 24 日　《山东省土地整治条例》经山东省十二届人大常委会第 16 次会议通过，自 2016 年 1 月 1 日起施行。

9 月 25 日　福建省国土资源厅印发《关于历史遗留损毁采矿用地复垦为耕地有关问题的通知》（闽国土资综〔2015〕314 号），将历史遗留损毁采矿用地复垦出的耕地纳入增减挂钩政策范围。

9 月 30 日　国土资源部出台《稳增长重点建设项目以承诺方式落实耕地占补平衡管理办法》（国土资规〔2015〕7 号），实行差别化占补平衡政策。对稳增长重点建设项目难以先补后占落实占补平衡的，可由用地所在市县人民政府做出承诺，在用地项目申报前完成补充耕地项目立项，先行办理用地审批手续，原则上于 2 年内完成承诺补充任务。该文件的出台为稳增长重点建设项目及时落地和此类项目占用耕地补充到位提供了制度保障。

9 月 30 日　河北省人民政府办公厅印发《河北省国土资源管理五项重点工作巡查督导实施方案》，对不动产登记职责机构整合、土地违法整改、耕地占补平衡、高标准基本农田建设和闲置土地处置等五项重点工作进行巡查督导。

9 月 30 日　安徽省国土资源厅、农业委员会联合印发《关于进一步加强耕地保护　严守耕地红线的通知》（皖国土资〔2015〕148 号），从土地利用总体规划管控和约束、基本农田保护、建设项目用地预审、耕地占补平衡、农村土地流转、设施农业用地、土地综合整治、补充耕地质量、补充耕地项目验收、损毁土地复垦、耕地保护考核问责、耕地保护执法监察和舆论宣传 13 个方面，健全完善耕地保护长效机制。

9 月 30 日　福建省国土资源厅、财政厅、农业厅联合印发《福建省鼓励农民自发开展土地整理暂行办法》（闽国土资综〔2015〕339 号），对自发开展土地整理的奖补标准及条件、申报程序、监督管理等做出具体规定。

10月

10 月 15 日　国土资源部土地整治中心与日本东京大学工学部都市工学系在东京签署《中华人民共和国国土资源部土地整治中心与日本东京大学工学部都市工学系关于土地整治与土地利用领域合作的谅解备忘录》。

10 月 21 日　广西壮族自治区国土资源厅印发《广西壮族自治区补充耕地指标交易管理暂行办法》（桂国土资规〔2015〕7 号），自 11 月 1 日起实施，有效期 5 年。

10 月 21 日　宁夏回族自治区"土地总体规划编修及开发整理领导小组会议暨中北部土地开发整理重大工程项目总结表彰会议"在银川召开，标志着宁夏中北部土地开发整理重大工程项目圆满完成。12 月 12 日，宁夏回族自治区国土资源厅向国土资源部、财政部就重大工程项目实施情况做专题汇报，并向国土资源部土地整治中心移交《宁夏中北部土地开发整理重大工程项目成果集》。

10 月 29 日　党的十八届五中全会审议通过《中共中央关于制定国民经

济和社会发展第十三个五年规划的建议》。《建议》指出，大规模推进农田水利、土地整治、中低产田改造和高标准农田建设，推进城镇低效用地再开发和工矿废弃地复垦，实施山水林田湖生态保护和修复工程。

10 月 30 日 湖南省国土资源厅印发《关于进一步加强和改进农村土地整治项目实施管理的通知》（湘国土资发〔2015〕39 号），对落实农村土地整治项目政府主体责任、改进项目实施管理、强化项目质量和进度管控、推进农民自主监管模式等提出明确要求。

10 月底 新疆维吾尔自治区开始实行土地整治从业单位信用系统管理，以从业主体单位（不包括分支机构、代理机构）在新疆土地整治网录入信息、提交书面资料审核的方式，建立起新疆土地整治从业单位信息档案数据库。

11月

11 月 2 日 中共中央办公厅、国务院办公厅印发《深化农村改革综合性实施方案》。《方案》要求，完善土地复垦制度，完善农村土地整治办法，依法加强耕地占补平衡规范管理，完善和拓展城乡建设用地增减挂钩、"地票"等试点，允许政府项目直接投向符合条件的合作社。

11 月 3 日 国务院办公厅印发《粮食安全省长责任制考核办法》（国办发〔2015〕80 号），将"高标准农田建设"纳入耕地保护考核指标，明确由国土资源部作为牵头考核部门。

11 月 16 日 陕西省《土地整治高标准农田建设标准综合体》（DB61/T 991）发布，分为规划与建设、土地平整、灌溉与排水、农田输配电、田间道路、农田防护与生态环境保持、辅助工程 7 个部分，共 158 页 10 万字，是陕西省耕地保护方面第一部地方标准。

11 月 16 日 重庆市国土资源和房屋管理局、财政局联合印发《关于支持建卡贫困户宅基地复垦有关工作的通知》（渝国土房管〔2015〕939 号），进一步强化农村土地整治在精准扶贫中的重要作用。

11 月 24 日 经四川省国土资源厅与德国汉斯·赛德尔基金会商洽，在四川省土地统征整理事务中心设立"四川中德土地整理与农村发展项目合作办公室"。

11月26日 河南省人民政府出台《关于进一步落实最严格耕地保护制度的若干意见》（豫政〔2015〕71号），提出从完善土地利用总体规划、严格划定和保护永久基本农田、强化耕地占补平衡、开展土地整治、推进节约集约用地、严格土地执法监管等方面建立以耕地保护为首要任务的土地管理格局。

12月

12月2日 国土资源部发布《光伏发电站工程项目用地控制指标》（国土资规〔2015〕11号），自2016年1月1日起实施。该《指标》的颁布，填补了我国产业（能源）领域用地标准的一项空白，既是完善用地标准控制制度的重要内容，也是运用标准控制规范土地审批和供应、促进节约集约用地的重要手段。

12月2日 国家统计局等印发《自然资源资产负债表试编制度（编制指南)》（国统字〔2015〕116号），将"耕地质量等别及变动表"纳入耕地资源质量方面的表式。

12月2日 山东省国土资源厅印发《山东省城乡建设用地增减挂钩试点管理办法》（鲁国土资规〔2015〕1号）。《办法》分9章36条，内容涉及规划与计划、立项与审批、实施与验收、周转指标管理、复垦耕地质量与后期管护、权益维护、监督检查等，标志着山东省增减挂钩试点工作迈入规范化管理轨道。

12月3日 《重庆市地票管理办法》经重庆市人民政府第111次常务会议通过，自2016年1月1日起施行。

12月21日 《高标准农田建设评价规范》（国家标准）顺利通过全国国土资源标准化技术委员会的审查。

12月22日 浙江省国土资源厅发布公告〔2015〕13号，正式实施《浙江省土地整治工程建设标准》和《浙江省土地整治项目规划设计规范》。

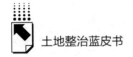
土地整治蓝皮书

12 月 25 日　财政部、国家发展和改革委员会、国土资源部、水利部、农业部五部委联合印发《关于以高标准农田建设为平台开展涉农资金整合试点的意见》（财农〔2015〕247 号），决定在湖南省以高标准农田建设为平台，开展涉农资金整合试点。

12 月 26 日　上海市建设用地和土地整理事务中心被授予全国国土资源管理系统先进集体称号。

12 月 31 日　四川省国土资源厅印发《四川省建设占用耕地易地占补平衡实施细则》（川国土资发〔2015〕105 号），对全省建设占用耕地指标交易行为进行规范，为省域范围内实现耕地占补平衡提供了保障。

2015 年，各地积极推动土地整治宣传方式创新。3 月 13 日，全国土地整治领域首个微信公众平台"新疆土地整治"（XJTDZZ）开通；4 月 2 日，新疆维吾尔自治区土地开发整理建设管理局官方新浪微博平台"新疆土地整治"（http：//weibo.com/XJTDZZ）开通；6 月 17 日，"湖南土地整治"微信公众平台开通；10 月 14 日，"上海土地整治"微信公众平台开通。

B.25
2015年土地整治相关著作一览表

序号	专著名称	作者	出版社	备注
1	中国土地整治发展研究报告(No.2)	国土资源部土地整治中心编著	社会科学文献出版社	皮书系列:土地整治蓝皮书2015版
2	矿山土地复垦实施关键技术研究	国土资源部土地整治中心编著	中国大地出版社	
3	见证发展——《土地整治动态》精选汇编(1998~2014年)	国土资源部土地整治中心编 吴海洋主编	中国大地出版社	
4	土地整治优秀新闻作品选编2014	国土资源部土地整治中心编 郧文聚主编	中国财政经济出版社	
5	典型国家和地区土地整治法治建设比较	国土资源部土地整治中心主编 周同、任佳主编	中国大地出版社	
6	中国农用地质量发展研究报告	国土资源部农用地质量与监控重点实验室编著	中国农业大学出版社	
7	土地整治青年论文集(No.1):成长成才做贡献·青春共铸中国梦	共青团国土资源部土地整治中心委员会编	地质出版社	
8	高标准基本农田建设实务	陕西省土地整理中心主编	陕西科学技术出版社	
9	山东省土地开发整理项目预算定额标准	山东省土地综合整治服务中心主编	山东省地图出版社	
10	重庆市土地开发整理项目预算定额标准(试行)	重庆市农村土地整治中心编	光明日报出版社	
11	西北干旱区废弃窑洞复垦整理技术科普教材	甘肃省国土资源规划研究院编	中国大地出版社	
12	土地整治	陈秋计、郭斌、杨梅焕编著	西北工业大学出版社	

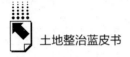

序号	专著名称	作者	出版社	备注
13	土地整治体系	余建新、郑宏刚、张川等编著	中国科学技术出版社	
14	土地整治规划理论与方法	李何超、白云升编著	西南财经大学出版社	
15	村庄整治效果和影响的实证研究	崔红志等著	社会科学文献出版社	中国社会科学院创新工程学术出版资助项目
16	宁夏土地整治工作手册	张永红编著	宁夏人民出版社	
17	高标准农田工程设计图集	刘群昌等编著	中国水利水电出版社	
18	基于功能导向的西藏土地整治研究	张晓平著	长江出版社	
19	晋中市土地整治及资源环境研究	赵春雷、王双寿主编	中国大地出版社	
20	矿山土地复垦理论与方法	方星等编著	地质出版社	
21	辽宁省土地整治规划综合研究	杨凤鸣、关榕、王国申主编	辽宁大学出版社	
22	农村土地整治项目监管绩效研究	孟展著	河海大学出版社	
23	农村土地综合整治国民知识读本	何格、陈文宽、冉瑞平著	中国大地出版社	
24	土地开发与保护的平衡：土地发展权定价与空间转移研究	汪晗著	人民出版社	
25	西藏自治区土地开发整理工程建设标准研究	王占岐等著	中国地质大学出版社	
26	沿海废弃盐田土地整治：理论、方法和实践	陆效平等著	江苏人民出版社	国土资源部海岸带开发与保护重点实验室丛书
27	中国土地整理项目绩效评价、影响因素及改善策略	罗文斌著	中国建筑工业出版社	
28	中国土地资源开发整治与新型城镇化建设研究	刘彦随、方相林主编	新华出版社	

说明：①本表所列专著由国土资源部土地整治中心调查统计和在国家图书馆联机公共目录查询系统中检索获得。②在国家图书馆联机公共目录查询系统的检索方法：以"土地整治""土地整理""土地复垦""土地开发""土地综合整治""高标准农田""高标准基本农田""村庄整治"等为检索词，查询结果不含港澳台地区出版发行的图书，查询截止时间为2016年5月底。

2015年土地整治领域
省部级科技奖励一览表

序号	项目名称	主要完成单位	主要完成人	奖项名称	获奖等级
1	采煤区损毁土地复垦与监管关键技术及应用	中国矿业大学（北京）、国土资源部土地整治中心、中国地质大学（北京）、中国矿业大学、煤矿生态环境保护国家工程实验室、北京东方园林生态股份有限公司、河南工程学院、山西潞安矿业（集团）有限责任公司、神华宝日希勒能源有限公司复垦绿化公司、安徽省皖北煤电集团有限责任公司	胡振琪、罗明、赵艳玲、付梅臣、汪云甲、徐翀、周旭、赵平、刘文锴、周妍、冯国宝、陈玉玖、肖武、李晶、李太启	国土资源科技进步奖	一等奖
2	高标准基本农田建设技术体系研究与应用	国土资源部土地整治中心	巴特尔、陈原、吕婧、田玉福、杨红、杨剑、张中帆、杨晓艳、金晓斌、曹小曙	国土资源科技进步奖	二等奖
3	全国统一的按等级折算关键技术及系统研发	国土资源部土地整治中心、中国地质大学（北京）	郧文聚、吴克宁、陈桂珅、路婕、程锋、赵华甫、王洪波、张蕾娜、赵玉领、陈正	国土资源科技进步奖	二等奖
4	江苏省水土污染调查及规划应用	江苏省地质调查研究院	陆徐荣、理继红、于军、龚绪龙、杨磊、吴夏懿、姚炳魁、姜素、朱明君、陆美兰	国土资源科技进步奖	二等奖

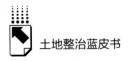

续表

序号	项目名称	主要完成单位	主要完成人	奖项名称	获奖等级
5	快速城镇化地区土地利用转型与优化配置研究	北京师范大学、中国科学院地理科学与资源研究所、国土资源部不动产登记中心、中国农业科学院农业资源与农业区划研究所	刘彦随、龙花楼、宋金平、王介勇、郭丽英、张富刚、李裕瑞、姜广辉、陈秧分、刘玉	国土资源科技进步奖	二等奖
6	土地利用的碳减排效应与调控研究	南京大学	黄贤金、赖力、揣小伟、赵荣钦、李升峰、陈志刚、杨洪、钟太洋、都金康、谢泽林	国土资源科技进步奖	二等奖
7	村镇节地控制关键技术研究与示范应用	中国土地勘测规划院、中国农业大学、北京大学	郭旭东、周建春、朱道林、曹广忠、吕春艳、诸培新、陈瑜琦、古春、佘远见、段文技	国土资源科技进步奖	二等奖
8	土地整理质量与生态监测技术	国土资源部土地整治中心、中国农业大学、北京大学深圳研究生院	鞠正山、马道坤、彭建、吴健生、刘晓霞、王聪、王常宇、张亚男、吴劲松、韩伟	国土资源科技进步奖	二等奖
9	土地整治对城乡统筹发展的支撑作用研究	河南省土地整理中心、中国社会科学院农村发展研究所	张晓山、孙翠芬、陈新中、何祖军、杨新民、崔红志、朱宇峰	河南省发展研究奖	二等奖

❖ 皮书起源 ❖

"皮书"起源于十七、十八世纪的英国，主要指官方或社会组织正式发表的重要文件或报告，多以"白皮书"命名。在中国，"皮书"这一概念被社会广泛接受，并被成功运作、发展成为一种全新的出版形态，则源于中国社会科学院社会科学文献出版社。

❖ 皮书定义 ❖

皮书是对中国与世界发展状况和热点问题进行年度监测，以专业的角度、专家的视野和实证研究方法，针对某一领域或区域现状与发展态势展开分析和预测，具备原创性、实证性、专业性、连续性、前沿性、时效性等特点的公开出版物，由一系列权威研究报告组成。

❖ 皮书作者 ❖

皮书系列的作者以中国社会科学院、著名高校、地方社会科学院的研究人员为主，多为国内一流研究机构的权威专家学者，他们的看法和观点代表了学界对中国与世界的现实和未来最高水平的解读与分析。

❖ 皮书荣誉 ❖

皮书系列已成为社会科学文献出版社的著名图书品牌和中国社会科学院的知名学术品牌。2011年，皮书系列正式列入"十二五"国家重点出版规划项目；2012~2015年，重点皮书列入中国社会科学院承担的国家哲学社会科学创新工程项目；2016年，46种院外皮书使用"中国社会科学院创新工程学术出版项目"标识。

法律声明

　　“皮书系列”（含蓝皮书、绿皮书、黄皮书）之品牌由社会科学文献出版社最早使用并持续至今，现已被中国图书市场所熟知。“皮书系列”的 LOGO（）与“经济蓝皮书”“社会蓝皮书”均已在中华人民共和国国家工商行政管理总局商标局登记注册。“皮书系列”图书的注册商标专用权及封面设计、版式设计的著作权均为社会科学文献出版社所有。未经社会科学文献出版社书面授权许可，任何使用与“皮书系列”图书注册商标、封面设计、版式设计相同或者近似的文字、图形或其组合的行为均系侵权行为。

　　经作者授权，本书的专有出版权及信息网络传播权为社会科学文献出版社享有。未经社会科学文献出版社书面授权许可，任何就本书内容的复制、发行或以数字形式进行网络传播的行为均系侵权行为。

　　社会科学文献出版社将通过法律途径追究上述侵权行为的法律责任，维护自身合法权益。

　　欢迎社会各界人士对侵犯社会科学文献出版社上述权利的侵权行为进行举报。电话：010－59367121，电子邮箱：fawubu@ssap.cn。

社会科学文献出版社

权威报告·热点资讯·特色资源

皮书数据库
ANNUAL REPORT(YEARBOOK)
DATABASE

当代中国与世界发展高端智库平台

S 子库介绍
ub-Database Introduction

中国经济发展数据库

涵盖宏观经济、农业经济、工业经济、产业经济、财政金融、交通旅游、商业贸易、劳动经济、企业经济、房地产经济、城市经济、区域经济等领域，为用户实时了解经济运行态势、把握经济发展规律、洞察经济形势、做出经济决策提供参考和依据。

中国社会发展数据库

全面整合国内外有关中国社会发展的统计数据、深度分析报告、专家解读和热点资讯构建而成的专业学术数据库。涉及宗教、社会、人口、政治、外交、法律、文化、教育、体育、文学艺术、医药卫生、资源环境等多个领域。

中国行业发展数据库

以中国国民经济行业分类为依据，跟踪分析国民经济各行业市场运行状况和政策导向，提供行业发展最前沿的资讯，为用户投资、从业及各种经济决策提供理论基础和实践指导。内容涵盖农业，能源与矿产业，交通运输业，制造业，金融业，房地产业，租赁和商务服务业，科学研究，环境和公共设施管理，居民服务业，教育，卫生和社会保障，文化、体育和娱乐业等 100 余个行业。

中国区域发展数据库

以特定区域内的经济、社会、文化、法治、资源环境等领域的现状与发展情况进行分析和预测。涵盖中部、西部、东北、西北等地区，长三角、珠三角、黄三角、京津冀、环渤海、合肥经济圈、长株潭城市群、关中—天水经济区、海峡经济区等区域经济体和城市圈，北京、上海、浙江、河南、陕西等 34 个省份及中国台湾地区。

中国文化传媒数据库

包括文化事业、文化产业、宗教、群众文化、图书馆事业、博物馆事业、档案事业、语言文字、文学、历史地理、新闻传播、广播电视、出版事业、艺术、电影、娱乐等多个子库。

世界经济与国际政治数据库

以皮书系列中涉及世界经济与国际政治的研究成果为基础，全面整合国内外有关世界经济与国际政治的统计数据、深度分析报告、专家解读和热点资讯构建而成的专业学术数据库。包括世界经济、世界政治、世界文化、国际社会、国际关系、国际组织、区域发展、国别发展等多个子库。